KB121860

4월혁명의 주체들

# 4월혁명의 주체들

**초판 1쇄 인쇄** 2020년 12월 15일
**초판 1쇄 발행** 2020년 12월 24일

**지은이** 오제연·윤상현·하금철·홍석률·홍정완·황병주
**엮은이** 민주화운동기념사업회 한국민주주의연구소
**펴낸이** 정순구
**책임편집** 정윤경
**기획편집** 조원식 조수정
**마케팅** 황주영

**출력** 블루엔
**용지** 한서지업사
**인쇄** 한영문화사
**제본** 한영제책사

**펴낸곳** (주) 역사비평사
**등록** 제300-2007-139호 (2007.9.20)
**주소** 10497 : 경기도 고양시 덕양구 화중로 100(비전타워21) 506호
**전화** 02-741-6123~5
**팩스** 02-741-6126
**홈페이지** www.yukbi.com
**이메일** yukbi88@naver.com

# 4월혁명의 주체들

민주화운동기념사업회 한국민주주의연구소 | 엮음
오제연·윤상현·하금철·홍석률·홍정완·황병주 | 지음

역사비평사

# 차례

# 생명의 본질은 동일한 것입니다
## —4월혁명 60주년을 맞아

2020년은 4월혁명 60주년이 되는 해입니다. 1960년에 발생한 4월혁명은 정부수립 이후 처음으로 발생한 전국적 민주항쟁이었습니다. 당시 16세로 불가에 막 출가한 몸이었던 본인은 4월혁명을 직접 체험하지는 못했습니다. 그렇지만 저와 동시대를 살았던 수많은 사람들이 4월혁명에 참여하였으며 그 덕분에 부패한 집권자가 끌어내려졌고 저항에 의한 민주화라는 한국 현대사의 위대한 출발점이 시작되었다는 사실만은 분명히 인지하고 있습니다.

이제 4월혁명이 발생한 지도 60년이 흘렀습니다. 비록 60여 년이 지나면서 그것을 직접 체험한 세대는 거의 사라졌지만, 한국 민주화운동의 전통에서 4월혁명은 부마민주항쟁, 5·18항쟁, 6월민주항쟁과 함께 우리 역사의 커다란 봉우리가 되었습니다.

민주화운동기념사업회에서는 4월혁명 60주년을 맞아 특별한 책 한 권을 발간했습니다. 이 책은 책의 제목이 보여주듯 4월혁명에 참여했던 사람들에 주목하고 있습니다. 특히 그동안 주목받지 못했던 사람들을 조명하고 있다는 점에서 그 의미가 더욱 큽니다.

4월혁명은 한때 '4·19학생의거'라고 불렸을 정도로 학생, 그중에서도 대학생 중심의 항쟁으로 알려져왔습니다. 실제 4월혁명에서 대학생의 역할은 실로 대단했습니다. 그렇지만 4월혁명은 학생 이외에도 도시빈민들, 남성은 물론 여성들, 젊은이들과 함께 할머니, 할아버지와 같은 노인들도 대거 참여했던 항쟁이었습니다. 사실 구두닦이, 넝마주이, 실업자 등 도시빈민들은 4월혁명뿐만 아니라 1979년 부마민주항쟁, 1980년 5·18항쟁, 1987년 6월민주항쟁 등 대규모 민주항쟁이 발생할 때면 빠지지 않고 참여하여 항쟁의 규모와 열기를 더했던 사람들입니다. 여성도 마찬가지입니다. 여중고생, 여대생, 중년, 노년 여성들의 참여를 빼놓고는 4월혁명을 설명할 수 없을 정도입니다. 그렇지만 이들의 활약은 그동안 배제되었고 주변화되어 있었습니다.

이 책이 가진 미덕은 바로 이들, 그동안 역사 서술에서 주변화되고 배제되어 있었던 군상들을 주인공으로 하고 있다는 점입니다. 다른 책에서는 주변적으로만 다뤄지거나 아예 포함되지도 못했던 소수자들이 이 책에서는 그에 합당한 조명을 얻고 당당히 제 몫을 부여받고 있습니다. 독재와 불의에 맞서 떨쳐 일어선 이들의 마음은 학생이든 구두닦이든 할머니든 다 똑같은 심정이었을 것입니다. 누구의 것이 더 크다, 더 작다 할 수 있는 것이 아닙니다. 이들 소외된 사람들의 마음을 헤아렸다는 점, 그리고 이들이 받아야 할 합당한 관심과 그에 맞는 위치를 부여했다는 점만으로도 이 책의 가치는 충분합니다.

어려운 과제를 맡아 기획 단계에서부터 결합하여 훌륭한 연구를 수행해주신 홍석률 교수를 비롯한 연구자 분들께 감사드립니다. 아울러 연구소장

직을 맡아 수고해주신 김동춘 교수와 연구소 여러분들, 어려운 여건에서도 선뜻 출판을 맡아주신 역사비평사에도 심심한 감사의 말씀을 전합니다. 아무쪼록 이 책이 널리 읽혀 4월혁명의 숨겨진 주역들이 재조명되는 계기가 되었으면 하는 바람입니다.

코로나 팬데믹으로 그 어느 때보다도 커다란 충격으로 시작된 2020년 한 해도 저물어갑니다. K방역으로 인해 한국사회의 국제적 위상이 날로 높아지는 이면에는 확대된 실업과 빈곤, 양극화, 학력격차의 문제가 심화되고 있습니다. 생명의 본질은 동일한 것입니다. 더욱 낮은 자세로, 살아 있는 어느 것 하나 배제되지 않도록 살핌으로써 모두에게 과실이 돌아가도록 하는 것! 그것이 60년 전 4월혁명의 정신을 진정으로 계승하는 것이라고 믿습니다.

민주화운동기념사업회 이사장 지선

# 다양한 주체들이 드러나는
# 민주화운동사 서술을 위하여

홍석률(성신여자대학교)

올해 2020년은 4월혁명 60주년을 맞이하는 해이다. 4월혁명은 우리 역사상 최초로 대중적인 항쟁으로 집권자를 몰아낸 사건이었다. 비록 혁명이라는 이름에 걸맞은 획기적인 구조적 변화를 달성하지는 못했지만 4월혁명이 기억될 이유는 충분하다. 1919년 3·1운동이 주권재민의 민주주의의 이상을 향해가는 본격적인 출발점이었다면, 4월혁명은 그 이상을 현실화하는 데 있어서 획기적인 전환점이었다. 1960년 2월 28일에서 4월 26일까지 2개월 남짓한 기간 동안 전국적으로 실로 다양한 계층이 참여한 민주항쟁이 일어났고, 그 과정에서 민주주의는 사회 구성원들이 반드시 지향하고 실현해야 할 가치로 확실히 자리를 잡았다. 불과 15년 전에 식민지였던 나라에서 민주화를 주장하는 대규모 항쟁이 발생하고, 이로 말미암아 집권자가 퇴진했다. 다른 제3세계 나라들에서 좀처럼 찾아보기 어려운 현상이었다. 게다가 이 사건이 한국전쟁이 휴전으로 귀결된 지 단 7년 만에 발생했다는 것도 유념할 필요가 있다.

4월혁명은 한국 민주화운동의 기본적인 특징을 형성한 사건이었다. 학생들이 먼저 지속적인 항쟁을 벌이다가 어느 순간 일반 시민들이 참여하여 대규모 민주항쟁으로 폭발했다. 특정 조직이 주도하기보다는 각계각층의 사람들이 자생적(spontaneous)으로 연대하여, 도시를 중심으로 비폭력 또는 제한된 폭력만을 행사하며 항쟁하였다. 이러한 양상은 최근의 촛불항쟁까지 대부분 반복되고 있다. 촛불항쟁 때 많은 시민들이 "대한민국은 민주공화국이다"라는 구호를 제창하였는데, 공교롭게도 4월혁명 때에도 같은 구호가 나왔다. 1960년 3월 14일 서울의 야간 고등학생들은 시위를 벌이면서 "대한민국은 민주공화국이다"라는 구호를 외쳤다. 이 구호는 항쟁에 참여한 사람들이 자신들이 주권자임을, 통치의 대상이 아니라 그 주체임을 명확히 천명한 것이라 할 수 있다. 이러한 사실들은 민주항쟁이 오랜 세월을 거쳐 면면히 계승되고 있음을 보여주지만, 다른 한편으로는 4월혁명 이후 60년이 흘러갔지만 아직도 비슷한 구호가 반복적으로 외쳐질 만큼 한국의 민주주의가 좀처럼 질적인 비약을 하지 못했음을 반증한다.

4월혁명은 집권자 이승만을 축출했지만, 이후의 정치적 과정은 민주항쟁에서 요구했던 내용과는 거리가 있었다. 민주항쟁 과정에서 외쳤던 정·부통령 재선거 요구는 슬그머니 사라지고, 집권 여당이었던 자유당 국회의원들이 그대로 남아 있는 국회에서 내각책임제 개헌을 하고 그 헌법에 따라 새로운 정부가 들어서는 방식으로 갔다. 이승만 정부의 붕괴 후 거론되었던 다양한 정권교체의 방식 중에 가장 보수적인 방식으로 정권교체가 진행된 것이다. 이에 4월혁명의 주체로 참여했던 대부분의 사람들은 기존 제도정치에서 소외되었고, 이미 1960년 12월 치러진 지방자치선거 때부터 현실정치에 무관심한 태도를 보여주었다. 1987년 6월민주항쟁 때에도 항쟁에 참여했던 주체들은 실제 권력 개편이 이루어지는 헌법개정 과정에서 철저히 소외되었다.

최근 촛불항쟁 이후에도 정권교체는 이루어졌지만, 페미니즘운동의 고양을 제외하고는 다른 사회운동의 급속한 확산 국면으로 이어지지는 못하고 있다. 한편 촛불항쟁 직후에는 1987년 체제를 넘어서기 위한 개헌 논의가 있었지만, 지금은 어느덧 사라져 버린 느낌이다. 이러한 상황은 4월혁명 이후 민주항쟁이 거듭 반복되었음에도 불구하고, 기대되었던 획기적인 정치·사회·경제적 변화로 연결되지 못하고, 일종의 답보 상태가 지속되고 있음을 보여준다. 이제는 정말 4월혁명에 대해, 또한 여타 민주항쟁에 대해 좀 더 근본적이고, 심층적인 성찰이 필요한 시점이라 생각한다.

### 4월혁명의 주체를 이야기하는 이유?

이 책에서는 4월혁명을 좀 더 다차원적으로, 또한 심층적으로 살펴보기 위해 여기에 참여한 다양한 주체들에 주목하려 한다. 역사 속에서 어떤 변화를 형성해갈 때, 그것의 방향과 목표, 이를 달성할 방법론도 중요하지만, 누가, 즉 어떤 행위자가 이와 같은 변화를 추진할 것인지를 언급하는 것이 매우 중요하다. 새로운 이상과 목표를 제시하고 그것에 도달할 수 있는 방법론과 길을 제시해도 누가 그것을 실행할 수 있을지에 대해 명확한 답변이 없다면 제시된 이상과 방법론들은 어떤 실천성도 확보하기 어렵다.

4월혁명의 주체를 이야기하는 것은 물론 간단하지 않다. 실로 4월혁명에는 다양한 계층과 부류의 사람들이 참여했고, 또한 '주체' 자체가 하나의 기준으로만 분류되는 것이 아니라 다차원적으로 형성되기 때문이다.

4월혁명에는 학생에서 도시빈민에 이르는 다양한 계급과 계층들이 참여했고, 남성은 물론 광범위한 여성들도 참여하였다. 또한 연령대별로 보면 주로 어리고 젊은 사람들의 활약이 돋보였지만, 노년층의 참여도 인상적이었다. 마산에서는 '할아버지', '할머니'라 불렸던 노년층이 주도하는 시위가 있었고, 부산에서도 고령의 노인이 플래카드를 들고 시위대 맨 앞에 나서기도 했으며, 서울의 대학교수단이 시위행진을 할 때에도 가장 나이 많은 교수가 앞장을 섰다. 그러나 기존의 연구에서는 압도적으로 4월혁명의 주체로 학생층, 그중에서도 대학생들과 지식인의 활동을 주로 부각시키고, 나머지 계층의 참여는 부차화, 주변화시키고 있다. 도시빈민, 여성 등 4월혁명에 참여한 좀 더 다양한 주체들의 행동과 역할에 대한 관심과 연구가 필요하다.

4월혁명의 주체는 계급, 성별, 연령대별 구분만으로는 이야기될 수 없다. 이와 같은 계층적 구분과는 다른 차원의 '주체'가 존재하기 때문이다. 역사 속 변화를 달성할 주체를 이야기할 때, 계층적 차원의 주체도 있지만, 민주화, 근대화, 사회혁명 등 특정 목표, 또는 지향점을 달성할 행위자로서의 주체도 설정할 수 있다. 즉 민주화의 주체, 근대화의 주체, 혁명의 주체, 통일의 주체 등으로 이야기할 때의 '주체'가 여기에 해당된다. 황병주의 글에서 언급되었듯이 이러한 주체들은 특정한 단일 계층으로 한정되기보다는 '시민', '민중', '민족' 등 이른바 여러 계급, 계층이 결합된 '집합주체'로 형성된다.

4월혁명이 발생한 1960년대 초는 다양한 변화가 교차하는 때였다. 2차 세계대전 이후 아시아, 아프리카 지역의 여러 나라들이 식민지로부터 해방되어 자신의 활로를 모색하면서 발전을 위한 모델로 다양한 '근대화론'이 대두하고 경합하였다. 또한 이 시기는 냉전사적 맥락에서는 미·소 양 진영의 장기적 공존이 정착해가는 순간이었다. 1950년대에는 미·소 양 진영 사이에 3차 세계대전이 임박했다는 가능성이 운운될 정도로 극단적인 냉전적 대치 상태가 지속되었지만, 1957년 소련의 인공위성 스푸트니크(Sputnik) 발사 성공과 1962년 쿠바 미사일 위기를 거치면서 핵 균형 상태, 공포의 균형 상태를 형성하였다. 이에 미국과 소련은 모두 상대방을 군사적으로 제압할 수 없다는 것을 인정하고, 양 진영의 장기적 공존을 수용하는 방향으로 나아갔다. 공존의 정착은 두 진영 사이에 군사적 차원의 경쟁만이 아니라 다양한 차원의 '발전'을 추구하는 체제 경쟁을 부각시켜 '근대화론'의 대두에도 영향을 미쳤다.

냉전 속의 열전(熱戰)을 치른 한반도에서 동서 양 진영의 장기적 공존 양상은 민감하게 받아들여졌다. 4월혁명 직후에는 중립화통일론, 남북협상론 등 탈냉전적인 통일 논의와 운동이 등장하였다. 1960년 4월혁명과 5·16 쿠데타는 근대화의 주체, 혁명의 주체, 민주화의 주체, 통일의 주체 형성과 관련된 정치적 격변이라 할 수 있다. 따라서 이와 같은 특정한 지향점 또는 목표를 두고 형성되는 주체, 집합주체의 형성이라는 차원에서 4월혁명의 주체를 접근할 필요가 있다. 이처럼 주체를 다차원적으로 접근하는 방식은 4월혁명의 다양한 측면들을 보다 다차원적으로, 입체적으로, 또한 심층적으로 접근하는 데 유용할 것이다.

### 4월혁명과 학생, 도시빈민, 그리고 여성들

이 책에서는 4월혁명에 참여한 다양한 계층 중에 학생, 도시빈민, 여성의 참여를 주목해보았다. 이들 세 계층은 4월혁명을 다차원적으로 살펴보려 할 때 매우 중요한 집단이다.

4월혁명은 흔히 '학생혁명'으로 이야기되기도 하는데, 민주항쟁 과정에서 학생들이 중요한 역할을 한 것은 부정할 수 없다. 1960년 2월 28일 대구 지역 고등학생들의 시위로부터 시작하여, 중고등학생들이 가장 먼저 부정선거에 반대하는 행동에 나섰고, 이들의 시위가 지속적으로 전개되면서 대학생과 일반 시민들의 참여가 이어졌다. 대학생들은 비록 뒤늦게 항쟁에 참여하였지만, 4월 19일 대규모 민주항쟁을 폭발시켰고, 이날 경찰의 발포로 100여 명이 사망하였다. 4월 19일은 부정선거에 항의하는 민주항쟁이 완전히 새로운 국면으로 접어드는 전환점이었다. 대학생들의 참여는 민주항쟁의 질적인 변화를 형성하는 데 중요한 기여를 했다고 평가할 수 있다.

오제연은 학생들이 4월혁명의 주체로 나서는 과정을 학생들 사이에 형성된 '조직'과 지역 및 인적 '네트워크'를 중심으로 규명하였다. 이 연구는 1950년대 학생들의 존재 양태와 동향, 그리고 학도호국단 등 관제조직 등을 매개로 학생들이 국가권력과 맺고 있는 관계 등을 입체적으로 분석하면서 왜 학생들이 다른 계층과는 달리 선도적으로, 또한 조직적으로 항쟁에 나설 수 있었는지를 설명하고 있다. 그동안의 연구에서는 학생들이 4월혁명의 주체로 일찍부터 영웅화되었지만, 정작 왜 학생들이 타 계층과는 달리 4월혁명에 좀 더 일찍, 조직적으로 참여할 수 있었는지에 대해서는 구체적이고 심층적인 분석이 부족한 편이었다. 이 연구는 단순히 학생들의 시위 양상을 정리하는 데 그치지 않고 학생시위 과정에서 기존 학도호국단 조직 및 활동 경험이 어떻게 활용되었는지, 또한 학도호국단 활동 및 관제시위 과정에서 형성된 학생들의 인적, 지역적 네트워크가 민주항쟁에 어떻게 활용되었는지를 학생들의 생활과 문화까지 망라하면서 다각적으로 분석하고 있다.

4월혁명 과정에서 학생과 더불어 주목해야 할 집단은 도시빈민층이다. 이때 발생한 사상자들 중에는 학생보다 실업자, 일용직 노동자, 구두닦이 등 도시빈민으로 분류되는 사람들이 더 많다. 도시빈민은 1·2차 마산항쟁, 1960년 4월 19일과 25일, 26일 전국 주요 도시에서 발생한 대중 봉기에 대거 참여하여 중요한 역할을 했다. 사실 4월혁명 이후 민주항쟁 과정에서도 평상시에는 학생들이 지속적으로 군사독재정권에 저항하였지만, 1979년 부마민주항쟁, 1980년 5·18광주민주항쟁, 1987년 6월민주항쟁 등 대규모 민주항쟁의 분출 국면에서는 도시빈민들의 참여와 활동이 두드러졌다. 따라서 학생과 더불어 도시빈민은 한국의 민주항쟁을 이야기할 때 주목되어야 할 계층이다. 하지만 이들의 활동은 거의 기록되지 않았고, 기존 민주화운동사 서술에서 배제되거나 주변화되었다.

하금철은 도시빈민이 4월혁명에 대거 참여했는데도, 저항 주체로 인정받기는커녕 오히려 범죄자로 취급되었음을 지적하였다. 이 연구는 4월혁명을 전후하여 도시빈민을 잠재적 범죄집단으로 규정하는 담론이 형성되는 과정을 분석하였다.

하금철은 4월혁명 직후부터 관련 서사기나 수기에 나왔던 이른바 '낮 시위'와 '밤 시위'의 이분법적 구분 자체에 대해 근본적인 의문을 제기한다. 낮/밤 시위의 주체를 충분한 근거 없이 학생과 도시빈민으로 명확히 이분법적으로 설정하고, 그 행태도 비폭력시위와 폭력시위로 이분화하는 것은 도시빈민을 학생들과 같은 민주항쟁의 주체로 보는 것이 아니라 범죄집단으로 타자화하려는 차별적인 시각이 투여된 것이라는 지적이다. 부마민주항쟁과 5·18광주민주항쟁 때도 도시빈민이 다수 참가했는데, 이때에도 도시빈민들은 범죄집단처럼 취급되었다. 항쟁 직후에 이른바 '불량배' 단속이 이어졌고, 전두환과 신군부의 본격적인 집권 과정에서는 '삼청교육대' 강제 연행이 대대적으로 자행되었다. 하금철의 연구는 이러한 양상을 설명하는 데에도 많은 시사점을 줄 수 있다.

4월혁명에서 여성들은 별다른 기여와 역할을 하지 못한 것으로 인식되는 경향이 있다. 그런데 한국전쟁을 거쳐 1950년대에는 여성들의 사회활동 참여가 크게 증가하고, 여성들이 자신의 사회적 지위를 향상시키기 위해 매우 능동적으로 활동하였다. 문학작품이나 영화 등에 나타나는 1950년대 여성의 이미지는 그 전후의 시기와 비교해볼 때 훨씬 자유분방하고 주체적인 이미지를 보여주고 있다. 따라서 4월혁명에서 과연 여성들이 별다른 움직임을 보이지 못했는지에 대해서는 의문의 여지가 매우 크다.

여성들의 4월혁명 참여를 추적한 홍석률의 연구는 4월혁명 관련 기록들이 얼마나 성차별적인지를 분석하는 것으로부터 시작한다. 여성들의 활동은 기록에서 심하게 배제되었을 뿐만 아니라, 기록된다 하더라도 성차별적인 시선에 의해 대단히 왜곡된 형태로 서술되었음을 지적한다. 이와 같은 기록의 한계에도 불구하고, 기존의 자투리 기록들을 망라하여 교차분석하면서 여중고생은 물론이고 중년, 노년의 일반 여성들이 4월혁명에 참여하고 활동하는 양상을 추적하여 서술하였다. 이 연구는 마산 할머니 시위에서 보이는 바처럼 여성들이 대거 4월혁명에 참여했고, 인상적인 활동을 했음에도 불구하고, 역사 서술에서 매우 심하게 배제되었음을 지적한다. 물론 여기에는 성차별적인 시각이 기본적으로 작용했지만, 4월혁명이 서울 중심, 대학생 중심, 엘리트 중심으로 기록되고 서술되는 것도 여성과 비주류집단이 역사 서술에서 배제되는 데 중요하게 작용했다고 지적한다. 이 연구는 여성들이 시위대를 후원하고 보호하는 활동에서 두드러진 활약을 보였고, 이러한 활동을 통해 시위대와 일반 시민을 연결하는 역할을 했다고 평가했다.

　4월혁명은 항쟁 직후부터 대학생 및 지식인이 항쟁을 이끌었던 주체로 과대 대표되고, 부각되는 양상이 있었다. 이 책에 수록된 연구들을 보면 기존의 4월혁명사는 주류 세력 중심의 역사 서술, 즉 엘리트 중심, 서울 중심, 남성 중심적 서술이 상대적으로 심하게 이루어진 측면이 있음을 알 수 있다. 향후 4월혁명사 연구가 다양한 주체들의 활동을 드러내는 방향으로 진행되고, 또한 잘 기록되지 않는 주변부 하위계층의 활동을 규명할 수 있는 연구 방법론도 더 적극적으로 모색되기를 기대한다.

### 근대화의 주체, 혁명의 주체, 민주화의 주체

　계층적 차원의 주체가 아니라 특정 목표 또는 지향점을 추구하는 집합주체의 구성을 이야기할 때 역시 중요한 화두는 '근대화', '혁명', '민주화' 등이 될 것이다. 2차 세계대전 이후 식민지들이 민족해방을 획득해가면서 이들이 어떻게 자신의 국가와 사회를 발전시켜갈 것인지를 두고 다양한 근대화론이 1950년대부터 전 세계적으로 대두되었다. 5·16 쿠데타를 거쳐 한국에 정착한 근대화론은 경제개발, 산업화를 우선시하는 미국 주류집단의 근대화론이었지만, 1950년대 말과 4월혁명 시기에는 훨씬 다양한 근대화에 대한 입장들이 교차하였다.

홍정완은 근대화의 방법과 주체에 대한 논의 지형이 4월혁명을 거치면서 어떻게 변화했는지를 검토하였다. 이 연구는 4월혁명을 거치면서 근대화의 주체로 학생, 지식인층이 부각되는 양상을 보였고, '근대화' 개념이 "탈정치화" 또는 "초정치화"되면서 경제개발을 절대적으로 강조하는 경향이 나타났다고 지적한다. 1950년대 후반 제3세계 국가들의 동향을 다루는 텍스트에서는 군부 세력의 집권이나 집권자의 독재적 경향을 불가피한 것으로 정당화하거나, 혹은 민족혁명의 일환으로 우호적으로 평가한 경우는 드물었다고 한다. 그러나 1961년에 접어들면서 자유민주주의는 한국의 현실에 적합하지 않다는 이야기가 일부 학생, 지식인 사이에 출현하고, 경제개발을 위해서는 현명한 독재자가 필요할 수 있다는 주장도 출현했다는 것이다.

혁명의 주체 문제를 이야기하는 것은 결코 간단하지 않다. 4월혁명은 '의거', '항쟁', '혁명' 등 다양하게 호칭되었고, 또한 이를 '혁명'이라 할 때에도 그것의 성격이 무엇이냐는 문제가 있다. 즉 '민주혁명', '민족혁명', '민중혁명' 중 어디에 해당되는지, 또한 4월혁명이 '미완의 혁명'이라면 과연 어떤 성격의 혁명을 지향해갔던 것인지가 논란이다. 또한 혁명의 성격에 따라 그것을 추진할 주체, 즉 집합주체도 달라진다. 혁명 또는 혁명적인 변화를 지향한 사건들에서 혁명의 성격과 주체는 처음부터 고정되어 정해지는 것은 아니라고 생각한다. 다양한 주체들과 이들이 내건 다양한 가능성이 서로 경합하고 상호작용하는 과정을 통해 혁명의 성격과 주체가 결정되고 형성되는 것이라 할 수 있다.

황병주는 혁명의 성격과 주체 문제를 4월혁명을 둘러싼 다양한 담론을 망라하고 교차시켜가면서 입체적인 분석을 시도했다. 이 연구는 4월혁명을 둘러싼 담론 지형의 핵심은 "자유주의적 가치를 포함한 민주주의였고, 민족주의가 민주주의의 실체성을 담보하는 것으로 기능했는가 하면 반공, 친미 담론이 그 엄폐 기능을 담당하고 있었다. 특히 민주주의는 지배담론으로 출발해 저항담론으로까지 확장됨으로써 4·19 정세 속에서 일종의 헤게모니적 지위를 획득했다고 보인다"라고 평가하였다. 그리고 이러한 담론 지형 속에서 혁명의 주체로 주로 학생, 지식인층이 부각되었음을 지적한다.

윤상현의 연구는 4월혁명의 이념과 주체 문제를 자유주의에 초점을 두어 구체적으로 접근하였다. 이 연구는 다양한 주체들이 참여했고, 다양한 가능성을 내포했던 4월혁명이 한국사회의 주류집단에 의해 자유주의적으로 전유되는 과정을 『동아일보』와 『사상계』의 기사와 논설들을 통해 분석하였다. 두 매체 모두 4월혁명의 이념을 '자유민주주의'로 한정하고 그 주체로 학생과 지식인층을 내세웠지만, 그 안에는 자유주의 이념과 정치적 입장 차이에 따라 미묘한 차이와 균열도 존재했음을 지적했다.


이 책에 수록된 연구들은 모두 4월혁명에 참여한 다양한 주체들과 이들이 보여줄 수 있었던 다양한 가능성을 드러내기 위해 나름대로 노력하였다. 그리고 모두 4월혁명에 다양한 주체들이 참여하였지만 그중에서 오직 학생, 지식인층만이 주로 4월혁명의 주체로 부각되는 양상이 있었고, 그것이 어떠한 결과와 문제점을 발생시켰는지를 규명하고 있다. 4월혁명의 경험은 민주 항쟁에 참여한 다양한 주체들 중에 오직 소수의 집단만이 그 주체로 인정받고, 나머지는 배제되어, 항쟁을 추동했던 동력이 상실되거나 협소해지면서 기대되었던 역사·사회적 변화를 달성하지 못하고, 오히려 의외의 결과가 출현할 수도 있다는 것을 잘 보여주고 있다. 이와 같은 양상들은 1987년 6월민주항쟁 이후 최근의 촛불항쟁에 이르기까지 한국의 민주화 이행이 진행되는 과정에서도 개선은 되었지만, 여전히 반복되는 측면이 있다.

지금도 여전히 과거 민주화운동을 이야기할 때 주로 당시 대학생 학생운동 지도자들만이 호명되는 양상이 있다. 그들의 활동과 한계가 한국의 민주화운동의 전부인 것처럼 이야기되는 경향이 있다. 민주항쟁의 성과를 특정 집단이 전유하여 다른 주체들을 소외시키거나 탈정치화시키는 것이 아니라 한국의 민주주의가 좀 더 다양한 주체들을 포용하고, 참여시키는 방향으로 나아가야 소기의 역사적 변화를 달성하는 것도 가능할 것이다. 이를 위해 과거 민주항쟁에 참여하여 중요한 기여를 했지만, 실제 변화를 추진하는 데 배제된 주체들의 행적을 드러내고 분석하는 학술적 작업도 지속적으로 진행되기를 기대한다.

# 01
# 4월혁명과 학생

오제연 (성균관대학교)

## 1. 머리말

1960년 4월혁명의 '주체'로 가장 먼저 꼽을 수 있는 집단은 바로 '학생'이다. 물론 이미 많은 연구들이 지적한 것처럼 4월혁명에는 학생 외에도 많은 시민들, 특히 '도시빈민' 혹은 '도시하층민'이라고 불리는 사람들이 적극적으로 참여하였다. 그런데도 학생들이 선도적으로 또 지속적으로 시위를 전개함으로써 4월혁명을 촉발하고 고양시켰다는 사실은 부인하기 어렵다.

4월혁명의 시작이라 할 수 있는 1960년 2월 28일, 대구에서 시위를 전개한 이도 학생들이었고, 3월 15일 부정선거에 항의하며 시위에 나섰다가 실종된 뒤 4월 11일 참혹한 주검으로 돌아와 4월혁명의 상징이 된 김주열도 학생이었다. 4월 19일 서울 등 주요 대도시에서 대규모 시위를 선도한 것도 학생들이었고, 4월 26일 이승만 하야 성명 발표 후 수습 활동을 주도한 것도 학생들이었다. 그리고 이 과정에서 학생 총 77명이 희생되었다. 그들의 행동을 어떻게 평가하든 '학생'은 분명 4월혁명의 중요한 주체였다.

4월혁명에서 승리한 경험을 바탕으로 학생은 이후 1990년대 초까지 약 30년간 한국사회의 주요 문제를 해결하는 데 계속해서 앞장섰고 실제로 커다란 영향력을 발휘했다. 그래서 이 시기를 '학생운동의 시대'라고 부르기도 한다. 이에 이 글은 4월혁명을 통해 이승만의 독재를 무너트리고 이후 약 30년간 학생운동의 시대를 열어나갔던 학생들이, 4월혁명에 참여하는 양상과 그 특징을 살펴보고자 한다. 대상 시기는 4월혁명의 시작이라 할 수 있는 1960년 2월 28일 대구 학생시위부터 이승만이 하야 성명을 발표한 1960년 4월 26일 전후까지이다. 우선 4월혁명 당시 학생들이 처했던 상황을 '사회적 위치'와 '정치적 환경'을 중심으로 고찰할 것이다. 그리고 이러한 조건 속에서 4월혁명 기간 동안 학생들이 각 지역에서 학교별로 어떻게 시위를 전개했는지 살펴볼 것이다. 끝으로 학생들의 4월혁명 참여 문제를 '조직'과 '네트워크'라는 관점에서 종합적으로 분석할 것이다.

## 2. 4월혁명 당시 학생들의 존재 양태

### 1) 사회적 위치

1950년대 한국사회에서 벌어진 괄목할 만한 현상 중 하나가 교육의 팽창이었다. 1948년부터 1960년 사이에 정부는 총 예산 중 연평균 10.5%의 예산을 교육 부문에 사용했다. 같은 기간 동안 총 예산의 약 3분의 1이 국방비로 할당되었던 점에 비춰볼 때 이는 결코 적은 액수가 아니었다.[01] 무엇보다 정부가 역점을 두어 추진한 의무교육정책 덕분에 이 시기 초등교육은 '완전' 취학률에 가까워졌다. 그 결과 1945년 136만 명이던 국민학생 숫자는 1960년 362만 명으로 3배 가까이 증가했다.[02]

같은 기간 중학생, 고등학생 역시 거의 10배 정도 늘었다. 그만큼 학교도 많이 만들어졌다. 서울의 경우 1946년 37개에 불과했던 중등교육 담당 학교

---

01  오유석, 「서울의 과잉도시화과정—성격과 특징」, 『1950년대 남북한의 선택과 굴절』, 역사비평사, 1998, 296쪽.
02  강인철, 「한국전쟁과 사회의식 및 문화의 변화」, 『한국전쟁과 사회구조의 변화』, 백산서당, 1999, 206~207쪽.

가 1960년에 중학교 100개교, 고등학교 95개교로 급증했다.[03] 전국적으로 1959년 현재 중학교는 1,032개 학교에 학생 471,757명이 재학 중이었고, 인문계 고등학교는 346개 학교에 학생 162,433명이, 농업계 고등학교는 128개 학교에 학생 29,899명이, 공업계 고등학교는 49개 학교에 학생 32,027명이, 상업계 고등학교는 85개 학교에 학생 36,095명이 각각 재학 중이었다.[04] 취학률, 즉 학령 전체 인구 중 실제 취학한 학생의 비율은 1962년 현재 중학교가 남성 58.2%, 여성 19.6%였으며, 고등학교가 남성 28.8%, 여성 11.6%였다.[05]

이러한 통계는 4월혁명 당시 중등교육의 팽창으로 중학생과 고등학생의 수가 급격히 증가했음에도 불구하고 여전히 학령 전체 인구 중 중학생과 고등학생의 비율이 높지 않았음을 잘 보여준다. 특히 고등학생의 비율은 남성의 경우 30%를 밑돌았고 여성의 경우 10% 정도밖에 안 되었다. 이는 당시 고등학생이 오늘날과 달리 사회적으로 '엘리트'의 지위를 차지하고 있었음을 보여준다. 대부분의 대학이 서울에 집중된 상황에서, 서울 외 지역에서는 사실상 고등학생들이 지역사회 내 최고 학력의 엘리트집단이었다.

고등학생은 엘리트이면서 또한 아직은 기성에 물들지 않은 '순수한' 청(소)년들이기도 했다. '순수한 엘리트'로서의 학생상은 사회가 학생들에게 기대하고 요구하는 바였고, 학생들 역시 이를 내면화했다. 일례로 대구 2·28 학생시위 당시 경북고 「결의문」에 등장하는 "우리는 배움에 불타는 신성한 각오와 장차 동아를 짊어지고 나갈 꿋꿋한 역군이요, 사회악에 물들지 않는 백합같이 순결한 청춘이요, 학도이다"라는 표현은 이러한 학생들의 자의식을 잘 보여준다. 학생들이 갖고 있던 '순수한 엘리트'라는 자의식은 때론 학생들

---

03   오유석, 앞의 글, 297쪽.
04   『합동연감 1961』, 합동통신사, 1961, 924쪽.
05   『경향신문』 1963. 7. 4, 7면.

의 정치적 언행이나 적극적인 현실 참여를 '학생의 본분'에서 벗어난다는 이유로 제약하는 요인이 되기도 했다. 하지만 4월혁명 당시 학생들이 공유했던 '순수한 엘리트'로서의 동질적 인식은, 기성세대와 달리 자신들만이 정의와 진리를 위해 목숨을 걸고 싸울 수 있다는 저항의 동력이 되었고, 그들이 4월혁명의 거리로 한꺼번에 쏟아져 나오는 데 기본적인 명분이 되었다.[06]

물론 학생들 사이에도 경제적 격차는 존재했다. 비교적 여유 있는 환경에서 공부하는 학생들도 있었지만, 그렇지 못한 학생들이 더 많았다. 해방과 분단, 그리고 전쟁의 참화를 겪으면서 사회 전반에 빈곤이 만연한 당시 상황에서 학생들도 예외일 수는 없었다. 특히 낮에 스스로 학비를 벌어 밤에 학교에 다녀야 했던 '고학생'들이 많았다. 이들은 주로 사무 보조원, 신문배달, 우편배달, 행상 등을 했다. 부모를 잃은 한 야간 중학생은 '학비난으로 피눈물 나는 생활을 계속하고 있는데 양자로 삼을 분은 없는지' 호소하기도 했다.[07]

1958년 문교부 조사에 따르면 고학생 수는 중고교생 8,529명, 대학생 5,768명, 사범계 478명, 도합 14,775명이었다. 그러나 이 통계는 실제 상황을 과소하게 반영하고 있다. 언론에 따르면 1960년 현재 고학생은 약 30만 정도로 추산되었다. 특히 대학생과 실업계 고등학생의 경우 전체 학생 중 약 30% 정도가 고학생이었다고 한다.[08] 고학생이 많았던 만큼 1950년대에는 '전국고학생총연맹', '고학생동지회', '제대고학생회' 등 고학생 관련 단체들이 우후죽순 등장하기도 했다.

고학생은 정치적으로 양면성을 갖고 있었다. 그들은 사회경제적으로 매우 열악한 처지에 있었기 때문에 현실에 대해 불만이 많았다. 하지만 대다수

---

**06** 오제연,「팽창하는 학교와 학생」,『한국현대 생활문화사 1950년대』, 창비, 2016, 132~133쪽.
**07** 김은경,『학생문화사—해방에서 4월혁명까지』, 서해문집, 2018, 297쪽.
**08** 『경향신문』1960. 11. 20, 석간 3면.

고학생의 가장 시급한 목표는 민주주의 회복이나 사회경제적 모순 해결 같은 거창한 것이 아니라, 정부로부터 자신들의 고통을 덜어줄 수 있는 실질적인 도움을 얻어내는 것이었다. 1950년대에 고학생 단체가 다수 조직되었던 것도 이러한 '경제적 이익'의 문제가 바탕에 깔려 있었다. 그 결과 고학생 단체 중 가장 활발하게 활동했던 '전국고학생총연맹'처럼 고학생 단체들은 한편으로는 '수업료 분납제' 도입 등을 강하게 주장하며 집단행동으로 정부를 압박하기도 했지만,[09] 다른 한편 3·15부정선거 과정에서 자유당의 이승만, 이기붕 후보를 공개적으로 지지하는 등 정부와 밀착된 행태를 보이기도 했다.[10]

그런 의미에서 1960년 3월 15일 부정선거 전날 밤 서울 시내에서 "대한민국은 민주공화국이다"라는 구호를 외치며 공명선거를 요구하는 시위를 벌였던 고등학교 고학생 조직 '협심회'는 경제적 이익의 차원을 넘어 정치적 의사를 표시하고 행동했다는 점에서 주목할 만하다. 여타 고학생 조직들이 대학생 주도로 운영되었던 데 비해, 협심회는 야간고등학교 간부들을 중심으로 만들어졌기 때문에 경제적 이익 문제에서 좀 더 자유로울 수 있었던 것으로 보인다.

3·15부정선거 이후 협심회 주도 학생들은 4월 18일 고려대 학생들의 시위에도 합세했고, 고려대 학생들이 정치깡패들로부터 습격을 받은 후에는 그 소식을 듣자마자 결집하여 또다시 밤 시위를 벌였다. 이렇듯 협심회와 같은 고등학교 고학생들이 4월 19일 이전부터 적극적으로 시위에 나선 덕분에 4월 혁명은 고양될 수 있었다. 이와 관련하여 4월혁명 직후 한 지식인은, 과거의 한국 학생운동이나 외국의 학생운동에 비하여 중산계급 이하의 학생들이 대

---

**09**  『동아일보』 1960. 4. 10, 조간 3면.

**10**  오유석, 「서울에서의 4월혁명」, 『4월혁명과 한국 민주주의』, 선인, 2010, 187쪽.

부분 가담했다는 데 4월혁명의 특색이 있다고 설명한 바 있다.[11] 물론 4월혁명에 사회경제적으로 하층 학생이 더 많이, 더 적극적으로 가담했는지에 대해서는 반론도 존재한다. 4월혁명 1년 뒤에 나온 글에서 김성태는 조사 결과, 시위에 참여한 학생들이 반드시 스스로를 중류 이하로 보지는 않았다고 주장했다. 즉 4월혁명에는 상류나 중류, 그리고 하류 출신 학생들이 다 같이 시위에 나섰다고 봐야 한다는 것이다. 그러나 김성태 역시 4월 19일 대규모 시위 전까지 잇달아 일어난 고등학교 시위에는 "확실히" 상류층 자녀가 많다는 학교보다 중류 이하가 많다고 보는 학교들이 많이 나섰다는 점을 인정했다.[12]

실제로 4월혁명 관련 기록을 보면 "까만 교복을 입은 어린 학생"들에 대한 이야기가 많이 나온다. 대표적인 것이 1960년 4월 19일 서울역 광장에서 벌어진 시위 때 "까만 교복의 소년" 2명이 경찰의 총탄을 뚫고 소방차에 접근하여 소방차 휘발유 탱크를 열고 불을 붙여 소방차를 전소시킨 사건이다.[13] 이처럼 4월혁명 당시 수많은 "까만 교복을 입은 어린 학생"들이 용맹하게 이승만 정권과 맞서 싸웠고, 때로는 도시하층민의 과격하고 파괴적인 행동에 적극 동참하기도 했다. 물론 4월혁명 관련 기록에 숱하게 등장하는 "까만 교복을 입은 어린 학생"들을 모두 고학생으로 단정할 수는 없다. 그러나 고학생들이 4월혁명에 적극적으로 참여했고, 또 사회경제적 처지가 도시하층민과 크게 다르지 않았다는 점을 고려한다면, 그들이 시위 현장에서 다른 학생들보다 급진적인 모습을 보였을 가능성은 크다고 하겠다.[14]

11  김성식, 「학생과 자유민권운동」, 『사상계』 1960년 6월, 70쪽.
12  김성태, 「사월 십구일의 심리학」, 『사상계』 1961년 4월, 83쪽.
13  안동림, 「두 소년 돌격대원」, 『세계』 1960년 6월, 157~159쪽.
14  오제연, 「4월혁명의 기억에서 사라진 사람들—고학생과 도시하층민」, 『역사비평』 106, 2014, 140~144쪽.

대학생들의 상황도 크게 다르지 않았다. 해방 직후부터 대학은 급속도로 팽창했다. 그 결과 1945년 해방 당시 8천여 명에 불과했던 전문학교 이상 고등교육기관 학생 수는 약 10년 뒤인 1950년대 후반에는 10만 명에 육박하게 되었다. 각 대학 당 학생 수 역시 해방 당시 약 4백 명 수준에서 1950년대 후반 1천 명 이상으로 증가하였다. 몇몇 대학에서 학생들이 집단적인 행동에 나서도 그 파급력은 커질 수 있었다. 이렇게 대학생집단은 자신들의 의지를 관철할 수 있는 양적 물리력을 확보했다.

그런데도 여전히 학령 전체 인구 중 대학 등 고등교육기관에 취학한 학생은 10% 정도에 지나지 않았다. 그만큼 4월혁명 당시 대학생은 한국사회에서 소수의 엘리트였다. 사회 일반에서도 대학생들이 새로운 국가 건설에 필요한 지도자로 성장하기를 희망하며, 대학에 지도자 양성의 역할을 기대했다. "대학은 학문의 전당이요 교육의 최고기관이며, 여기에 배우는 학생은 장차 국가 요추(要樞)의 지위에 서서 민족을 지도하여 나갈 인물들이다"라는 언급은 이러한 희망과 기대를 분명하게 보여준다.[15]

4월혁명 당시 한국의 대학생은 엘리트로서 집단의 힘을 획득한 상황이었다. 소수의 엘리트이면서도 개인이 아닌 '집단'으로서 움직일 수 있었다는 점은, 학생들이 학생운동을 통해 오랫동안 한국사회에서 강력한 영향력을 발휘할 수 있었던 근본적인 이유를 설명해준다. 즉 대학생을 지도자와 연결시키는 사회적 인식은 그들이 엘리트로서 한국사회에서 영향력을 행사할 수 있는 기본 배경이 되었다. 그리고 대학생들은 집단으로서 힘을 결집하여 학생운동을 통해 그 영향력을 실제로 발휘했다. '학생운동의 시대'는 학생들이 갖고 있는 엘리트로서의 위상과 집단의 힘이 함께 공존하던 시대와 대체로

---

15   조윤제, 「대학과 대학교」, 『자유세계』 1953년 6·7월, 247쪽.

일치한다. 단, 1950년대 대학생들은 대학의 무분별한 양적 팽창으로 인해 질적으로 하락했다는 평가도 함께 받았다. 대학생에게서 비판적 지성을 찾기 힘들다는 것이었다. 지도자 양성이라는 대학 교육의 목적을 기준으로 대학생을 봤을 때, 기대가 큰 만큼 실망도 클 수밖에 없었다. 그 밖에 국가의 학원 통제, 한국전쟁의 극한 상황, 정치의 무능과 부패, 가난과 실업, 가치관의 혼란 등도 1950년대 대학생들을 무기력하게 만들었다. 이러한 사회적 환경 속에서 독한 알코올 기운과 전위적이고 자극적인 '데카당'은 학생들의 도피처가 되었다. 비판의식을 결여한 무기력한 학생의 모습은 다방, 당구장, 기원(棋院) 등이 넘쳐나고 사치스러운 복장이 유행하는 사회 풍조에서 잘 드러났다.

비판적 지성이 마비된 대학생들의 나약함과 무기력함은, 그들이 집단의 힘을 가진 엘리트임에도 불구하고 1950년대 내내 지속된 이승만 정권의 독재와 부정부패에 침묵할 수밖에 없었던 근본 이유였다. 1960년 4월혁명 과정에서 대학생들이 고등학생들보다 훨씬 늦게 시위에 참여했던 것도 이와 무관하지 않다.[16] 이러한 무기력을 깨고 대학생들이 엘리트 집단의 힘을 실제로 행사하기 위해서는 그만큼 더 많은 시간과 계기 그리고 결단이 필요했다.

## 2) 정치적 환경[17]

4월혁명 당시 모든 학교와 학생은 국가의 강력한 통제 하에 놓여 있었다. 그리고 그 통제의 정점에 학도호국단이 있었다. 대한민국 정부수립 직후인 1949년 이승만 정부는 각급 학교에 학도호국단을 창설하였다. 학도호국단을 결성한 목적은 학교 내 좌익 학생들을 제거하고 학내에 생길지 모를 좌익 사

---

**16**  오제연, 「1960~1971년 대학 학생운동 연구」, 서울대학교 박사학위논문, 2014, 21~29쪽.

**17**  2장 2절의 내용 중 대부분은 오제연, 앞의 박사학위논문, 30~36쪽의 내용을 수정 보완한 것이다.

상을 근절하기 위해, 학생들의 몸과 마음을 군대식 집단 훈련과 반공 사상 교육으로 국가가 직접 통제하려는 것이었다. 그러나 단지 좌익 척결만이 학도호국단 조직의 목적은 아니었다. 대학의 경우 학도호국단 창설 과정에서 그동안 우익 학생운동을 주도하던 '전국학생총연맹'(약칭 전국학련)이 해산되고 그 조직과 간부들이 학도호국단으로 흡수되었다. 이는 학생들이 정부에 압력을 가하거나 위협이 될 수 있는 가능성을 사전에 차단하기 위해 정부가 취한 조치였다.[18] 이렇게 해서 정부수립 이후 학교와 학생들은 국가의 직접 통제 하에 들어갔다.

이승만 정부의 학도호국단 조직은 신속하게 진행되었다. 1948년 11월 문교부는 중학생 이상의 '학도호국대'를 조직하여 군사훈련을 실시하겠다는 방침을 발표하였고, 12월에 '학도호국단 준비 및 지도 요강'을 작성하였다. 1949년 1월에는 '학도호국단조직요강'을 발표하였다. 이에 따라 1월 말까지 중등학교(현재의 중학교와 고등학교) 학도호국단을 결성하였고, 2월에 시·군 학도호국단, 3월에 각 도 및 서울특별시 학도호국단을 결성하였다. 학도호국단은 중앙학도호국단 직속으로 4월 20일까지 조직을 완료하였다. 4월 22일에는 서울운동장에서 대한민국 학도호국단 총재 이승만 대통령과 단장 안호상 문교부장관을 비롯하여 전국의 학생 대표가 참석한 가운데 중앙학도호국단 결성식을 가졌다.[19] 그리고 1949년 8월 6일 공포된 병역법 제78조에 의해 전국의 중고등학교 학생 이상 대학생은 전원 의무적으로 학도호국단에 편입되어 학생 군사훈련을 받아야 했다. 마지막으로 정부는 1949년 9월 27일, 학도호국단 이외의 학생 단체는 존재할 수 없고 학생들은 학도호국단을 통해서만 활동

---

18 이경남, 「(다큐멘터리) 전학련(全學聯)」, 『신동아』, 1982년 10월, 157쪽.

19 중앙학도호국단, 『학도호국단 10년지』, 중앙학도호국단, 1959, 89쪽.

해야 한다는 '대한민국학도호국단규정'을 만들어 대통령령으로 공포하였다. 이로써 1949년 말 학도호국단은 전국의 중학교 이상 1,146개교, 총 단원 35만 명을 통괄하는 거대한 학생조직이 되었다.[20]

창단 당시 조직 체계를 보면, 중등학생 이상 모든 학생과 교직원은 학도 호국단 단원이 되었다. 총재는 대통령이, 중앙학도호국단 단장과 부단장은 문교부장관과 차관이, 각 도 및 서울특별시 학도호국단 단장은 도지사, 시장, 교육감이, 각 학교 학도호국단 단장은 교장·학장·총장이 맡았다. 학생 간부는 학도부장 또는 대대장으로 임명하였다. 이렇듯 학도호국단은 그 조직 체제 가 대통령–문교부–총장·학장·교장으로 된 수직적인 준군사조직이었다.[21]

그러나 곧이어 발발한 한국전쟁으로 학생들이 흩어지자 학도호국단은 별다른 활동을 하지 못했다. 대신 각지로 흩어진 학도호국단 간부들은 국방 부 정훈국의 지원 하에 '대한학도의용대'를 조직하여 전쟁에 참전하였다. 대 한학도의용대를 통해 국방부가 학생조직에 영향을 끼치자, 이에 반발한 문 교부는 1951년 8월 '대한민국학도호국단개정안'을 공포하여 학도호국단을 정부 주도의 준군사조직에서 개별 학교 중심의 학생자치조직으로 개편하였 다.[22]

1951년 이후 학도호국단의 성격이 개별 학교 중심의 학생자치기구로 변 모하였지만, 학도호국단은 여전히 학생들을 정치적으로 통제하면서 학생들 의 자치활동을 제약했다. 학도호국단 하부는 학생자치기구로 조직하였지만 상부는 행정 권력을 직접 행사할 수 있는 문교부장관이 중앙의 단장을 맡았

20  연정은, 「감시에서 동원으로, 동원에서 규율로—1950년대 학도호국단을 중심으로」, 『역사연 구』 14, 2004, 213쪽.

21  서울대학교 60년사 편찬위원회 편, 『서울대학교 60년사』, 서울대학교, 2006, 794~795쪽.

22  「(대통령령 제523호) 대한민국학도호국단 규정 中 개정의 건」, 『관보』 1951. 8. 24.

다. 비록 학도호국단 운영에서 학교의 책임과 권한을 강화했다고 하더라도, 근본적으로 학도호국단이 정부 산하 조직이었기 때문에 정부의 요구에 따라 학생들을 정치적으로 동원하는 일이 빈번했다. 예를 들어, 서울시 교육위원회가 1959년 4월 1일부터 5월 15일까지 45일간에 걸쳐 국가 및 정부 기타 단체 등의 행사에 동원된 중고등학교 학생들을 집계한 결과 그 수가 81,000명에 달했다. 매일 평균 1,800명이 각종 행사에 동원된 셈이었다.[23]

가장 대표적인 학생 동원 사례는 북진통일, 휴전반대와 관련한 각종 반공 궐기대회였다. 또한 학생들은 반공운동뿐만 아니라 반일운동에도 대거 동원되었다. 이승만 정권에서 반공과 반일은 하나로 연결되어 있었다. 건물이나 담벼락에 '반공방일(反共防日)'의 구호가 쓰여 있었고, 당시 국민학교 학생들도 제식훈련을 받으면서 "북진통일, 반공방일"을 외칠 정도였다. 단독정부수립 운동의 최고 지도자인 이승만이 북진통일운동을 전개하면서 통일의 화신으로 부각된 것처럼, 친일파를 기반으로 정권을 유지한 이승만은 반일운동을 전개함으로써 반일민족주의의 대표적 인물로 부각되었다.[24] 학생들은 그만큼 이승만 정권의 통제와 동원에 시달릴 수밖에 없었다. 학생들의 불만과 반발도 자연스럽게 커져나갔다.

학생회가 없는 상황에서 학도호국단은 유일한 학생자치기구였다. 대학의 경우 일상적인 학생 통제와 동원, 학도호국단의 횡포에 시달리던 일부 대학생들이 학도호국단의 해체를 강하게 요구했다.[25] 이는 실현되지 못했지만, 그 대신 1953년부터 학도호국단 운영위원장과 부위원장을 학생들의 직접 선

---

**23** 『합동연감 1960』, 합동통신사, 1960, 466쪽.

**24** 서중석, 『이승만과 제1공화국』, 역사비평사, 2007, 137쪽.

**25** 서울대를 중심으로 한 학도호국단 해체 요구에 대해서는 연정은, 앞의 논문과 서울대학교 60년사 편찬위원회 편, 앞의 책 참조.

거로 선출하는 대학이 많아졌다.[26] 민주적 절차를 통해 학생들의 대표성을 획득하면서 학도호국단 활동은 활발해졌다. 특히 축제와 같이 전교생이 참여하는 대규모 교내 행사는 대부분 학도호국단이 주관하였다. 그 밖에도 학도호국단은 각 학교별로 각종 체육대회, 웅변대회, 연극공연, 음악회 등을 수시로 개최하였다.[27] 이는 학도호국단의 학생 동원 능력과 자치 능력이 함께 커진 것을 의미했다.

학도호국단의 역할이 커지는 상황에서 1959년 말부터 일부 민주당 성향의 학도호국단 간부들과 학생들은 선거를 통한 정권 교체를 호소하면서 1960년 정부통령 선거를 앞두고 '공명선거추진학생위원회'를 결성하였다. 또 1960년 4월혁명 과정에서도 많은 대학에서 학생들이 학도호국단 간부들을 중심으로 항쟁에 결집하였다. 일례로 고려대학교는 1950년대 내내 단과대학별로 신입생환영회를 진행하였는데, 5개 단과대학 운영위원장의 합의로 1959년 처음 단과대학 통합 신입생환영회를 개최하였다. 다음 해인 1960년 4월 18일 고려대 각 단과대학 운영위원장들은 이 신입생환영회를 이용하여 대규모 시위를 벌였고, 이는 다음 날 벌어진 대규모 시위의 기폭제 역할을 했다.[28] 물론 이승만 정권의 정치적 목적 달성을 위해 전위대 역할을 할 수밖에 없었던 태생적인 한계를 학도호국단이 완전히 극복한 것은 아니었다. 일

---

26  고려대학교는 1953년부터 각 단과대학 운영위원장과 부위원장을 '자유 입후보', '무기명 비밀투표'의 원칙하에 학생들이 직접 뽑기 시작했다. 고려대학교 육십년사 편찬위원회, 『육십년지』, 고려대학교, 1965, 368쪽. 서울대학교는 1954년부터 법과대학, 사범대학, 수의과대학 운영위원장을 직선으로 선출하였고, 나머지 단과대학은 대의원회에서 선출하였다가 1956년 문리과대학과 공과대학, 1957년 미술대학과 농과대학도 직선제를 도입했다. 서울대학교 60년사 편찬위원회 편, 앞의 책, 796쪽.

27  중앙학도호국단, 앞의 책, 298~307쪽.

28  김양현, 「내 사랑 고대」, 『회고 50년—고려대학교 행정학과 교우 수상집』, 고려대학교 행정학과, 2005, 64쪽; 고려대학교 100년사 편찬위원회, 『고려대학교 학생운동사』, 고려대학교 출판부, 2005, 141~142쪽.

부 학도호국단 간부들은 1960년 정부통령 선거 직전 '전국대학생구국학생총연맹'이라는 어용단체를 구성하여 이승만과 이기붕 지지 운동을 하는 등 자신의 정치적 출세를 위해 정권에 충성하였다. 따라서 4월혁명의 기반 형성이라는 관점에서는 대학교보다 중고등학교 학도호국단의 모습에 주목할 필요가 있다.[29] 이는 4월혁명 당시 학생시위의 전개 과정과 시기별 양상을 먼저 정리한 후 집중적으로 살펴보고자 한다.


## 3. 학생시위의 전개 과정과 시기별 양상[30]

4월혁명 당시 전개된 학생시위는 크게 학교 단위로 이루어진 시위와 학생들이 개별적으로 참여한 시위로 구분할 수 있다. 그중 다수 사례로서 현재 구체적인 사실 파악이 가능한 것은 전자이다. 4월혁명에서 가장 큰 시위였던 1960년 3월 15일, 4월 19일, 4월 26일 시위에는 후자의 사례도 상당히 많았던 것으로 보이나 그 규모나 양상을 파악하는 것이 쉽지 않다. 따라서 이 글에서는 전자, 즉 학교 단위로 이루어진 시위를 중심으로 그 양상을 살펴볼 것이다. 이 경우도 1개 학교만 단독으로 시위한 사례, 여러 학교가 연합하여 시위한 사례, 시위는 없었으나 벽보 부착이나 삐라 살포가 이루어진 사례, 시위 모의는 있었으나 사전에 발각되거나 물리적으로 저지되어 시위가 무산된 사례 등으로 나눠볼 수 있다. 여기서는 1960년 2월 28일 대구에서 일어난 첫 번

---

**29**  실제로 1950년대 말에는 대광고 등 일부 고등학교에서도 학도호국단 대신 자유 입후보와 전교생의 비밀 직접 투표로 학생회를 구성하여 학생 자치 능력을 향상시킨 바 있다. 안동일·홍기범, 『기적과 환상』, 영신문화사, 1960, 113쪽.

**30**  3장에서 언급한 구체적인 사실들은 민주화운동기념사업회, 『4월혁명 총서—일지』, 민주화운동기념사업회, 2010에 기록된 내용을 근거로 하였다.

째 학생시위부터 이승만 대통령이 하야 성명을 발표한 1960년 4월 26일 전후에 전개된 학생시위까지를 네 개의 시기로 구분하여 정리 분석해보도록 하겠다.

먼저 1960년 2월 28일부터 1960년 4월 26일 전후까지 전개된 학생시위를 정리해 간단하게 목록화하면 〈표 1-1〉과 같다.

〈표1-1〉1960년 2월 28일부터 4월 26일 전후까지의 학생시위 목록

| 날짜 | 사건 |
|---|---|
| 2월 28일 | 대구에서 경북고, 대구고, 경북사대부고, 경북여고, 대구여고, 대구공고 시위 |
| 2월 29일 | 대구에서 대구상고, 경북여고, 대구여고 시위 |
| 3월 1일 | 서울에서 3·1절 기념식 중 공명선거추친전국학생위원회가 삐라 살포 |
| 3월 2일 | 공명선거추친전국학생위원회가 백만 학도에게 보내는 격문 발표 |
| 3월 5일 | 서울에서 장면 후보 선거연설회에 맞춰 학생시위 |
| | 청주에서 각 고교 간부들이 공석회 결성 |
| 3월 7일 | 부산에서 동아고, 경남고 등 고등학교 학생 대표들이 시위 모의하다 발각 |
| | 제주에서 제주대 학생과 6개 고등학교 학생들이 시위 계획하다 무산 |
| 3월 8일 | 대전에서 대전고 시위 |
| | 부산에서 공명선거호소학생위원회 명의의 벽보 부착 |
| | 포항에서 학생시위 |
| 3월 10일 | 대전에서 대전상고 시위 |
| | 수원에서 수원농고 시위 |
| | 충주에서 충주고, 충주여고 시위 |
| | 부산과 대구에서 학원 자유 관련 삐라 살포 |
| 3월 11일 | 청주에서 세광고, 청주공고 등 관제시위 |
| 3월 12일 | 부산에서 해동고 등 시위 |
| 3월 13일 | 서울에서 공명선거를 외치며 고등학생들의 산발적 시위 |
| | 청주에서 청주농고 시위 |
| | 문경에서 문경고 학생시위 모의(3월 14일) 발각 |
| | 부산에서 경남상고 등 학생시위 무산 |
| | 오산에서 오산고 시위 |
| | 서울에서 전국대학생구국총연맹 관제시위 |
| 3월 14일 | 서울에서 중동고, 대동고, 균명고, 강문고 등 야간고 학생들의 조직적 시위 |
| | 부산에서 데레사여고, 부산상고, 영남상고, 동래고, 북부산고, 혜화여고, 항도고, 해동고 등 시위 |
| | 포항에서 포항고 시위 |

| | |
|---|---|
| 3월 14일 | 인천에서 송도고, 인천고 시위 |
| | 청주에서 청주고 등 시위 좌절 |
| | 원주에서 원주농고, 원주고, 대성고 시위 |
| | 전주에서 전날 선거 저지를 모의했던 학생들 연행 |
| 3월 15일 | 마산에서 학생 등에 의한 격렬한 시위 발생 |
| | 부산에서 여고생 시위 무산 |
| 3월 16일 | 부산에서 영남상고, 건국상고, 해동고 시위 |
| | 진해에서 진해여고, 충무중 시위 |
| | 전주에서 고등학생 5명 시위 모의하다 연행 |
| 3월 17일 | 진해에서 진해고 시위 |
| | 서울에서 성남고 시위 |
| 3월 18일 | 서울에서 고등학교 학생시위 첩보가 있었으나 실제로는 일어나지 않음 |
| 3월 19일 | 춘천에서 춘천고 학생들이 벽보 부착 |
| 3월 20일 | 춘천에서 춘천고 시위 모의 발각 |
| 3월 24일 | 부산에서 부산고 시위 |
| 3월 25일 | 부산에서 동성중, 동성고, 데레사여고, 혜화여고, 경남공고 등 시위 |
| 4월 4일 | 전주에서 전북대 교내시위 |
| 4월 11일 | 마산에서 김주열 시신 발견 후 대규모 시위 발생 |
| 4월 12일 | 마산에서 마산공고, 창신농고, 마산상고, 제일여고, 창신고, 마산고 등 시위 |
| | 대전에서 지역 학생들이 한 차례 시위 |
| 4월 13일 | 마산에서 해인대, 성지여중고, 마산여중고 시위 |
| | 청주에서 청주공고 시위 실패 |
| 4월 14일 | 진주에서 진양고 시위 |
| 4월 15일 | 마산에서 마산상고, 마산고 시위 강제 해산 |
| | 부산에서 동래고 시위 좌절 |
| 4월 16일 | 청주에서 청주공고 시위 |
| | 광주에서 고등학생시위 계획 무산 |
| | 진주에서 진주농고 시위 사전 발각 |
| 4월 18일 | 서울에서 고려대 시위 |
| | 부산에서 동래고 시위 |
| | 청주에서 청주공고, 청주상고, 청주고, 청주여상, 청주여고, 청주기고 시위 |
| 4월 19일 | 서울에서 대광고, 서울대, 동성고, 동국대, 연세대, 성균관대, 건국대, 경기대, 홍익대, 중앙대, 선린상고, 고려대 등 시위 |
| | 부산에서 금성고, 부산공고, 경남공고, 부산상고, 데레사여중고 등 시위 |
| | 동아대 시위 좌절 |
| | 광주에서 광주고, 광주공고, 조대부고, 광주농고, 광주상고, 광주여고 등 시위 |
| | 대구에서 경북대, 청구대 시위 |
| | 인천에서 인천공고, 남인천여중, 인천여상 등 시위 |

| | |
|---|---|
| 4월 19일 | 대전에서 대학생과 고등학생 중심으로 한 차례 시위 |
| | 청주에서 청주농고, 세광고, 청주대 시위 |
| 4월 20일 | 서울에서 경희대, 한양대, 서울대 등이 시위 기도하였으나 무산 |
| | 부산에서 동아대 시위 좌절 |
| | 광주에서 전남대, 광주농고 등 시위 |
| | 대구에서 계명대, 대구대, 청구대, 경북대 시위 |
| | 인천에서 인천사범, 수산고, 송도고, 동인천고, 인천공고, 인천고 시위 |
| | 수원에서 서울농대 시위 |
| | 서정리에서 효명중고 시위 |
| | 전주에서 전주공고, 전주고, 신흥고 및 전북대 시위 |
| | 익산에서 남성중고, 이리여고, 남성여고, 전북대 등 시위 |
| 4월 21일 | 수원에서 서울농대 시위 |
| | 인천에서 인하공대 시위 |
| 4월 22일 | 인천에서 박문여중, 인천사범, 수산고, 동인천고, 인천공고, 인천고 등 시위 |
| | 수원에서 서울농대 학내 단식농성 |
| | 군산에서 군산중고 등 10개 중고 시위 |
| | 부산에서 학생시위 사전 발각 좌절 |
| 4월 23일 | 수원에서 수원농고, 수원북중, 수성고, 수성중, 삼일고, 매향여상, 매향여중, 수원고, 수원여고, 서울농대 시위 |
| | 인천에서 인천여중, 남인천여상, 인천공고, 인천고 등 시위 |
| | 군산에서 군산여상과 중앙여중 시위 |
| 4월 24일 | 전국 각지에서 합동위령제(또는 순국학도추도식) 개최와 학생시위 |
| | 대구에서 대구대 결의문 채택 |
| 4월 25일 | 서울에서 교수단 시위에 학생들이 합류 |
| | 인천에서 인천고 시위 |
| | 천안에서 천안공고와 천안농고 학생시위 |
| | 춘천에서 춘천고, 춘천여중고, 성수중고, 춘천농대, 보인기고 시위 |
| | 진주에서 진주고, 진주농고, 진주농대 시위 |
| | 김해에서 김해농고, 김해여중, 김해중 시위 |
| | 남원에서 용성중, 남원농고, 남원중고, 남원여중고 시위 |
| 4월 26일 | 서울에서 대규모 시위에 학생 참여 |
| | 부산에서 대규모 시위에 학생 참여 |
| | 대구에서 경북대, 대구대, 청구대, 중고등학교 시위 |
| | 대전에서 충남대, 대전대(현 한남대), 시내 중고등학교 학생시위 |
| | 인천에서 인하공대, 인천고, 서울에서 온 원정시위대 시위 |
| | 수원에서 서울에서 온 원정시위대 시위 |
| | 의정부에서 서울에서 온 원정시위대 시위 |
| | 목포에서 고교생 연합시위 |

| | |
|---|---|
| 4월 26일 | 순천에서 학생시위 |
| | 울산에서 울산농고, 영주여고 시위 |
| | 포항에서 동지중고 시위 |
| | 천안에서 천안공고와 천안농고, 천안여고 학생들이 중학생들과 함께 시위 |
| | 공주에서 공주사범대학, 공주고, 공주사대부고, 공주농고, 영명고 시위 |
| | 제천에서 제천고 시위 |
| | 원주에서 학생 연합시위 |
| | 묵호에서 묵호상고, 삼척고, 부평고, 강릉상고 시위 |
| | 김천에서 시내 중고등학교 시위 |
| 4월 27일 | 인천에서 한양대 원정시위 |
| | 평택에서 안일중, 안일상고 시위 |
| | 광주에서 광주상고 시위 |
| | 천안과 강경에서 학생시위 |
| | 청주에서 청주고 시위 |
| | 제천에서 제천농고 시위 |
| | 원주에서 학생시위 |
| | 여수에서 학생시위 |
| | 순천에서 순천고 등 학생시위 |
| | 경주에서 학생시위 |
| | 가야에서 함안농고, 함안중 시위 |
| | 삼천포에서 학생시위 |
| | 제주에서 학생시위 |
| 4월 28일 | 제주에서 학생시위 |
| 4월 29일 | 제주에서 학생시위 |
| | 강경에서 강경상고, 강경여중고, 강경중 시위 |
| | 조치원에서 조치원상고, 조치원중, 조치원여중 시위 |
| | 양양에서 양양중고 시위 |
| | 영산포에서 학생시위 |
| 4월 30일 | 영산포에서 학생시위 |
| | 제주 표선면에서 표선중 시위 |

* 출전: 민주화운동기념사업회, 『4월혁명 총서─일지』, 민주화운동기념사업회, 2010; 안동일·홍기범, 『기적과 환상』, 영신문화사, 1960; 한국민주주의연구소 편, 『4월혁명과 한국민주주의』, 선인, 2010; 한국민주주의연구소 편, 『지역에서의 4월혁명』, 선인, 2010.

### 1) 1기: 1960년 2월 28일부터 1960년 3월 14일까지

4월혁명의 문은 1960년 2월 28일 대구의 고등학생들이 열었다. 많이 알려

**2월 28일 대구 경북고등학교 학생시위대** 출처: 민주화운동기념사업회 오픈아카이브즈
00700202, 원출처: 3·15의거기념사업회.

진 것처럼 대구 학생시위는 정부 당국과 자유당이 2월 28일에 예정되었던 민
주당 장면 부통령 후보의 선거유세에 학생들이 참여하는 것을 막기 위해, 이
날이 일요일인데도 대구 시내 모든 고등학교에 학생 등교를 지시하면서 일
어났다. 각 학교마다 일요일 등교에 대해 다양한 명목을 내걸었지만 학생들
은 일요일 등교가 갖는 정치적 의미를 잘 알고 있었다. 이는 노골적으로 학생
을 정치도구화하는 것이었고 학원의 자유를 박탈하는 것이었다.

　2월 28일 시위 당시 경북고 학생들은 결의문을 통해 "성인사회의 정치놀
음"을 비판하고, "정치에 관계없이 주위에 자극받지 않은 책 냄새, 땀 냄새, 촛
불 꺼멓게 앉은 순결한 이성으로서 우리는 지금까지 배운 지식을 밑바탕으
로 하여 일장의 궐기를 하려 한다"는 점을 분명히 했다. 2월 28일 대구에 이어
3월 8일 대전에서도 대규모 학생시위가 일어났다. 당시 대전고 학생들이 채
택한 결의문도 앞서 살펴본 경북고 결의문과 유사한 내용을 담고 있다. "학원

의 정치도구화를 배격한다", "자유로운 학생 동태를 감시 말라", "진리를 탐구하는 신성한 학원에서 여하한 사회적 세력의 침투를 용납할 수 없다" 등이 그 것이다. 대전고 시위대가 외쳤던 구호 역시 "학생들을 정치도구화하지 말라", "학원의 자유를 달라", "학원에서의 선거운동을 배격한다" 등이었다. 학원과 학생의 '자유'를 옹호하고 '정치도구화'를 배격하는 것은 3월 10일 대전상고, 충주고와 충주여고, 수원농고 학생들의 시위에서도 가장 핵심적인 주장이었다.

여기서 주목해야 할 사실은 3월 15일 정부통령 선거 직전까지 학교 단위의 학생시위에서 선거 문제를 직접적으로 언급한 사례가 거의 없다는 점이다. 하지만 아이러니하게도 앞서 언급한 2월 28일 대구 학생시위와 3월 8일 대전 학생시위, 그리고 3월 10일의 대전, 충주, 수원 학생시위는 모두 해당 지역에서 열린 여야의 선거유세 및 강연과 깊은 관련이 있었다. 2월 28일 대구처럼 3월 8일 대전과 3월 10일 수원에서는 민주당 장면 부통령 후보의 선거유세가 각각 열렸다. 대전에서는 장면 유세에 참석하지 말라는 학교 지시에 학생들이 반발하면서 시위가 전개되었으며, 수원에서는 학생들의 시험 시간이 장면 유세와 같은 시간으로 변경되면서 시위가 전개되었다. 반면 3월 10일 대전에서는 자유당의 선거유세가 있었는데, 이날 새벽, 경찰이 시위를 모의한 몇몇 학생들을 연행하면서 이에 분노한 학생시위가 전개되었다. 같은 날 충주에서는 학교 당국이 학생들에게 지역 출신 자유당 국회의원의 선거강연을 듣게 하면서 이에 반발한 학생시위가 전개되었다. 즉, 4월혁명 초기 학교 단위 학생시위는 대부분 선거유세 및 강연을 계기로 발생하였지만, 학생들은 시위 과정에서 선거 문제를 구체적으로 언급하지 않은 채 학원과 학생의 '자유' 혹은 '정치도구화' 문제만을 앞세웠다.

그 이유는 두 가지로 추정해볼 수 있다. 첫 번째는 앞서 언급한 바와 같이 당시 학생들이 학생의 '순수성'을 중시했기 때문이다. 비록 선거유세 및 강연과 같은 구체적인 정치적 계기가 시위의 원인이 되었으나, 학생들은 기성세대와 달리 '순수'했기 때문에 선거 문제를 직접 거론하기보다 학원과 학생의 자유 혹은 정치도구화 같은 원론적인 문제를 주로 제기했던 것이다. 두 번째는 선거 문제를 직접 거론할 경우 학생시위가 야당 지지로 해석되면서 정부와 학교 당국의 탄압을 더 많이 받을 수 있기 때문이었다. 일례로 1960년 3월 5일 서울에서 열린 민주당 장면 부통령 후보의 유세 직후 이 유세에 참여했던 학생들이 대규모 시위를 전개한 바 있었다. 이 시위에서 학생들은 "부정선거 배격하자", "장면 박사 다시 뽑아 민주발판 지켜가자", "썩은 정치 갈아보자"와 같은 정부 비판과 민주당 지지 입장을 분명히 드러냈다. 학교 단위의 시위가 아니었기 때문에 학생들은 익명성에 기대어 정치적 의사 표현을 더 분명하게 할 수 있었던 것이다. 하지만 이 시위와 관련해 이승만 정부는 "배후관계를 철저히 수사"하겠다고 학생들을 위협했다. 때문에 학교의 이름을 내걸고 전개되는 학교 단위의 시위에서는 실제 정치적 입장과 관계없이 그 의사 표현에 신중을 기할 수밖에 없었다.

하지만 3월 15일이 가까워지면서 부정선거의 움직임이 더욱 노골화되자 학생들도 더 이상 신중한 태도를 유지하기 어려웠다. 3월 13일 서울에서는 일부 학생들이 "백 가지 공약보다 한 가지 공명선거"라고 쓴 100여 장의 삐라를 뿌리며 시위를 시도했다. 비록 이날 시위는 경찰에 의해 쉽게 제압되었지만, 다음 날이자 선거 전날인 14일에는 앞서 언급한 고학생 중심의 야간고등학교 간부 연합체 '협심회' 주도의 밤 시위가 전개되었다. 이들은 "대한민국은 민주공화국"라는 헌법 제1조를 쓴 삐라를 뿌리고 "공명선거"를 외치면서 시위를 벌였다. 약 2시간 동안 산발적으로 이루어진 이 시위에 참가한 학생은 1천여 명에 달하는 것으로 추정되었으며, 그중 300명 정도가 경찰에 연행되었다. 같은 날 부산에서도 여러 고등학교의 학생들이 힘을 모아 "우리가 민주제단을 지키자", "민주국가 세우자" 등의 구호를 외치고 "민주주의 수호하자"라고 쓴 삐라를 뿌리며 시위를 전개했다.

서울과 부산 외 지역에서도 3·15부정선거 직전 전개된 학생시위에서 선거 문제가 본격 거론되었다. 일례로 시위 하루 전날 발각되어 미수에 그쳤지만, 3월 14일 문경고 학생들이 예정했던 시위에서는 "협잡선거에 속지 말라", "공정선거 이룩하여 민주국가 이룩하자"라는 내용의 플래카드가 제작되었다. 또한 3월 14일 인천 송도고 학생들은 "공명선거를 시행하라"라는 구호를 외치며 시위를 벌였고, 원주농고 학생들은 "취소하자 3인조", "실시하자 공명선거" 등의 구호를 외치며 시위를 벌였다. 물론 이들 시위에서도 이전과 같이 학원과 학생의 자유 혹은 정치도구화 문제가 계속 언급되었지만, 학생시위의 핵심 이슈는 점차 선거와 민주주의의 문제로 넘어가고 있었다.

### 2) 2기: 1960년 3월 15일부터 1960년 4월 10일까지

1960년 3월 15일, 사상 최대의 부정선거가 벌어졌다. 선거일 이전부터 민주당 추천 선거위원과 참관인들에 대한 납치와 폭행, 매수가 자행되었다. 선거 당일 투표소에서도 민주당 참관인들은 입장을 거부 당하거나 폭행 또는 축출되는 사례가 빈번했다. 자유당 완장부대와 반공청년단원 및 신원을 알 수 없는 괴한들이 경찰의 묵인 아래 유권자와 취재기자까지 폭행했다. 그리고 3인조 9인조 공개투표, 4할 사전투표에서 선거부정은 절정을 이루었다.

당연히 선거구 곳곳에서 민주당원과 시민들의 항의가 빗발쳤다. 각지의 민주당 지방당에서는 일찍부터 독자적으로 선거 포기를 발표했고, 민주당 중앙당도 선거 종료 30분을 앞둔 오후 4시 30분 이 선거의 '불법과 무효'를 선언했다. 선거 당일 광주, 진주, 부산, 포항, 서울 등 여러 지역에서 부정선거에 대한 반발이 일어났지만, 그중에서도 마산에서 저항이 가장 거셌다. 마산에서는 오후 2시 무렵 민주당원들이 부정선거 규탄시위를 감행했다. 평화적인 시위행진에 수천 명의 군중들이 호응했다. 밤이 되자 학생과 시민들이 마산 시청과 파출소 등지로 모여들었다. 시위는 동시다발적으로 이루어졌다. 시위대를 해산시키기 위해 경찰은 소방차를 동원해 물을 뿌렸고, 이에 대항하여 시위대는 돌을 던졌다. 경찰은 최루탄과 공포를 발사하다가 오후 8시 무렵 실탄을 발사했다. 경찰의 무자비한 유혈진압에도 시위대는 굴하지 않고 곳곳에서 격렬하게 저항했다. 마산에서의 항쟁은 많은 희생자를 낳고 밤늦게 마무리되었다.

다음 날인 3월 16일, 노골적인 부정선거와 마산에서의 유혈사태에 분노한 학생들의 시위가 마산 인근 부산과 진해에서 전개되었다. 부산의 영남상고, 해동고, 건국상고 학생들은 "협잡선거 다시 하라"라는 삐라를 뿌리면서 시위를 벌였고, 진해의 진해여고 학생과 충무중 여학생들은 "부패된 사회에도 학생은 살아 있다"는 내용의 플래카드를 들고 시위를 벌였다. 진해에서는 다음날인 17일에도 진해고 학생들이 시위를 이어나갔다. 같은 날 서울에서는 성남고 학생들이 "우리는 정치에는 관여치 않으나 공명선거를 외치다가 체포된 학생의 석방을 요구한다" 등의 구호를 외치며 시위를 벌였다. 이날 밤 서울 시내에는 학생 명의로 "마산 학생의 뒤를 따르자", "다시 찾자 국민주권" 등의 문구가 새겨진 벽보가 곳곳에 붙었다.

그러나 명백한 부정선거, 경찰의 발포, 다수 사망자 발생 등 사태의 심각성에 비해 3월 15일 직후 학생시위의 규모나 강도가 결코 강했다고 말하기는 어렵다. 오히려 3월 18일부터는 학생시위가 거의 일어나지 않았다. 3월 18일 이후 4월 11일 2차 마산항쟁 전까지 실제로 이루어진 가두시위는, 3월 24일과 25일에 부산에서 부산고, 동성고 학생들이 "공명선거 다시 하자", "경찰은 마산 학생 사살사건을 책임지라" 등을 결의하며 전개한 시위가 유일했다. 심각한 사태에도 불구하고 학생들은 왜 이렇게 소극적인 모습을 보였을까? 우선 학생들이 이전부터 견지한 '순수함'에 대한 강박이 적극적인 정치적 발언과 움직임을 여전히 제약하고 있음을 알 수 있다. 17일, 성남고 학생들이 시위를 벌이면서도 스스로 정치에는 관여치 않겠다는 점을 분명히 한 사실이 이를 단적으로 보여준다. 하지만 이보다 더 본질적인 이유는 1960년 3월 15일 1차 마산항쟁 직후 정부가 이 사건을 '공산당'이 배후에 있는 것처럼 몰아간 사실에 있다. 국가보안법에 기초한 극단적인 반공체제 하에서 공산당으로 몰리는 것은 가장 치명적인 타격일 수밖에 없었다. 학생시위는 여간한 용기와 의지가 아니고서는 이루어지기 힘들었다. 여기에 정부와 학교 당국이 학생들의 동향을 철저하게 체크하고 여러 수단을 동원하여 시위를 사전에 막은 것도 큰 역할을 했다. 그래서 3월 16일 진주, 3월 18일 서울, 3월 20일 춘천에서처럼 학생들이 시위를 모의했으나 미수에 그친 사례가 이어졌다.

또 하나 주목해야 할 점은 3월 20일이 넘어가면서 대부분의 중고등학교가 봄방학에 돌입했다는 사실이다. 지금과 달리 당시에는 4월 1일부터 신학년이 시작했다. 때문에 당시 중고등학교는 12월 20일경 겨울방학에 들어가 약 한 달간 겨울방학을 보낸 뒤 1월 20일경 개학을 해서 약 두 달간 수업을 진행했다. 그리고 3월 25일 전후 짧은 봄방학을 갖고 4월 1일 신학년을 맞이했다. 따라서 4월혁명에서 첫 번째 학생시위가 일어난 2월 28일부터 부정선거가 자행된 3월 15일까지는 학기 중이었기 때문에 학생들이 학교에 나와 함께 시위를 벌일 기회가 있었다. 반면 3월 말이 되어서는 봄방학으로 인해 학교가 텅 비어버려 물리적으로 학생시위가 쉽지 않았다. 이는 4월혁명만의 양상이 아니었다. 학생운동이 활발했던 1960~80년대에도 학생시위는 학생들이 학교에 모이기 어려운 방학 때 크게 약화되는 양상을 보였다. 그래서 정부는 학생

시위를 잠재우는 수단으로 종종 조기방학을 활용하였다. 4월혁명 때도 마찬가지였다. 정부와 학교 당국은 학생시위를 막기 위한 방편으로 봄방학 시작 시점을 앞으로 당겼다. 그리고 이는 분명 효과가 있었다.

4월이 되어 학교가 다시 문을 열었지만 학생시위는 곧바로 재개되지 못했다. 졸업, 입학, 진급 등으로 학생 구성 자체가 크게 바뀌었고, 무엇보다 한 번 가라앉은 시위의 동력을 다시 살리는 것은 매우 어려운 일이었다. 그 결과 4월 4일 전북대의 교내시위를 제외하면 4월 11일 2차 마산항쟁이 일어나기 전까지 어떤 학교에서도 학생시위가 일어나지 않았다. 이렇게 부정선거는 기정사실이 되어갔고, 그동안의 저항과 희생도 아무 결실을 맺지 못한 채 허무하게 묻혀버리는 듯했다. 하지만 4월 11일 오전, 마산 앞바다에서 김주열의 시신이 떠오르면서 상황은 극적으로 반전되었다.

### 3) 3기: 1960년 4월 11일부터 1960년 4월 19일까지

1차 마산항쟁 당시 시위에 나섰다가 행방불명된 마산상고 입학생 김주열의 시신이 4월 11일 오전 11시경 마산 앞바다에서 떠올랐다. 김주열의 어머니가 한 달 가까이 처절하게 아들을 찾아 헤맨 결과 마산 시민들은 김주열의 실종 사실에 대해 잘 알고 있었다. 모두가 안타까운 마음으로 찾기를 원했던 김주열이 눈에 최루탄이 박힌 참혹한 시신으로 발견되자 마산 시민과 학생들은 크게 분노했다. 이에 이날 오후부터 마산 곳곳에서 또다시 격렬한 시위가 일어났다. 2차 마산항쟁이 시작된 것이다. 자연발생적으로 모여든 시위대는 플래카드와 구호를 통해 고문과 살인을 자행한 경찰을 규탄하고 재선거를 요구했다. 시위대는 마산경찰서와 각 파출소, 마산시청과 소방서, 형무소 등 관공서에 투석하고 집기를 파괴했다. 창원군청에서는 투표함을 부수고 투표용지를 시내에 뿌렸다. 그 밖에 마산시장 관사, 민주당에서 자유당으로 당적을 바꾼 허윤수·김성근 의원의 집, 서울신문 지국, 국민회 마산지부 등이 파괴되었다. 경찰들이 발포를 하며 시위를 진압하려 했지만 쉽지 않았다. 2차 마산항쟁은 4월 11일 하루로 끝나지 않고 13일까지 계속 이어졌다.

2차 마산항쟁 이틀째인 4월 12일 마산공고 등 마산 시내 여러 학교에서 학생들이 조직적인 시위를 벌였다. 당시 마산공고 학생들은 "협잡선거 물리치자"라는 플래카드를 들고 시위에 나섰으며 "썩은 정치 바로잡자", "민주제단 우리가 지키자" 등의 구호를 외쳤다. 낮에 이루어진 마산 학생들의 시위는 학교 단위로 질서 있게 이루어졌는데, 이는 밤에 전개된 학생 아닌 청년들이 주도한 과격 시위와 대비되었다. 밤 시위에서는 이승만 정권 타도의 목소리까지 나왔다.

다음 날인 13일에는 마산 시내 각 중고등학교에 휴교령이 내려졌다. 그런데도 이날 마산여중고 학생들과 성지여중고 학생들이 시위를 전개했다. 특히 해인대(현 경남대) 학생들은 4월혁명 과정에서 대학생 최초의 가두시위에 나섰다. 2차 마산항쟁은 이렇게 마무리되었으나, 이후에도 4월 15일 마산고, 마산상고 학생들이 한 차례 더 시위를 시도하였다.

김주열의 시신 발견은 마산에서만 학생시위를 재개시킨 것이 아니었다. 4월 14일 진주에서 진양고 학생들이 시위를 감행했고, 16일에는 청주에서 청주공고 학생들이 "불법선거 무효다", "경찰의 만행을 쳐부수자"는 내용의 삐라를 뿌리며 시위를 벌였다. 청주에서는 4월 18일에 청주공고, 청주상고, 청주여상, 청주고 등 청주 시내 주요 고등학교 학생들이 한꺼번에 참여하는 대규모 시위가 전개되었다. 이때 학생들은 "정부는 마산학생사건에 책임져라", "경찰은 학원에 간섭하지 말라"는 구호를 외쳤다. 같은 날 부산에서 동래고 학생들이 "경찰은 신성한 학원에 간섭 말라", "김주열군을 참살한 자를 속히 처단하라"라는 구호를 외치며 시위를 벌였고, 여기에 다른 학교 학생들도 합

2차 마산항쟁 당시 4월 12일 마산상고 학생시위대와 시민들 출처: 민주화운동기념사업
회 오픈아카이브즈 00700064, 원출처: 3·15의거기념사업회.

류했다. 이처럼 이 시기에는 김주열의 죽음으로 상징되는 경찰의 폭력에 대
한 분노와 규탄 그리고 책임자 처벌 요구가 학생시위의 중심을 이루었다.

　1960년 4월 18일 서울에서 고려대 학생들이 시위에 나섰다. 뒤에서 학생
들의 조직과 네트워크를 다루며 자세하게 논의하겠지만, 대학생의 경우 여
러 가지 제약 조건으로 인해 4월혁명에 합류하는 시점이 상당히 늦었다. 특히
각 지역에 고르게 분포되어 있던 고등학교와 달리 서울에 집중되어 있던 대
학의 상황을 고려했을 때, 대학생들은 4월 18일 고려대 시위를 계기로 비로소
4월혁명에 참여했다고 할 수 있다. "마산사건의 책임자를 즉시 처단하라", "경
찰의 학원출입을 엄금하라"와 같은 당시 고려대 선언문의 내용은 앞서 살펴
본 고등학생들의 요구와 크게 다르지 않았다. 단, 기성세대에 대한 불신을 표
명하며 자성과 각성을 촉구하는 모습은 특징적이었다.

이날 고려대 학생들은 국회의사당 앞까지 진출하여 연좌시위를 벌인 후 저녁 무렵 학교로 돌아갔다. 그런데 귀교 과정에서 정치깡패 약 100여 명에게 습격을 당했다. 숫자는 고려대 학생들이 더 많았지만 각종 흉기로 무장한 정치깡패들에 의해 다수의 학생이 큰 피해를 입었다. 일부 학생들은 피를 흘린 채 거리에 쓰러졌다. 이 소식은 밤사이 시내 곳곳에 전해졌는데, 나중에 오보로 밝혀졌지만 사망한 학생이 있다는 소문까지 퍼졌다.

고려대 학생들이 먼저 시위를 개시하고 또 귀교 도중 정치깡패에게 습격을 당하자 다음 날인 4월 19일, 학생들은 더 이상 좌고우면하지 않고 일제히 교문을 박차고 거리로 나섰다. 4월혁명의 클라이맥스가 되는 대규모 시위가 서울은 물론 부산, 광주, 대구 등 주요 도시에서 전개되었던 것이다. 4월 19일의 시위가 학생만의 것은 아니었지만 이때도 그 시작은 학생의 몫이었다. 서울의 대광고 학생들이 가장 먼저 거리에 나섰다. 그들은 "정부는 마산사건을 책임져라", "3·15협잡선거를 물리치고 정부통령을 다시 선거하자" 등의 구호를 외치며 동숭동 서울대 방향으로 진출했다. 서울대 학생들 역시 "데모가 이적이냐 폭정이 이적이다", "이 놈 저 놈 다 글렀다 국민은 통곡한다" 등의 구호를 외치며 교문을 나섰다. 이후 동성고, 선린상고 등 고등학교 학생들과 동국대, 연세대, 성균관대, 중앙대, 건국대, 경기대, 홍익대 등 대학교 학생들이 거리로 쏟아져 나와 대규모 시위를 전개했다. 이날은 학교 단위가 아니라 학교와 상관없이 개별적으로 참여한 학생들도 매우 많았다. 개별적으로 시위에 참여한 학생들은 자신의 학교가 시위에 나서지 않았기 때문에 어쩔 수 없이 혼자 또는 친구들과 함께 거리에 나선 경우가 대부분이었다.

이날 경찰은 경무대 부근 등 곳곳에서 시위대에 발포했고, 그 결과 100명이 넘는 사망자가 발생했다. 그래서 4월 19일은 '피의 화요일'이 되었다. 4월 19일 대규모 시위와 경찰 발포로 인한 유혈사태는 부산과 광주에서도 동일

**4월 19일 서울대 문리대 학생시위대와 플래카드를 든 숙명여대 학생**  출처: 민주화운동기념사업회 오픈아카이브즈 00700216, 원출처: 3·15의거기념사업회.

하게 발생했는데, 차이가 있다면 부산과 광주에서의 시위는 대학생이 아니라 고등학생이 선도했다는 사실이다. 그 밖에 대구, 인천, 청주에서도 같은 날 학생시위가 일어났다.

### 4) 4기: 1960년 4월 20일부터 1960년 4월 26일 전후까지

1960년 4월 19일 '피의 화요일'을 겪으면서 정부는 서울, 부산, 광주, 대구, 대전에 비상계엄령을 선포했다. 때문에 4월 20일 이후 서울 등 주요 대도시에서는 한동안 학생시위가 일어나지 않았다. 물론 일부 학생들이 시위를 시도하였지만 대부분 좌절되었고, 오직 4월 20일 광주와 대구에서만 시위가 이루어졌다. 대신 4월 20일부터 학생시위는 여러 중소도시로 확산되었다. 물론 이

전에도 몇몇 중소도시에서 시위가 일어나기는 했지만, 이제는 그 지역이 인천, 수원, 전주, 익산, 군산, 천안, 춘천, 진주, 김해, 남원 등으로 훨씬 넓어졌다. 4월 19일 '피의 화요일'이 가져온 여파가 아직 계엄령이 선포되지 않아 학생들의 행동이 상대적으로 자유로운 지역을 중심으로 퍼져나갔던 것이다.

김주열의 죽음과 '피의 화요일'까지 겪은 학생들은 이제 시위에서 "경찰은 학생에게 총부리를 겨누지 마라", "경찰국가 타도하자", "살인경찰 물러가라" 등 유혈사태의 직접적인 원흉인 경찰을 규탄하는 구호를 많이 외쳤다. 부정선거 규탄과 재선거를 요구하는 목소리도 높았다. 반면 4월 19일 '피의 화요일' 직후 민주당이나 일반 시민들 사이에서 '이승만 퇴진' 혹은 '자유당 정부 퇴진'의 목소리가 계속 나오고 있던 것과 비교했을 때, 대통령과 정부의 퇴진을 분명하게 요구하는 학생들의 목소리는 찾기 힘들다. 이것이 전략적인 선택의 결과인지, 학생들의 '순수함' 혹은 체제순응성을 반영하는 것인지는 향후 더 정밀하게 따져볼 필요가 있다.

4월 25일 교수단 시위 이후 상황이 급변했다. 이날 대학교수 258명은 "학생의 피에 보답하라"라는 플래카드를 들고 시위를 벌였다. 이 교수단 시위는 두 가지 측면에서 큰 의미가 있다. 하나는 그들이 이승만 대통령의 퇴진을 분명하게 요구하면서 이후 4월혁명의 목표가 이승만 하야로 수렴되었다는 사실이다. 다른 하나는 계엄령 하에서 그들이 감행한 시위에 수많은 학생과 시민들이 결합했는데도 계엄군이 이를 적극적으로 저지하지 않았다는 점이다.

계엄군이 더 이상 이승만과 자유당을 보호하지 않음을 확인한 학생과 시민들은 4월 26일 이승만 대통령 하야를 한목소리로 요구하며 다시 대규모 시위를 전개했다. 그 규모나 열기는 일주일 전 4월 19일의 시위를 방불케 했다. 이날 오전 10시 30분, 이승만 대통령은 결국 하야 성명을 발표했다. 이승만 하야 성명 이후 많은 사람들은 그동안 쌓였던 분노를 승리의 기쁨과 함께 한꺼

**이승만 하야 성명 발표 후 질서유지와 수습 활동에 나선 대학생들** 출처: 민주화운동기념
사업회 오픈아카이브즈 00700223, 원출처: 3·15의거기념사업회.

번에 폭발시켰다. 그 결과 4월 26일, 즉 '승리의 화요일'에는 서울, 대전, 대구
등지에서 시위대가 경찰과 관공서를 습격하고 파괴하는 일이 벌어졌고, 이
과정에서 군경의 발포로 다수의 사상자가 발생했다. 그러자 4월혁명을 선도
했던 학생들은 폭력적인 시위를 '무질서'로 규정하고 서울 등 대도시를 중심
으로 질서 회복을 위한 행동에 나섰다. 특히 4월혁명에 뒤늦게 합류했던 대학
생들은 "수습의 길은 대학생에 있다"는 플래카드를 앞세우며 질서 회복을 위
한 수습 활동을 주도했다.

　4월혁명에서 학생들이 선언문 등을 통해 비폭력과 무저항을 자주 내세웠
고 실제로 이승만 하야 이후 질서 회복을 위한 수습 활동에 앞장서기도 했지
만, 사실 학생들 역시 시위 현장에서 폭력과 비폭력을 넘나드는 경우가 많았

다. 일례로 흥분한 학생들이 경찰에게 돌을 던지고 장작으로 대항하거나 주요 기물과 시설을 방화한 사례가 종종 있었다. 폭력적인 과격 시위를 도시하층민이 주도하는 경우가 많았지만 이러한 시위에서 학생과 학생 아닌 청년들을 엄밀하게 구분하는 것은 불가능하다. 앞서 살펴본 고학생들처럼 많은 학생들의 처지가 도시하층민의 그것과 크게 다르지 않았기 때문이다. 따라서 학생과 도시하층민의 행태를 비폭력과 폭력으로 이분하는 시각은 재고할 필요가 있다.[31]

한편 이승만 하야 성명이 발표된 4월 26일을 전후로 그동안 시위가 발생하지 않았던 지역에까지 학생시위가 더욱 확산되었다. 4월 27일부터 30일까지 나흘 동안 시위가 계속 전개된 제주도가 가장 대표적인 사례이다. 이승만 대통령 하야로 혁명의 목표가 수렴되고 실제로 그 목표가 달성되는 과정에서 시위가 확산되는 것은 자연스러운 현상이다. 특히 지역의 엘리트로서 학생들은 거스를 수 없는 혁명의 흐름 속에서 뒤처지지 않기 위해서라도 시위를 선도해야 했다. 거기에 대통령 퇴진과 함께 그동안 학생들을 감시하고 통제해왔던 권력의 힘이 급속히 이완되어 학생들의 운신의 폭이 넓어진 것도 학생시위가 지역적으로 확산되는 계기가 되었다. 이때 학생들은 각 지역에서 주로 부정선거에 깊이 관여한 관리들의 사임을 요구하고, 자유당 세력의 축출을 시도했다. 그리고 이러한 학생들의 열정적인 움직임은 5월 이후 학원 민주화운동으로 이어졌다.

---

**31** 김은경, 앞의 책, 313~314쪽.

# 4. 학생시위의 조직적 특징

## 1) 학도호국단 경험에 기초한 조직적 시위

4월혁명의 초기 주인공은 고등학생이었다. 4월혁명은 고등학생에 의해 시작되었고 또 확산되었다. 4월혁명 당시 고등학생 시위의 특징은 학생들이 학교 단위로 조직적으로 움직였다는 점이다. 물론 앞서 살펴본 바와 같이 4월 19일의 대규모 시위에서는 학교와 상관없이 개별적으로 시위에 나선 학생이 매우 많았고, 이는 4월 26일의 대규모 시위에서도 마찬가지였다. 하지만 1960년 2월 28일부터 약 두 달간 전개된 학생시위를 전체적으로 살펴봤을 때 대부분의 학생시위는 학교 단위에서 조직적으로 이루어졌다고 할 수 있다.

4월혁명에서 학생들이 전개한 학교 단위의 조직적인 시위는 그들의 학도호국단 경험과 밀접한 관계가 있다. 1950년대 내내 학생들은 정부에 의해 수직적으로 조직된 학도호국단에 소속되어 일상적으로 통제, 동원되었다. 정부가 마치 군대와 같은 체제로 학생들을 규율했던 것이다. 특히 학생들은 이 학도호국단의 체제에 따라 수시로 '관제데모', 즉 정부가 주도하는 대중 캠페인에 동원되었다. 그 결과 당시 학생들은 학도호국단의 지휘 아래 조직적으로 행동하는 경험, 또 거리에 진출하여 시위를 벌이는 경험을 일상적으로 하게 되었다. 그런 의미에서 4월혁명은 학생들의 학도호국단 경험이 만들어낸 '의도치 않은 결과'라 할 수 있다. 실제로 4월혁명 당시 각 고등학교에서는 학도호국단 간부들이 시위를 모의하고 주도한 사례가 많았다.

4월혁명 이전에도 고등학교에서 학생 분규가 일어나는 경우 학도호국단 간부들을 중심으로 한 사람의 예외 없이 전학생이 일사분란하게 집단행동에 돌입하는 양상을 자주 보였다. 1950년대 극우 반공주의에 기초한 국가의 학원 통제 속에서도 많은 중고등학교에서 학원비리 등 각종 문제에 대한 학생들의 저항이 지속적으로 일어났다. 1950년대 학생들의 저항 양상은 25건의 사례를 분석한 연정은 연구에 잘 정리되어 있다. 1950년대 학생들의 저항은 대부분 교장의 비리 혹은 교장의 부당한 조치에 맞서 각 학교 단위 학도호국단을 중심으로 혹은 학도호국단 간부들이 속한 상급학년 학생들을 중심으로 진행되었다. 그런데 학도호국단 주도의 학생 저항이 일어날 때 대부분 전체 학생이 일률적으로 동맹휴학(맹휴)과 같은 집단행동에 들어가는 특징을 보였다. 맹휴가 시작되면 반대하는 학생이 거의 없이 전체 학생이 맹휴에 참여했던 것이다. 학생들에게 그만큼 문제가 절실했고 공감대가 폭넓게 형성되었기 때문이기도 하겠지만, 그보다는 학도호국단의 지도 아래 이루어진 다른 행사 때의 경험이 맹휴에도 그대로 반영된 결과라고 할 수 있다.[32]

연정은은 학도호국단 간부들이 학생들을 선동할 때 아침조회나 시험을 이용했던 것을 근거로, 학도호국단을 통해 일상적으로 익혀진 집단성과 규율성이 학생들의 저항 과정에서도 자연스럽게 재현된 것으로 추정했다. 그리고 아침조회에서 맹휴를 모의하거나 시험을 거부했던 것을, 학생들이 학교의 권위에 도전하는 효과적인 방법이라고 인식한 것으로 보았다.[33] 그러나 제한된 사례만을 가지고는 학도호국단이 당시 중고등학생들의 집단성과 규율성에 얼마나 영향을 주었는지, 또 당시 학생들의 집단성과 규율성이 얼마나 강했는지를 정확하게 알기 어렵다.

1950년대 중고등학교 동맹휴학과 같은 학생들의 저항 사례에서 주목해야 하는 점은 집단적인 힘의 결집과 분출이 당시 학생들에게 익숙한 '경험'이었다는 사실이다. 앞서 살펴보았듯이 1950년대에는 정치적인 문제와 관련하여

---

32  연정은, 앞의 논문, 247~249쪽.
33  위의 논문, 250쪽.

정부에 의한 학생 동원, 즉 관제데모가 자주 일어났다. 이 중 가장 길고 격렬하게 진행된 관제데모는 1960년 4월혁명 바로 직전인 1959년 1년 내내 지속된 '재일교포북송반대시위'였다. 당시 이 시위에 참여한 학생들은 수십만 명에 이르렀고, 각 지방에서는 각급 학도호국단이 앞장서 야간봉화시위까지 감행하였다.[34]

관제데모를 할 경우 학교 측은 학생들의 출석을 부르고 만약 불참할 경우 결석으로 처리했기 때문에 대부분의 학생들이 어쩔 수 없이 시위에 계속 참여하였다. 그만큼 당시 학생들에게 시위의 경험은 익숙한 것이었다. 집단성과 규율성의 정도는 정확히 알 수 없지만, 익숙한 시위 경험을 바탕으로 상황에 따라 맹휴도 벌일 수 있었던 것이다.

4월혁명 당시 대학생보다 고등학생들이 시위에 앞장설 수 있었던 것도 이러한 관제데모의 경험이 큰 역할을 했다. 4월혁명 직후 한 대학교수는 학생들의 시위에 대해 다음과 같이 분석하였다.

12년간에 걸친 이(李)박사의 집권에 있어서 우리 사회의 학생들은 언제나 집권자의 이익을 위한 행렬에 언제나 동원될 수 있는 기회를 가졌다. 따라서 어떠한 독재주의자에 있어서도 공통하게 발견될 수 있는 유일한 수법, 즉 국내에 있어서의 그 독재에 대한 반대와 불만을 방지하기 위하여 국민의 주의를 국외로 돌리게 하는 그러한 수법에 의하여 우리 사회의 학생들은 가지가지의 '관제데모'에 동원된 경력이 많았다. 그러나 사월혁명은 바로 독재정권에 의하여 그들의 이익을 위하여 이용된 바를 그 데모에 의하여 성취되었던 것이다. 여기에 이

---

34   중앙학도호국단, 앞의 책, 276~277쪽.

(李)박사 정권의 역사적 '아이러니'가 있다.[35]

당시 한국에서 성공회 신부로 활동하고 있던 한 외국인도 같은 맥락에서 다음과 같은 인상기를 남겼다.

　　이번 데모가 비상하게 잘 훈련된 것이었는데 이는 이(李)정권 하에서 많은 관제데모에 동원되고 거기서 얻은 여러 가지 질서 있는 데모 방법을 그대로 살린 것이었습니다. 그 증거로 학교에서 대열을 지어 나가서 동일한 구호를 외치고 노래를 부르고 그러고는 다시 열(列)을 지어 각기 모교로 돌아가서 해산했다는 사실을 들 수 있습니다.[36]

4월혁명의 시작을 알린 1960년 2월 28일의 대구 경북고등학교 학생들의 시위 초반, 교통순경이 학생들의 시위 대열을 보고 이를 막기는커녕 시위에 방해될 모든 차량의 운행을 중지시켜주는 친절을 베풀었던 것도,[37] 갑작스러운 학생들의 시위를 얼마 전까지 연일 계속된 북송반대 시위와 같은 관제데모로 착각했기 때문일 가능성이 크다. 실제로 4월혁명 당시 대부분 고등학생 시위는 학도호국단 조직을 그대로 이용하였다.[38]

　대학생들은 고등학생들에 비해 관제데모에 덜 동원되었지만 그것은 상대적인 차이에 불과했다. 학도호국단이라는 틀에서 대학생들도 자유로울 수

---

**35** 한태연, 「전제군주의 몰락―사월혁명의 역사적 의의」, 『세계』, 1960년 6월, 40쪽.

**36** 「(좌담회) 외인(外人) 교수·신부가 본 사월혁명」, 『세계』, 1960년 6월, 129쪽.

**37** 경북고등학교, 「2·28 경과 상보」, 『경맥(慶脈)』 7, 경북고등학교, 1960(2·28 40주년 기념사업회 편찬분과위원회, 『2·28 민주운동사 Ⅱ 자료 편』 2·28 민주의거 40주년 특별기념사업회, 2000, 235쪽 재인용).

**38** 김성태, 「사월 십구일의 심리학」, 『사상계』, 1961년 4월, 82쪽.

없었다. 1959년 북송반대 관제데모에는 대학생들도 많이 동원되었는데, 이 과정에서 동국대 학생들은 1959년 11월 북송에 대한 규탄뿐만 아니라, 이를 저지하지 못하는 정부의 실정을 규탄하는 시위를 함께 강행하려다가 사전에 정보를 입수한 학교 당국의 저지와 경찰의 개입으로 좌절된 바 있었다.[39] 비록 실패하기는 했지만 학생들의 관제데모 경험은 이처럼 언제든 정부를 비판하는 시위로 전환될 가능성이 있었다. 4월혁명 당시 많은 대학에서 학생들이 학도호국단 간부들을 중심으로 결집한 것도 이 때문이었다. 학도호국단 경험이 4월혁명 당시 대학생들에게 영향을 주었다는 사실은 중앙대 학생들이 남긴 다음 기록에서 잘 드러난다.

> 민주주의 만세를 명수대 골짜기가 떠나갈 듯한 큰 소리로 삼창하고 "의에 죽고 참에 살자"는 교훈을 쓴 플래카드를 선두로 스크럼을 짜면서 교문을 나섰다. (…) 구호를 외치면서 질서 있게 흑석동을 출발하였다. 단체훈련을 받지 않은 학생들도 있었지만 감탄하리만큼 지도자들의 명령에 잘 순종했고 대열은 정연했다.[40]

위 글에서 언급된 '단체훈련'은 학도호국단 훈련을 의미하는 것이 분명하다. 즉, 4월혁명 당시 대학생들도 학도호국단 훈련을 바탕으로 일사분란하게 시위에 나섰던 것이다. 학도호국단은 그만큼 익숙한 경험이었고 그 경험이 의도치 않게 4월혁명에 학생들이 나설 수 있는 기반을 만들어주었던 것이

---

39  동국대학교 학생자치위원회, 「동국건아의 민주기록」, 『민주혁명의 발자취』, 정음사, 1960, 143쪽.
40  중앙대학교 학생자치위원회, 「젊음과 사랑과 조국과」, 『민주혁명의 발자취』, 정음사, 1960, 178쪽.

다.[41]

4월혁명에 반영된 학생들의 학도호국단 경험은 그들이 시위 과정에서 불렀던 노래에서도 확인할 수 있다. 학생들은 학교 단위로 시위를 벌이면서 〈애국가〉, 〈삼일절 노래〉, 〈학도호국단가〉, 〈전우가〉 등을 많이 불렀다. 이들 노래는 1950년대 학생들이 학도호국단 차원으로 각종 관제 행사에 참여하면서 자주 불렀던 익숙한 노래였다. 이런 노래는 국민적 일체감을 표현하는 상징으로서 시위대를 '애국적 국민'으로 결집하는 구심력으로 작용했다. 그리고 이제 〈학도호국단가〉와 같이 학원의 자유를 억압하고 학생을 통제하던 노래가 거꾸로 저항의 노래로 불리게 되었다.[42]

### 2) 인적 네트워크를 활용한 연합시위 시도와 그 한계

1950년대 학도호국단 경험이 초래한 '의도치 않은' 또 하나의 결과는 지역 내 고등학교 학도호국단 간부들이 긴밀한 네트워크를 형성할 수 있게 해줬다는 점이다. 학도호국단은 정부에 의해 조직되었기 때문에 정부의 요구에 따라 지역 내 여러 학교 학생들이 연합하여 함께 활동하는 경우가 많았다. 지역 내 각 학교 학도호국단 간부들 사이의 접촉이 활발해지면서 자연스럽게 이들 사이에는 긴밀한 네트워크가 만들어졌다. 1950년대 각 학교 학도호국단 간부들은 이 네트워크를 통해 상호 논의와 협력의 경험을 쌓았다.

4월혁명은 바로 이 네트워크를 통해 시작되었다. 1960년 2월 28일 대구 학생시위를 주도한 학생들은 경북고 학도호국단 부위원장, 대구고 학도호국단 위원장 등 약 10명 정도였다. 이들은 개인적으로도 친한 사이였으며 평소 많

---

**41**  오제연, 앞의 박사학위논문, 37~40쪽.

**42**  김은경, 앞의 책, 304~305쪽.

58  4월혁명의 주체들

은 일을 상의하고 토론한 경험을 갖고 있었다.[43] 부정선거 하루 전날인 3월 14일에 서울에서 벌어진 고등학생들의 야간 시위도 이전부터 학도호국단 행사 관계로 자주 모임을 갖던 야간 고등학교 간부 학생들이 '협심회'라는 조직을 만들어 연합해 전개한 것이었다.[44] 4월 11~13일 2차 마산항쟁 때에도 마산상고, 마산공고, 마산고, 제일여고, 마산여고, 성지여고 등 마산 시내 주요 고등학교 사이에 '연락반'이 오고가며 공동의 시위를 모색하였다.[45]

인적 네트워크는 대학생 시위의 모의 과정에서도 작동하였다. 4월혁명 초기에는 고등학생이 시위를 주도한 반면 대학생은 별다른 움직임을 보이지 않았다. 이와 관련하여 3·15부정선거 직후 이루어진 『사상계』 좌담에서 한 교수는 다음과 같이 대학생들을 비판했다.

중고등학생에 대해서는 기대를 가질 수 있는데 대학생 이후는 기대를 가질 수 없습니다. 선배는 썩었다고 지적했으니까… 이번 사건(3·15 1차 마산항쟁—인용자 주)에 대학생이 개재했다면 문제는 더 크게 정치화했겠는데 중고등학생이기 때문에 이 정도까지 되었다고 봐요. 또 대학생은 방학 시기이고 또 리더로 나서는 놈도 없거든요. 전부 맹장(猛將)이 중고등학생뿐입니다. 그래서 중고등학생들이 대학생은 썩었다고 할 밖에 없어요. 또 대학생 정도면 너무 사회 이면을 알아서 약아빠져서 자기가 희생되는 일은 안 합니다. 그러니까 우리가 기대를 가질 수 있는 사람은 이십 전(前) 세대까지이지 이십 이후는 썩었다고 볼 수 있어요.[46]

43  안동일·홍기범, 앞의 책, 97~98쪽.
44  홍충식, 「숨겨진 이야기 남기고 싶은 사실들」, 『4월 혁명과 나』, 4월회, 2010, 396~397쪽.
45  안동일·홍기범, 앞의 책, 170쪽.
46  「(좌담) 민주정치 최후의 교두보—삼일오선거 후의 정국관망」, 『사상계』 1960년 5월호, 37쪽.

한마디로 "대학생들은 썩었"기 때문에 3·15부정선거에 저항하지 않는다는 질타였다.

노골적인 부정선거가 자행되었음에도 대학생들이 침묵했던 데에는 몇 가지 이유가 있었다. 첫째, 앞서 언급한 바와 같이 당시까지 대학생들은 1950년대 대학생들이 가지고 있었던 부정적인 모습, 즉 비판의식이 결여된 나약하고 무기력한 모습에서 크게 벗어나지 못했다. 일례로 서울대 문리대의 경우 신진회(후진국문제연구회) 2~3학년 학생들을 중심으로 4월혁명 당시 시위를 준비할 때, "잘못되면 신진회가 배후로 지목되어 큰 피해를 당할 수 있다"며 선배들이 이를 말렸다고 한다. 그 결과 신진회는 내부적인 결의를 끌어내지 못했다.[47] 저항을 해도 성공할 가능성이 적고, 오히려 큰 피해를 당할 수 있다는 인식이 대학생들을 주저하게 만든 측면이 크다.

둘째, 이승만 정권의 학도호국단을 통한 대학 통제가 작용한 측면이 있다. 학도호국단은 학생운동의 구심력이 될 수도 있지만 반면 원심력이 될 수도 있었다. 그런데 3·15부정선거 당시 이승만 정권은 학도호국단 간부들을 대거 동원하여 '전국대학생구국총연맹'을 결성하고, 그 밖에도 100여 명의 학생들을 끌어모아 '전국대학생학술연구회' 등을 만들어 공개적으로 이승만, 이기붕을 지지하게 했다.[48] 이렇게 상당수 대학에서 학도호국단 간부들이 부정선거에 가담했고, 반면 아직 이념서클과 같은 대안 세력들은 크게 성장하지 못했기 때문에 대학생들의 4월혁명 참여가 지체될 수밖에 없었다.

셋째, 당시에는 4월에 개강을 했기 때문에 부정선거가 치러진 3월에 대학은 아직 방학 중이었다. 반면 선거기간 고등학생들은 학교에 나가 수업을 들

---

47  「배춘실 구술」(구술일시: 2013년 8월 10일, 면담자: 신동호).
48  홍영유, 『4월혁명통사 10』, 천지창조, 2010, 269~279쪽.

고 있었다. 무엇보다 당시 대학은 지금보다 더 서울에 집중되어 있었다. 서울로 상경하여 공부하던 많은 지방 출신 대학생들은 방학 때면 대부분 고향으로 돌아갔다. 학생 다수가 고향에 머무르고 있는 상황에서, 대학생들이 학교에 모여 함께 고민하고 힘을 모으는 것은 4월 개강 이후에나 가능한 일이었다. 3·15부정선거가 방학 때 진행된 것이 대학생들의 저항을 억제하는 효과는 생각보다 컸다.

하지만 4월이 되어 각 대학이 개강을 맞이했을 때의 분위기는 확실히 이전과 달랐다. 이를 잘 보여주는 것이 1960년 4월 2일 『고대신보』의 사설이다. 「우리는 행동성이 결여된 기형적 지식인을 거부한다」는 제목의 이 사설은 1학년 신입생들에게 당부하는 형식으로, '지식'은 '행동'의 수단으로써 지침 역할을 하지 않으면 무가치하다고 주장했다. 그리고 가혹한 역사적 현실을 운명으로 돌리고 학문 속으로 도피하는 것을 비판했다. 이 사설이 대학생들에게 행동의 방식을 제시하지는 않았지만 더 이상 방관하고 도피해서는 안 된다는 어조만은 분명했다. 이미 팽배해진 학생들의 격앙된 분위기를 반영한 이 사설은 고대생들에게 큰 반향을 불러일으켰다.[49]

부정선거에 대한 비판적 분위기가 커지면서 4월 4일 대학생으로서는 최초로 전북대에서 부정선거규탄 집회가 열렸다. 전북대 정치학과 3학년 학생들의 주도로 학생 약 5백여 명 정도가 부정선거를 규탄하는 집회를 갖고 시위를 시도하였으나 경찰의 저지로 무산되었다. 이후 4월 11일 김주열의 시체가 마산 앞바다에서 떠오른 후 2차 마산항쟁이 전개되자, 4월 13일 해인대 학생 1백여 명이 시청 앞에서 가두시위를 벌였다. 이미 2차 마산항쟁으로 경찰

---

**49** 「(사설) 우리는 행동성이 결여된 기형적 지식인을 거부한다—신입생에게 주는 글」, 『고대신보』 1960. 4. 2, 1면.

력이 무력화된 후여서 학생들은 경찰의 제지 없이 가두시위를 벌일 수 있었다. 당시 이 시위를 주도했던 해인대 학도호국단 간부들은 훗날 1960년 4월 11일과 12일에 걸쳐 계속 이어진 마산 시내 고등학생들의 시위를 보고 상아탑에 안주하는 자신을 용납할 수 없어 시위를 벌였다고 회고했다.[50]

그리고 앞서 살펴본 것처럼 1960년 4월 18일에는 서울에서 고려대 학생들이 대규모 시위를 벌였고, 귀교 도중 정치깡패들에게 습격을 당했다. 고려대 학생들의 시위 소식과 정치깡패들의 테러 소식은 즉시 서울의 다른 대학과 고등학교 학생들에게 알려졌고, 다음 날인 4월 19일 신문을 통해 대대적으로 보도되었다.[51] 김주열의 죽음에 이어 고대생 습격 사건까지 발생하자 분노한 대학생들은 4월 19일 일제히 시위를 벌였다. 그동안 침묵해오던 대학생들이 드디어 4월혁명의 전면에 나선 것이다.

4월혁명 당시 대학생들이 시위를 논의하고 준비하는 과정에서 그들 사이의 지연, 학연 등에 기초한 다양한 네트워크가 활발하게 작동하였다. 대학생들이 다양한 네트워크를 활용하는 공간은 주로 다방이었다. 1950년대 이래 한국에서 다방은 공적 논의가 사적 만남을 통해 이루어지는 독특한 공간이었다. 다방은 공사(公私)의 경계가 희미한 한국 특유의 공론장을 대변했다. 다방은 사적이면서도 공적인 공간이었고 공적이면서도 사적인 공간이었다.[52] 일례로 4월혁명 이전 주요 대학 학도호국단 간부들은 도심의 백조다방이나 황실다방에서 종종 만남을 가졌다. 그 자리에서는 학도호국단 행사와 관련된 논의뿐만 아니라, 부정선거나 학생시위와 같은 정치적 문제에 대한 의견도 활발하게 교환되었다. 이 과정에서 그들은 1960년 4월 19일 직전 공동의

---

50  홍영유, 『4월혁명통사 3』, 천지창조, 2010, 87쪽.
51  오제연, 앞의 박사학위논문, 76~80쪽.
52  강준만·오두진, 『고종 스타벅스에 가다—커피와 다방의 사회사』, 인물과사상사, 2015.

시위 계획을 세우기도 했다.[53]

다양한 대학생 네트워크가 몇몇 다방을 거점으로 서로 얽히다 보니 혼선이 발생하기도 했다. 4월혁명 당시 대규모 시위의 날짜 합의와 관련한 논란이 대표적이다. 앞서 언급한 대로 1960년 4월 18일 고려대는 서울의 대학 가운데 가장 먼저 시위를 벌였다. 고려대의 4월 18일 시위는 다음 날인 4월 19일 대규모 시위의 기폭제 역할을 했다. 하지만 4월혁명 직후부터 고려대가 4월 21일경에 다른 대학과 함께 시위를 벌이기로 약속했다가 이를 깨고 먼저 거리에 나섰다는 비판이 다른 대학 학생들로부터 제기되었다. 이와 관련하여 서울대 문리대 정치학과 과회장이자 신진회 회원이었던 윤식의 회고를 살펴볼 필요가 있다.

4월 15일 신학기 시작 후, 김성희 교수의 정당론 강의가 오후 첫 교시였을 겁니다. 정당론 강의를 들으러 갔는데 휴강되었습니다. 정당론 수강생들은 주로 3학년이었습니다. 그 강의가 휴강이 되자 양성철이라는 친구가 먼저 "우리 모여서 의논을 하자"고 제안을 했습니다. (…) 그때 주로 모인 사람들은 정치학과 학생들이었는데 15~20여 명 정도였습니다. (…) 그렇게 해서 21일에 가능하면 시내에 있는 모든 학교를 동원해서 시위하자고 결정했습니다. 21일까지 문리대 정치학과를 중심으로 해서 그 주변에 있는 미대, 법대, 의과대, 음대뿐만 아니라 고려대, 연세대 친구들까지도 행동을 같이 하자고는 했지만 사실 불가능에 가까웠습니다. 왜냐하면 같은 학과 내에 있는 친구도 믿기 어려운 상황이었으니까 보다 많은 학생들을 끌어들이는 작업이 쉬울 리가 없었죠. 그러나 우린 계속해서 노력했습니다.

---

**53** 육일회(六一會) 편, 『4월민주혁명사』, 제3세계, 1992, 246~248쪽.

그런데 18일 오전 우리와 접촉이 된 고려대 학생 한 명이 뛰어와서는 18일 오후 1시에 고려대에서 시위를 감행하기로 했다고 했습니다. 예기치 못한 상태에서 우리는 다시 한번 행동을 할 것인지 말 것인지에 대해 의견을 나누었으나 결론은 그 이튿날, 즉 앞당겨 하기로 했고 따라서 준비도 앞당겨질 수밖에 없었죠.[54]

흔히 서울대를 비롯한 여러 대학 학생들이 4월 21일 연합시위를 계획하고 있었는데 고려대가 약속을 깨고 먼저 시위를 벌이는 바람에 다른 대학들의 시위가 4월 19일로 당겨졌다고 알려져 있다.[55] 윤식의 구술은 이를 뒷받침해주는 것으로 보인다. 이런 식의 시위 모의는 서울대를 중심으로만 이루어진 것이 아니었다. 동국대 김칠봉의 회고를 보면 그를 비롯한 동국대 학생들은 4월 5일에서 16일 사이 여러 차례에 걸쳐 고려대, 중앙대, 성균관대, 경희대, 한양대, 홍익대, 건국대 학생들과 수향다방, 낙원다방 등 다방과 하숙집에서 만나 연합시위를 모의했다. 여기서 4월 21일을 연합시위일로 결정하고 미수에 그칠 때에는 다시 24일에 감행키로 결정하였다. 그러다 4월 18일 고려대 학생들이 먼저 시위를 벌이자 곧바로 다음 날 시위를 결의했다고 한다.[56]

하지만 4월혁명 당시부터 고려대 학생들은 이러한 사전 모의설을 강하게 부인했다. 4월혁명 직후 고려대 법대 운영위원장이었던 강우정은 『고대신보』에 다음과 같은 글을 실었다.

---

**54** 「윤식 구술」(구술일시: 1999년 4월, 면담자: 정창현·한모니카), 한국정신문화연구원 편, 『내가 겪은 민주와 독재』, 선인, 2001, 168~169쪽.

**55** 민주화운동기념사업회 연구소 편, 『한국민주화운동사 1』, 돌베개, 2008, 125쪽.

**56** 동국대학교 4·19혁명동지회, 『동국대학교 4·19혁명사』, 동국대학교 4·19혁명동지회, 2004, 165~167쪽.

현대다방은 4·19의 산실이다. 4·14(?)(물음표는 원문 그대로 임—인용자 주) 사실상 '행동'에 대한 최종적 결정이 여기서 내려졌다. 이 다방엔 각 대학의 정치학도가 많이 드나들었다. 요즘 시정(市井)에서 고대에서 타 대학과 같이 거사하기로 한 약속을 어겼다는 오해를 받는 것도 내 생각으로는 이 장소를 택한 때문이 아닌가 생각한다.[57]

이 기사를 통해 미루어 보면 당시 각 대학 학생들 사이에 다양한 네트워크를 활용한 일정한 접촉은 있었으나 그 접촉이 구체적인 '합의'의 수준은 아니었던 것 같다. 이와 관련하여 당시 『고대신보』 기자였던 홍영유는 서울대 학생들과 접촉했던 고려대 학생들이 과연 고려대 학생운동에서 대표성을 가지고 있었는지 의문을 표시했다.[58] 현재 증언이 엇갈리는 상황에서 정확한 사실을 밝혀내는 것은 쉽지 않다. 서울대 문리대나 동국대 등에서 일부 학생들이 자신들의 인적 네트워크를 바탕으로 타 대학 학생들과 접촉을 시도한 정황은 있지만, 합의 수준이나 대표성 문제와 같은 여러 가지 현실적인 어려움 때문에 한계가 컸던 것이 아닌가 싶다.

또한 윤식의 언급처럼 "같은 학과 내에 있는 친구도 믿기 어려운 상황"도 다양한 인적 네트워크를 활용한 시위 모의가 실제 조직적인 연합시위로 이어지기 어려운 요인이 되었다. 실제로 4월 19일 서울대 문리대 시위 당시 문

57  강우정, 「(나의 발언) 당연한 일로 칭송을 받다니」, 『고대신보』 1960. 5. 21, 4면. 강우정의 글에서 또 하나 주목되는 내용은, 행동을 모의하던 현대다방에 정치학도들이 많이 드나들었다는 사실이다. 4월혁명은 물론 이후 1960년대 중반까지 대학 학생운동에서 '정치학과' 학생들의 역할과 비중은 비교적 큰 편이었다. 주요 이념서클들의 회원들 중에도 정치학과 학생들이 많았다. 정치학과 학생들은 대학 입학 때부터 정치에 관심이 많았고 정치인으로 성장하고자 하는 욕구도 컸다. 무엇보다 4월혁명 직후에는 다른 학과 학생보다 그 숫자도 상대적으로 많았던 것으로 보인다.

58  「홍영유 구술」(구술일시: 2009년 12월 12일, 면담자: 오제연).

리대의 학도호국단 대표는 학생들의 시위를 저지하려 했다가 나중에 결국 그 자리에서 물러난 일도 있었다. 4월혁명 당시 학도호국단 간부가 시위를 저지하고자 했던 모습은 동국대 등 다른 대학에서도 쉽게 볼 수 있는 일이었다. 즉 당시 학도호국단 간부들은 사람에 따라 시위를 주도하기도 했고, 또 시위를 저지하기도 했다. 처음에는 시위를 방해하다가 엄청난 기세의 학생들에 이끌려 본의 아니게 시위에 참여했던 학도호국단 간부도 있었다. 이 때문에 4월 19일의 대학생 시위는 계획에 따른 연합시위가 아니라 돌발적이고 자연발생적인 각 학교 단위의 시위로 전개될 수밖에 없었다.[59]

학생시위와 관련한 인적 네트워크에 있어 또 하나의 한계는, 그것이 남학생들의 지연, 학연 등을 중심으로 구축되고 활용되면서 여학생들이 소외되고 주변화되는 양상을 보였다는 것이다. 지역마다 결합도에 차이가 있기는 했지만, 여고생들은 지역 내 학도호국단 간부 네트워크에 참여하여 남학생들과 함께 4월혁명에 적극 가담했다. 그러나 여대생의 상황은 달랐다. 대학의 경우 학도호국단의 조직력이 상대적으로 약했고, 서울에 집중되어 있었으며, 무엇보다 여학생의 비율이 매우 적었다. 남학생과 여학생의 평소 관계도 긴밀하지 못했다. 단, 4월혁명 과정에서 남학생들은 자신들의 인적 네트워크를 여대생으로까지 확장하려는 움직임을 보였다. 서울대 학생들이 이화여대 학생들과 접촉을 시도했던 것이 그 사례이다. 하지만 남학생들은 여대생들을 학생운동의 동등한 파트너로 생각하기보다 시위를 위한 동원 수단 정도로 여겼다. 그 결과 네트워크가 제대로 확장되지 못했고, 네트워크 주변에 머무른 여대생들은 4월혁명에 조직적으로 참여하기가 어려웠다. 그럼에도 불구하고 4월혁명 당시 시위에 참여한 여대생이 적지 않은데, 그들은 이러한 어

---

59  오제연, 앞의 박사학위논문, 82~84쪽.

려움을 극복하고 거리에 나섰던 것이다.[60]

## 5. 맺음말

4월혁명 당시 고등학생과 대학생은 학령 전체 인구 중 그 비율이 높지 않은 한국사회의 엘리트였다. 학생들이 공유했던 '순수한 엘리트'라는 동질적 인식은, 기성세대와 달리 자신들만이 정의와 진리를 위해 목숨을 걸고 싸울 수 있다는 자신감과 사명감을 불러일으킴으로써 저항의 동력이 되었고, 그들이 4월혁명의 거리로 한꺼번에 쏟아져 나오는 중요한 명분을 제공했다. 하지만 학생들은 1950년대 내내 이승만 정부가 조직한 학도호국단에 의해 통제되고 또 동원되었다. 이러한 통제와 동원을 뚫고 4월혁명에서 학생들은 선도적으로 시위를 전개했던 것이다.

3·15부정선거 전에 전개된 학생시위는 모두 해당 지역에서 열린 여야의 선거유세 및 강연과 깊은 관련이 있었지만, 학생들은 선거 문제를 구체적으로 언급하지 않은 채 학원과 학생의 '자유' 혹은 '정치도구화' 문제만을 앞세웠다. 3월 15일이 가까워지면서 부정선거의 움직임이 더욱 노골화되자 학생시위는 처음과 달리 점차 선거와 민주주의의 문제를 제기했다. 1960년 3월 15일, 사상 최대의 부정선거가 벌어진 직후 1차 마산항쟁이 전개되었고, 학생들도 한동안 시위를 계속 벌였다. 당연히 부정선거에 대한 규탄이 주된 구호였다. 그러나 학생들의 정치적 순수함에 대한 강박과, 정부의 색깔 공세, 그리고

---

60  여대생의 4월혁명 참여와 주변화 문제에 대해서는 오제연, 「'여대생', 거리에 서다―4·19혁명과 6·3항쟁 당시 여학생 참여와 그 의미」, 2017 역사문제연구소 정기심포지엄 〈혁명의 젠더, 젠더의 혁명〉 발표문 참조.

봄방학이라는 물리적 한계 때문에 학생시위의 규모나 강도는 예상보다 강하지 않았고 지속되지도 못했다.

하지만 4월 11일, 마산 앞바다에서 김주열의 시신이 떠오르면서 상황은 반전되었다. 2차 마산항쟁이 일어났고 4월 18일 드디어 서울에서 대학생이 거리에 나섰다. 여기에 정치깡패의 고대생 습격 사건이 더해지면서 4월 19일 서울을 중심으로 대규모 시위가 일어났다. 이 시기에는 김주열의 죽음으로 상징되는 경찰의 폭력에 대한 분노와 규탄 그리고 책임자 처벌 요구가 학생시위의 중심을 이루었다. 대규모 시위가 일어난 4월 19일은 경찰의 폭력적 유혈진압으로 '피의 화요일'이 되었다. 계엄령으로 서울 등 대도시에서 학생시위는 한동안 중단되었으나 대신 계엄령이 선포되지 않은 다른 여타 지역으로 확산되었다. 그리고 4월 25일 교수단 시위를 계기로 서울에서 다시 시위가 재개되었고, 4월혁명의 목표도 이승만 하야로 수렴되었다. 다음 날인 4월 26일 대규모 시위가 다시 일어나자 이승만 대통령은 결국 하야 성명을 발표했다. '피의 화요일'이 일주일 만에 '승리의 화요일'로 바뀐 것이다.

4월혁명 당시 학생시위는 대부분 학교 단위의 조직적 시위였다. 이는 학생들의 학도호국단 경험과 관계가 있다. 학생들은 학도호국단을 통해 이미 많은 관제데모의 경험을 갖고 있었고, 그 경험을 바탕으로 4월혁명에서 학교 단위로 일사분란하게 시위를 벌일 수 있었다. 학도호국단은 그만큼 익숙한 경험이었고, 그 경험이 의도치 않게 4월혁명에 학생들이 나설 수 있는 기반을 만들어주었던 것이다.

학도호국단 경험이 초래한 또 하나의 의도치 않은 결과는 각 학교 학도호국단 간부들이 정부 주도 하에 하나로 묶이고 함께 동원되면서 긴밀한 네트워크를 형성했다는 점이다. 특히 지역에서는 고등학교 학도호국단 간부들의 네트워크를 중심으로 연합시위가 모색되고 실제로 이루어진 경우가 많았다.

하지만 서울에 집중되어 있던 대학생들의 경우 학도호국단의 장악력이 떨어졌던 반면, 각각의 지연과 학연에 기초한 다양한 네트워크가 어지럽게 얽히면서 계획적인 연합시위가 이루어지지 못했다. 또한 이 네트워크가 남학생 중심으로 구축되고 활용되면서 여학생들은 그 주변부에 머무르고 말았다. 4월혁명의 주체로서 학생들은 이러한 성과와 한계를 동시에 지닌 채 이후 30년간 지속되는 학생운동의 시대를 열어나갔다.

# 02
# 4월혁명과 도시빈민
하금철 (한국학중앙연구원)

## 1. 머리말

1960년 봄에 일어난 전국적 시위에 대한 공식적 명명(命名)은 '학생혁명'이지만, 이에 이의를 제기하면서 도시빈민의 주도성을 강조한 논의는 사실 오래전부터 있었다. 그 증거는 4월혁명 당시 사망자와 부상자 통계를 통해 분명히 드러난다. 전체 사망자 186명 중 대학생은 22명에 그치는 데 반해, 고등학생은 36명, 국민학생과 중학생은 19명이며, 하층노동자와 무직자는 각각 61명과 31명에 달했다. 마산시위 부상자 총 272명의 직업 분포를 보아도 절반이 넘는 152명이 무직자였다. 기존 연구들은 이러한 통계를 바탕으로 도시빈민의 시각에서 4월혁명을 해석하고 혁명의 의의와 한계에 대해 다각도로 성찰하고자 노력해왔다.[01]

그러나 기존 연구들에서는 여전히 도시빈민이 겪은 희생의 양적 측면만 강조될 뿐 그들이 시위에 참여하게 된 계기와 전개 양상, 그리고 4월혁명 담론 형성에 도시빈민 시위가 끼친 영향에 대해서는 구체적으로 밝히지 못하고 있는 것으로 보인다. 그도 그럴 것이 대부분의 4월혁명 관련 기록 또는 구술 증언 등이 학교 단위로 모아져 있는 탓에 도시빈민 시위에 대해 별도의 심층적인 논의를 하기는 쉽지 않다. 도시빈민의 시위 참여는 신문기사 또는 4월

---

01  김성환, 「4·19혁명의 구조와 종합적 평가」, 『1960년대』, 거름, 1984, 45쪽; 이승원, 「'하위주체'와 4월혁명―'하위주체'의 참여 형태를 통해 본 민주화에 대한 반성」, 『기억과 전망』 20호, 2009; 권보드래, 「4·19와 5·16, 자유와 빵의 토포스」, 『상허학보』 30권, 2010; 오제연, 「4월혁명의 기억에서 사라진 사람들―고학생과 도시하층민」, 『역사비평』 106호, 2014.

혁명 직후 나온 참여자 증언록 등에서 간헐적으로 등장했다 사라지는 경우가 대부분이고, 도시빈민의 조직적 시위 참여 과정을 충실하게 따라가는 기록을 찾아보기는 어렵다. 이 때문에 도시빈민 시위는 그것의 정치적 목표와 성격보다는 '과격한 양상'만이 부각되어 언급되는 경우가 대부분이었다. 또한 이승만 하야로 대표되는 자유민주주의적 절차의 회복 그리고 군사정권 수립으로 4월혁명의 열기가 흡수되는 일련의 과정을 거치면서 도시빈민의 저항 행동은 학생들의 그것과는 대비되는 '파괴폭동', '질서파괴' 쯤으로 치부되었다.

그런 점에서 1960년 4월혁명은 1971년 8월 10일 광주대단지와 1979년 10월 부산, 마산에서 벌어진 일련의 '도시봉기'에 선행하는 사건이었다고 할 수 있다. 세 경우 모두 도시빈민이 시위의 주된 원동력이었지만, 그들의 불만과 그 정치적 함의가 부각되기보다는 방화, 약탈 그리고 어두운 밤거리 익명의 시위대와 같은 폭력적이고 무질서한 이미지만 더 부각되었다. 이 때문에 이 사건들의 일부분이 민주화운동의 공식 역사에 흡수되어 갈 때에도 도시빈민의 행위는 "민주화운동의 '순수성'과 거리가 먼 '폭도'나 '주변화된 군중'"[02]의 일탈적 행위로 취급되었다. 결과적으로 이 시위들은 홉스봄(Eric Hobsbawm)의 말대로 아직 '계급투쟁'이 되지 못한 '전(前)정치적' 현상으로만 기억되고 있는 것이다.[03]

그러나 이 시위들을 '전(前)정치적'인 것으로 만드는 것을 시위 자체의 결함 탓으로만 볼 수는 없다. 4월혁명이 '학생혁명'으로 기억된다는 것은, 그에

---

02  김원, 「부마항쟁과 도시하층민—'대중독재론'의 쟁점을 중심으로」, 『정신문화연구』 29(2), 2006, 421쪽.

03  홉스봄, 『원초적 반란—자본주의 발전에 따른 유럽 소외지역 민중운동의 제형태』, 온누리, 1984, 15쪽.

앞서 도시빈민들을 중심으로 진행되었던 시위 열기를 억누르고 '정치적인 것'과 '전정치적인 것'에 대한 경계를 확정짓는 적극적인 담론화 과정이 전개되었기 때문이다. 권명아가 지적한 대로 혁명이란 "그간 사회 구성원으로서 주변부의 자리에 위치하던 집단들이 사회의 중심 구성원으로서의 자리를 획득하려는 정치적 시도"이며, 따라서 혁명은 그 자체로 "사회 구성원으로서의 중심과 주변의 역학을 전도하는 기획"이다.[04] 그러나 4월혁명에서 이러한 전도는 매우 짧은 순간에만 등장했다 사라져버렸다.

4월혁명의 진정한 혁명의 순간은 왜 그토록 빨리 휘발되어 버렸을까? 다시 권명아의 말을 인용하자면 "혁명에 대한 반동(reaction)의 시작과 끝은 새로운 범죄를 만드는 것"이다.[05] 그리고 이 새로운 범죄는 '정치적 반대파(political opposition)'의 형상을 띠기보다는 일상 치안과 건전한 사회질서를 위협하는 '사회악(folk devil)' 또는 '일탈자(deviant)'라는 형상을 띠는 경우가 대부분이다. 일정한 수준의 대중적 저항을 사회의 정상성의 범주에서 일탈된 '사회악의 범죄'로 간주한다는 것은, 달리 말하자면 이를 공적 담론장 내에서 정치적 숙의를 통해 공박할 대상으로 다루는 것이 아니라 일탈적 행동에 대한 치료를 받을 대상으로 다룬다는 것을 뜻한다. 따라서 이들의 행동은 범죄 발생 이후 적법절차(due process)에 따른 적용을 받기에 앞서 범죄 발생 가능성을 사전에 차단하기 위한 예방적 조치를 받아야 한다고 여겨지게 된다.

본고는 이처럼 1960년 봄에 터져 나온 도시빈민 저항의 정치적 의미를 삭제하고 이를 '범죄'라는 틀로 새롭게 규정하려 한 시도들의 궤적을 살펴보고자 한다. 이러한 시도들을 군이 한 단어로 요약하자면, 최근 들어 페미니즘

---

04  권명아, 「이브의 범죄와 혁명」, 『음란과 혁명—풍기문란의 계보와 정념의 정치학』, 책세상, 2013, 256쪽.

05  위의 글, 255쪽.

에 대한 보수적 반격의 의미로 자주 쓰이는 '백래시(backlash)'라는 단어가 적절할 것이다. 백래시라는 용어를 처음 쓴 미국의 저널리스트 수전 팔루디(Susan Faludi)는 그의 책『백래시』에서 "페미니즘에 대한 반격은 여성들이 완전한 평등을 달성했을 때가 아니라, 그럴 가능성이 커졌을 때 터져 나왔다. 이는 여성들이 결승선에 도착하기 한참 전에 여성들을 멈춰 세우는 선제공격이다"[06]라고 말한 바 있다. 4월혁명에서 도시빈민에게 벌어진 일 역시 이와 다르지 않다. 도시빈민들이 거리에 나오자마자, 경찰과 집권 자유당뿐만 아니라 학생과 지식인들까지 그들의 시위를 일탈적 행위로 보고 그것이 야기할 사회적 혼란에 대해서만 걱정했다. 그리고 일탈의 확산과 사회적 혼란 예방이라는 명목으로, 도시빈민들이 권리를 쟁취하기는커녕 자기 권리를 채 말하기도 전에 그들의 정치적 발언의 가능성을 봉합해버리려고 했다. 이는 익히 알려진 것처럼 '사회악 일소'를 혁명 공약으로 내세운 5·16 군정수립 이후 더욱 확고하게 실천되었지만, 군정의 실천은 사실 1960년 봄의 시위가 시작될 때부터 드러났던 도시빈민에 대한 불안감을 최종적으로 갈무리하는 절차에 가까웠다.

아래 본문은 크게 세 부분으로 나뉜다. 2절에서는 초반 시위 전개 양상과 이 속에서 도시빈민이 부각될 수 있었던 배경을 다룬다. 3절에서는 4월 들어 학교별 조직화된 시위가 본격화되면서 도시빈민과 학생에 대한 담론상의 '구별짓기'가 작동했음을 밝힌다. 마지막으로 4절에서는 혁명 이후 1년여의 기간과 5·16 쿠데타 등을 거치면서 도시빈민이 어떻게 범죄의 온상으로 규정되어갔는지를 구체적 자료에 근거해 분석해보고자 한다. 이를 통해 4월혁명 이후 도시빈민 범죄가 증가한다는 당시의 지배적인 우려가 실상은 '자기충

---

06   수전 팔루디 지음, 황성원 옮김, 『백래시—누가 페미니즘을 두려워하는가?』, 아르테, 2017.

족적 예언(self-fulfilling prophecy)'을 사후적으로 보증하는 치안대책의 예시(豫示)에 지나지 않음을 강조할 것이다. 또한 이러한 논의가 궁극적으로 혁명 이후 생산적 주체 만들기를 통해 국가 재건을 이루고자 하는 열망과 모순적으로 결합되어 있다는 점도 밝히고자 한다.

## 2. '폐허의 도시' 속에서 등장한 도시빈민 시위

우선 1960년 봄, 초기의 시위 전개 과정 속에서 도시빈민 참여 양상을 살펴보자. 2월 28일 야당 부통령 후보인 장면의 선거 연설에 학생들이 모이는 것을 막기 위해 '일요일 등교'가 강행되자 이에 반발하여 대구 학생들이 시위를 벌였다. 이는 연쇄적으로 서울, 대전, 부산 등 여러 도시의 학생시위로 번져갔다. 그런데도 자유당의 부정선거 시도는 멈추질 않았고, 결국 선거 당일인 3월 15일 마산에서의 유혈충돌로 이어지고 말았다. 이날 민주당의 지방당에서는 부정행위에 대한 시정 요구가 받아들여지지 않고 정치테러가 빈발하자 독자적으로 선거 포기를 발표했다. 민주당 마산시당 역시 오전 10시 30분에 선거포기선언을 발표했고, 이 소식을 듣고 분노한 시민들이 대거 시위에 참여했다. 이날 밤 자유당과 서울신문사, 각처의 파출소가 공격 대상이 되었고, 국회의원 당선자의 집은 전파되었다.

마산 시위는 초반부터 도시빈민의 역할이 주도적이었다. 무학초등학교 앞길에 결집한 시민들 사이에는 일군의 직업소년들이 포함되어 있었다. 이들은 후미 지역인 시외버스 주차장 내 백영여객 사무소 옆에서 빙 둘러앉아 휘발유, 현수막천, 사이다병 등을 이용해 수제 수류탄을 만들었다. 소년들은 수제 수류탄을 쥐고 무학초등학교 쪽으로 향했으나 십여 명의 양아치들

에 가로막혔다. 양아치들은 "네까짓 것들이 무슨 데모야!"라고 쏘아붙이며 쇠
파이프로 등짝과 머리 등을 두들겨 팼다. 이들은 부산 칠성파 같은 깡패는 물
론 자유당, 반공청년단 등의 끄나풀 노릇을 톡톡히 하는 무리였다. 한편, '귀
환동포'가 다수 거주하고 있는 신포동 주민들 중에 품팔이, 부두 노무자, 구두
닦이, 넝마주이, 홍등가의 여성들이 거리로 뛰쳐나왔다. 『3·15의거사』는 이런
움직임에 대해 "그늘진 곳에 군말 없이 숨죽여 살아온 이들이 그동안 쌓이고
쌓인 울분과 응어리진 한을 폭발시키려는 듯 의기양양하게 시위에 가담하고
있었다"라고 기록했다.[07]

김주열의 시신이 발견된 4월 11일 2차 시위에서도 마찬가지였다. 오후 2
시경 시신이 도립마산병원으로 이송되었을 때, 이미 시내 전역에 소문이 퍼
져 있어서 병원 앞에 격분한 시민들이 운집해 있었다. 이들은 정복경관들을
뚫고 시체실까지 들어왔다. 학생들은 시체를 끌고 나오려고 했으나 경찰의
제지로 실패하자 거리로 뛰쳐나와 시가행진에 나섰다. 그리고 이 시위대의
선두에는 마산 직업소년학교 학생 20여 명이 있었다. 이들은 밤늦게까지 시
위를 이어가면서 긴급하게 플래카드를 만들어 휘두르고 다녔으며, 전등이
켜진 건물에 돌을 던지며 불을 끌 것을 요구했다. 점포들은 철시했고, 가정집

---

07  3·15의거사 편찬위원회, 『3·15의거사』, 3·15의거기념사업회, 2004, 305~306쪽. 한편, 이 책에
서는 수제 수류탄을 만든 직업소년들을 BBS 소속이라고 적고 있는데, 이는 정확한 사실이
아닌 것으로 보인다. BBS는 1904년 미국 뉴욕시 소년재판소 서기였던 어네스트 쿨터가 시작
한 BB운동(Big Brothers Movement)이 시초로서, 비행소년과 1대1 결연을 통해 교화하는 것을
목적으로 했다. 비슷한 시기에 여성들로 구성된 Ladies of Charity라는 모임은 뉴욕 아동법정
을 통해 들어온 여자아이들을 돌봐주고 있었는데 이 모임이 Catholic Big Sisters가 되고, 이후
BB운동과 결합하여 BBS(Big Brother and Sisters movement)로 불리기 시작한 것이다. 이 운동은
1946년 일본으로 전파되었는데, 한국의 인사들이 이를 일본에서 처음 접한 시점은 1962년 11
월이며, 한국에서 본격적인 BBS운동을 전개한 것은 1963년 1월부터였다. 따라서 1960년 3월
마산 시위에 참여했던 직업소년들이 BBS 소속이라는 것은 시기적으로 맞지 않다. 한국BBS
중앙연맹, 『한국BBS운동십년사』, 1974, 72~74쪽; 한국 BBS 중앙연맹 홈페이지 '단체개요·연
혁' http://www.bbskorea.or.kr/intro/history_1962.asp 최종접속일 2020. 8. 26.

에서도 전등을 꺼버려 마산 시가는 암흑으로 뒤덮였으며, 시위대의 물결만
이 가득했다.[08] 이처럼 마산 시위는 초반부터 밤 시위를 중심으로 전개되었다.
오제연이 지적한 대로 도시빈민에게는 "거대한 권력 앞에서 자신의 의사와
요구를 표현할 수 있는 '언어'가 힘의 행사밖에 없"었다. 따라서 거리에 불이
꺼진 밤 시간대는 이들에게 "자신의 언어를 표출할 수 있는 가장 적절한 시
간"이었다.[09]

　선거 바로 전날인 3월 14일 서울에서도 도시빈민들의 시위가 있었다. 이
날 밤 9시부터 시작된 학생시위를 주도한 것은 중동고등학교, 대동고등학교,
균명고등학교, 경문고등학교 등 10여 개 야간 고교생이었다. 일반적으로 야
간학교 학생들은 다른 학생에 비해 사회경제적 처지가 열악했고, 낮에 스스
로 학비를 벌어서 밤에 학교를 다녀야 했던 '고학생'이었다. 이들은 주로 신
문팔이로 돈을 벌었고, 때로는 자신의 피를 팔기도 했다. '대한고학생협심회
총본부'라는 조직으로 묶여 있던 이들 고학생들은 원래 2월부터 시위를 계
획했다가 정보 유출로 결행하지 못했고, 3월 13일에도 시위를 시도했다가 실
패한 뒤 비로소 14일 시위를 성사시켰다. 이들은 인사동 입구, 화신백화점 앞,
광화문 네거리, 서대문 로터리 등 서울 시내 곳곳에서 100명 씩, 50명 씩 떼를
지어 삐라를 뿌리고 구호를 외쳤으며, 횃불을 들고 스크럼을 짜서 거리를 행
진하기도 했다. 미리 배치되어 있던 경찰들은 방망이를 휘두르고 백차를 동
원해 시위대를 해산시켰고, 이로 인해 곳곳에서 유혈사태가 벌어졌다. 이날
연행된 학생은 180명에 달했다.[10]

---

08　4월혁명사료총집발간위원회, 『4월혁명 사료총집 1책—일지』, 민주화운동기념사업회, 2010,
　　645~646쪽.
09　오제연, 앞의 논문, 147쪽.
10　위의 논문, 140~142쪽.

이처럼 꼭 도시빈민이 주도하는 시위가 아니더라도, 여러 학생시위에 도시빈민 군중이 유연하게 결합하면서 시위의 규모와 효과를 증폭시켰다. 그렇다면 이처럼 도시빈민이 초반 시위 확산에서 중요한 역할을 하게 된 배경은 무엇이었을까. 그중 첫째로 우리는 전후(戰後) 도시의 특성에 주목해봐야 한다. 우선 마산 지역에만 국한해서 살펴보면 항구 도시라는 특성도 한몫을 했다. 해방 이후 귀환동포들은 주로 부산, 마산 등 항구 주변 도시로 몰려들었다. 대다수 귀환동포들은 일본으로 떠날 때 이미 조선에서 생활기반이 몰락했던 이들이기에 항구 주변에 정착하는 것 말고는 달리 생계의 방도가 없었다. 게다가 한국전쟁으로 피난민까지 몰려들면서 마산 시민의 출신 지역별 구성은 더욱 다양해졌다.[11] 이처럼 유동성이 강하고 생계수단이 불안정한 이들이 몰려 있던 탓에 특정한 정치적 국면에서 직접 행동을 통한 불만 표출이 폭발적으로 일어날 수밖에 없었다.

물론 이처럼 높은 인구 유동성은 당시의 많은 대도시가 갖는 특성이기도 했다. 전쟁으로 인한 피난민뿐만 아니라, 그 후에도 많은 사람들이 지속적으로 산업기반이 붕괴된 지방의 농촌을 떠나 대도시로 몰려들었다. 서울 역시 산업기반이 붕괴되긴 마찬가지였지만, 그나마 원조물자 유통 과정 등에 관여되는 비공식 경제부문에서의 생계수단을 확보할 가능성에서는 좀 더 나았다. 그러나 전후복구를 통한 도시체계 정비가 완료되지 않은 시점에서 이처럼 인구 유동성과 혼합성이 높아진다는 것은 한 번 시위가 발생하면 도시 전

---

11  차철욱, 「3·15의거의 주체 형성과 권리 상실」, 『한국민족문화』 37, 2010, 371~376쪽. 차철욱은 이 논문에서 1945년 마산 인구를 약 6만 명으로 추정하고, 귀환동포 유입으로 1947년경에는 인구가 약 8만2천 명까지 늘어났다고 밝히고 있다. 또한 한국전쟁 초기 피난민 약 5만 명이 마산에 유입되어 그중 2만 명 정도가 전쟁 이후에도 마산에 정착한 것으로 추정했다. 하지만 그 후에도 농촌경제 붕괴로 인한 이주가 계속되어 1953년 12월에 약 11만 명이던 마산 인구는 1958년 말에는 약 15만 명으로 급증했다.

체로 확산될 여지 또한 높아진다는 것을 의미했다.

이 문제는 해방 이후 서울 도심의 변화 과정과도 밀접한 관련이 있다. 서울 도심부는 일제 시기를 통틀어 대체로 대중을 광장으로부터 추방하는 성격을 갖고 있었으나, 일제 말기 총동원체제기에 접어들면서 조선신궁 광장을 비롯한 일부 광장 공간이 관제 행사를 위한 대중 동원의 공간으로 변모하게 되었다. 해방 이후 이승만 정부 역시 도심부 광장을 이런 관제 동원 행사에 적극 활용했다. 주요 장소는 중앙청 광장, 시청 앞 광장, 남산공원 광장, 장충단공원 광장, 대한상공회의소 앞 광장, 서울역전 광장 등이었다. 이런 장소들은 도심부의 정치·행정 공간의 거의 유일한 골간이었던 세종로(광화문로)~태평로 라인과 대체로 일치하는 것이었다. 이미 관제 동원 행사에 익숙해 있던 1960년 봄의 학생시위대 역시 바로 이 라인을 따라 시위를 전개했다.[12] 그리고 이로부터 멀지 않은 곳에 창고·판잣집·천막·토막 등 온갖 종류의 불량 무허가 건물들이 우후죽순으로 들어서면서 대규모의 빈민가를 형성하게 되었다. 그러는 한편, 종로와 을지로 등지에는 "하룻밤 자고 나면 다방이 하나 더 생기고 술집이 하나 더 생겼다"고 할 정도로 상반된 풍경도 나타났다.[13] 홉스봄은 "궁전과 대귀족의 저택, 시장, 대성당, 공공 광장과 빈민가가 뒤섞여" 있는 도시의 결합 형태가 '폭동을 부르는 초대장'이라고 한 바 있는데,[14] 전후 재건을 위한 도시정비가 지연되면서 '폐허의 무질서'를 벗어나지 못하고 있던 당시 서울 도심부의 조건은 이에 정확히 들어맞는다. 실제로 서울의 학생 시위대는 도심부를 동서로 관통하는 광활한 도로인 종로를 통과하며 시위를

---

12  김백영, 「4·19와 5·16의 공간사회학—1950~60년대 서울의 도시공간과 광장정치」, 『서강인문논총』 38, 2013.12, 95~100쪽.

13  손정목, 『한국 도시 60년 이야기 1』, 한울, 2010, 78~80쪽.

14  홉스봄, 『혁명가—역사의 전복자들』, 길, 2008, 294쪽.

전개했고, 이 과정에서 일반 시민과 활발한 상호 소통 및 결합을 이뤄냈다.[15]

시위의 과격한 양상은 학생과 시민의 이와 같은 상호 소통과 혼합 속에서 등장했다. 이는 애초에 누가 기획한 것도 아니었다. 경찰의 폭력적인 진압이 계속되는 와중에 터져 나온 분노의 감정이 우발적인 과격행동을 불러왔고, 이것이 걷잡을 수 없이 시위대열 내에서 번져나간 것이었다고 짐작할 수 있다. 따라서 특정한 과격행동의 주체가 정확히 학생이었는지 아니면 도시빈민이었는지를 따지는 것은 무의미하다. 4월혁명의 끝 무렵에 나온 여러 기록들은 과격행동의 주체를 손쉽게 도시빈민으로 단정하지만, 반대의 증거들도 적지 않다. 일례로 3월 24일에는 부산고등학교 학생 1천여 명이 시위를 벌였는데, 이들 중 일부가 동아중학교 앞길에서 시위대 속을 억지로 밀고 나가려는 고급차를 보고 분개한 나머지 차를 향해 투석해 차량의 유리가 파손됐다. 그런데 나중에 알고 보니 이 차량은 마산 시위 진압에 대한 진상을 조사하려고 내려온 국회조사단의 차였다. 시위에 가담했던 학생은 "만약 민의원 조사단 일행의 차인 줄 알았더라면 환영과 당부를 했을 터"라면서, 깊이 사과하며 후회하고 있다고 말하였다.[16] 이 사건이 우리에게 알려주는 바는 그래서 학생이 더 과격했다는 것이 아니라, 누가 한 과격행동이라 할지라도 그것은 흥분된 분위기 속에서 나온 다분히 우발적인 행동이라는 것이다.

그러나 시위가 점점 여러 도시로 확산되고, 특히 4월부터 대학생이 본격적으로 참여하게 되면서 시위의 과격한 양상을 바라보는 시선에 균열이 생기기 시작한다. 사실 여부와는 무관하게 학생의 시위는 지식인의 양심으로 비분강개해 일어난 평화롭고 건전한 것으로, 빈민 또는 소위 '불량학생'들의

---

**15** 김백영, 앞의 논문, 100쪽.

**16** 「국회조사단인줄 몰랐고 고급차에 분개한 때문」, 『동아일보』 1960. 3. 26.

시위는 무지몽매한 자들이 우발적인 파괴폭동을 벌이는 것으로 해석되기 시작한 것이다. 이에 따라 학생시위의 과격 양상은 의도적으로 삭제되고 이를 온전히 도시빈민의 소행으로 묘사하는 기록들이 쏟아져 나왔다.

## 3. 학교별 시위 본격화 이후
## ㅡ'불량행위'로 해석되는 도시빈민 시위

4월 초까지 조직화된 학생시위는 어디까지나 고등학생 시위였다. 대학생이 시위에 결합한 것은 4월 4일 전북대생 3백여 명의 시위가 처음이었는데, 이는 대구 2·28을 시작으로 보고 4·19를 정점으로 본다면 근 2개월간 진행된 시위 동안 거의 끝 무렵이 되어서야 대학생이 참가한 것이다.[17]

이러한 시위 참여자 구성의 의미를 파악하기 위해 우선 해방 이후 학생 수 증가 추이를 살펴봐야 한다. 1945년에서 1960년 사이의 변화 추이를 보면, 중학생 수는 5만 343명에서 52만 8,614명으로(11배), 고등학생 수는 8만 4,363명에서 26만 3,563명으로(3배), 대학생 수는 7,819명에서 9만 7,819명으로(12배) 증가했다.[18] 당시 국가경제의 수용 능력을 생각해볼 때 이와 같은 대학생 증가는 정상적인 것이라 보긴 어렵다. 이는 지나친 교육열과 대학에 대한 각종 특혜 조치(대학생에 대한 징집연기 조치, 대학에 대한 면세혜택 및 외국 원조 집중 등)가 결합되어 나타난 결과였다. 결과적으로 대학은 지성의 전당이라기보다 사회적 특권을 재생산하는 공간으로 자리 잡게 되었다. 따라서 대학생을 바라보는

---

**17** 권보드래, 앞의 논문, 100쪽.

**18** 강준만, 『입시전쟁잔혹사ㅡ학벌과 밥줄을 건 한판 승부』, 인물과사상사, 2009, 80~93쪽.

사회의 시선이 "건방지고 불신하고 책임 관념이 없다는 둥, 영화나 다방 출입으로 세월을 보내고 공부는 꿈도 안 꾼다는 둥, 미국 도피행만 꾀한다는 둥, 군대 기피하기 위해서 대학에 온 것이지 공부하러 온 것이 아니라는 둥, 정열과 양심과 기백이 다 죽어버렸다는 둥"과 같은 말로 표현되는 것은 어쩌면 당연한 일이었다.[19] 그래서 "고등학생이라면 몰라도 대학생에게는 희망을 걸 수 없다"는 생각은 1950년대의 일반적 인식이었다.

그러나 대학생이 아무리 사회적 특권을 추구하는 집단이라 할지라도 경제적 처지 면에서 일반 시민에 비해 크게 낫다고 보기는 힘들었다. 1958년 초 대학 졸업을 앞둔 학생 17,329명 중 1만 4천여 명은 군에 입대하였고, 나머지 여학생 2천여 명을 제외한 2천여 명 가까운 학생들의 취직은 상당히 곤란할 것으로 예상되었다.[20] 대학생이 이럴진대 고등학생의 경우에는 더 말할 필요도 없을 것이다. 적어도 사회경제적 측면에서 봤을 때, 학생이라는 집단은 일반 시민과 큰 차별점이 없이 뒤섞인 채 존재했다고 봐야 할 것이다.

당시 한국사회는 전후 복구가 지연되고 실업자 및 잠재실업자 수가 늘어남에 따라 사회적 혼란이 가중되고 있었다. 1958년 3월 현재 정부의 통계에 따르면, 14세 이상 60세 이하 노동인구(학생, 가사종사 등 비노동인구 제외)는 약 913만으로, 이 중 취업자 수를 제외한 완전실업자는 23만여 명으로 추산되었다. 그러나 부흥부 당국의 공식문서 등에 의하면 각종의 잠재실업자, 저고용 상태에 있는 인구를 합한 실질적 실업자 수는 이보다 몇 배에 달하는 것으로 알려졌다.[21] 즉, 이 당시는 체제의 안정성을 유지하기 위한 기본 조건으로서 국

19  안병욱, 「대학생활의 반성」, 『사상계』, 1955년 6월(권보드래, 앞의 논문에서 재인용).
20  김미란, 「'젊은 사자들'의 혁명과 증발되어버린 '그/녀들'―4월혁명의 재현 방식과 배제의 수사학」, 『여성문학연구』 23호, 2010, 96~97쪽.
21  「산업구조에 후진성 노정」, 『경향신문』 1958. 6. 16.

민들에게 소속과 신분을 부여하고 국가가 통치 가능한 인구로 파악하는, 국가의 국민에 대한 '가독성'이 현저히 떨어져 있는 상태였다.[22] 한 사회에서 시민 행동의 규제는 사람들에게 안정적인 직업을 부여하고 그에 맞게 사람들의 활동과 외양을 고정시키는 것을 통해 가능해지는데, 대량실업은 이를 불가능하게 만들기 때문이다.[23] 1960년 3월까지의 시위 확산 흐름은 국가의 '가독성의 위기'를 징후적으로 보여주는 사건이었다고 할 수 있다.

반면, 학생은 이러한 가독성의 위기 속에서도 그나마 사회적 소속을 손쉽게 파악 가능한—공무원, 군인, 경찰 등을 제외하면—거의 유일한 집단이었다. 물론 학생이라 해도 사회경제적으로는 일반 시민과 크게 다를 바 없었지만, 그들에겐 자신의 신분을 드러낼 수 있는 시각적 요소를 갖고 있었다. 그것은 1954년부터 중앙학도호국단이 학생들의 신분을 분명하게 하여 행동을 규제하고자 착용케 한 교복과 교모였다. 이는 4월혁명의 거리에 나온 수많은 시위 참여자 중 오직 학생들의 결집만을 시각적으로 확인 가능하게 해주는 요인이 되었다.[24] 애초에 교복과 교모는 학생의 일상생활에 대한 통제를 목표로 했지만, 실제 이를 수용하는 학생 스스로와 시민들에게는 일종의 문화적 구별짓기의 장치로 기능한 것이다. 그리고 이러한 구별짓기는 4월에 들어 각 학교 단위로 시위가 조직되면서 본격적으로 담론 공간 내에서 효력을 발휘하기 시작한다.

---

22  '가독성'이라는 표현은 제임스 스콧(James Scott)에게서 빌려온 것으로, 국가가 통치를 위해 공간과 사람을 읽기 쉽게 만든다는 뜻이다. 제임스 스콧 지음, 전상인 옮김, 『국가처럼 보기—왜 국가는 계획에 실패하는가』, 에코리브르, 2010.

23  Frances Fox Piven & Richard A. Cloward, *Regulating the Poor: The Functions of Public Welfare*, Vintage Books, 1972, ch. 1.

24  김미란, 「'청년 세대'의 4월혁명과 저항 의례의 문화정치학」, 『사이間SAI』 제9호, 2010, 23~24쪽.

**시민들의 투석전으로 파괴된 마산시청** 출처: 민주화운동기념사업회 오픈아카이브즈
00700132, 원출처: 3·15의거기념사업회.

### 1) 4월 12일 마산 고등학생 시위

먼저 시선을 마산으로 돌려보자. 김주열의 시신 발견으로 촉발된 4월 11
일의 2차 마산 시위는 자정을 넘겨 12일 0시 40분경에 마무리되었다. 여러 기
록을 통해 미뤄볼 때, 이때까지의 시위는 대체로 학생과 일반 시민 구분 없이
전개된 것으로 보인다. 일군의 직업소년들이 과격시위를 주도한 것처럼 보
이는 대목도 있으나, 경찰의 살인적 폭력을 감안하면 오히려 자연스러운 반
응이었고 이는 다른 시민들의 호응을 받기도 했다.

시위는 12일 오전 10시에 재개되었는데, 이때의 시위는 각 고등학교 단위
로 조직되었다. 학생들은 일단 등교한 뒤 한 곳에 집결하여 다 같이 교문 밖
으로 나가려 했다. 첫 발을 뗀 것은 오전 10시에 집결한 마산공고 학생(3~500명

추산) 시위대였다. 그러나 시위는 "비조직적인 난동은 희생자를 낼 뿐이니 정연한 질서유지를 부탁한다"는 교장의 요청대로 교사들이 시위대의 앞뒤를 호위하는 방식으로 이뤄졌다. 마산공고 대열의 뒤를 마산상고, 마산여고, 제일여고 등이 뒤따르려 했으나, 교사들은 신발장에 있는 학생화를 감추거나 훈육주임 등 신체가 건장한 교사들이 학생을 감시하는 등 시위 참여를 물리적으로 제지했다. 마산공고 시위대는 오후 1시 25분경 학교로 돌아와 교장의 제의대로 한 시간 수업을 받았다. 이렇게 조용히 끝날 것 같았던 시위 분위기는 마산공고 시위 소식을 들은 타 학교가 오후부터 시위에 나서면서 바뀌기 시작했다. 일부 학교에서는 이를 제지하려는 교사들과 몸싸움을 벌이기도 했다. 결국 교사들은 '질서유지'를 전제로 시위를 허락했고, 학생들 역시 교사의 지시에 대체로 잘 따랐다. 오후 4시경 대부분의 학교들 시위는 해산했다.[25]

마산 고교생들의 시위는 전날 과격한 시위 양상과 확연히 대비된다. 학생들은 교사의 감시와 통제 속에서 큰 사고 없이 평화로운 시위를 벌였다. 그러나 이를 학생들이 상대적으로 높은 질서의식을 가졌기 때문이라고 해석하는 것은 무리가 있다. 이날 경찰 당국 역시 전날의 유혈사태를 크게 의식해 진압을 자제하려는 태도를 취했다. 오전 11시 40분 이정용 경남경찰국장은 기자회견을 통해 "8백여 명의 경찰관들이 증원되었으니 앞으로의 치안확보는 염려 없을 것"이라면서도, "몰매를 맞아 쓰러지는 한이 있더라도 결코 발포나 구타 등을 못하도록 엄중지시하고 있다"라며 시민들의 분노를 가라앉히고자 했다.[26] 실제로 경찰은 학생 시위대에 별다른 제지를 가하지 않았다. 따라서 12일 낮의 분위기는 경찰과 시위대 모두 전날의 유혈 충돌이 반복되는 것을

---

**25** 4월혁명사료총집발간위원회, 앞의 책, 657~660쪽.

**26** 「발포 구타 않는다 리 경찰국장 시민에 호소」, 『마산일보』 1960. 4. 13.

피하려 한 덕분에 잠시 소강상태를 보인 것 정도로 생각할 수 있다.

다른 한편, 이날 시위의 시발점이 된 마산공고 시위가 끝난 후 일부 학생들은 타 학교로 흩어져 시위를 선동했다. 오후 시위는 이 때문에 가능했던 것이다. 또한 학교 단위 시위는 오후 4시경 해산했지만, 저녁 무렵에 김주열의 시신이 안치된 도립병원 앞에 5천여 명의 시민이 다시 집결해 시위 태세를 갖췄다. 여기엔 당연히 학생들도 다수 포함되어 있었다.[27] 당국의 통행금지 명령이 오후 7시로 당겨졌음에도 시민들은 7시 이후로도 계속 쏟아져 나왔다. 시위대는 시내 곳곳을 행진하며 파출소, 경찰서 등에 투석해 유리창을 파괴했고, 소방차, 트럭, 지프 등에 불을 지르기도 했다.[28] 통금 시간 이후 시위는 분명 학교 단위의 낮 시위와는 달리 과격한 양상을 보였다. 반복되는 이야기이지만, 이 역시 학생 외의 시민들이 더 과격했기 때문이라기보다는 잠시 소강상태에 빠졌던 시위 분위기가 학생들의 낮 시위 과정에서 예열되었다가 밤 시간에 다시 폭발한 것이라고 봐야 할 것이다. 그리고 학생들도 이 밤 시위의 주요한 참여 주체였다.

그러나 4월혁명 이후 한 달 만에 현역 기자들의 글을 모아 출간한 『4월혁명―학도의 피와 승리의 기록』에서는 이날 낮 시위와 밤 시위의 주체를 명확히 구분하려 하고 있다. 이들은 낮 시위에 대해서는 "양떼와 같은 그러나 울부짖는 어린 학생들의 시위"라고 표현했고, 저녁이 되자 "학생들은 제집으로 돌아가고 방관만 하고 있던 시민들이 그 뒤를 이어 데모를 시작"했다고 적고 있다.[29] 11일에 전개된 시민들의 목숨 건 시위에도 불구하고, 12일 밤 시위에 나선 시민들은 그 전까지 방관하고 있던 이들로 호명된 것이다. 그리고 바로

---

27  조화영 편, 『사월혁명투쟁사』, 국제출판사, 1960, 55쪽.

28  4월혁명사료총집발간위원회, 앞의 책, 661~662쪽.

29  현역일선기자동인 편, 『4월혁명―학도의 피와 승리의 기록』, 창원사, 1960, 60~65쪽.

**불탄 마산경찰서 짚차에서 신기한 듯 장난을 치는 어린이들** 출처: 민주화운동기념사업회 오픈아카이브즈 00700172, 원출처: 3·15의거기념사업회.

이때, 낮 시위=학생, 밤 시위=일반 시민(도시빈민)이라는 부당한 전제가 처음으로 도입되었다고 할 수 있다.

### 2) 4월 18일 고려대 시위

익히 알려진 바와 같이 4월의 시위 열기가 최고조에 달하게 된 시점은 4월 18일 고려대생들이 시위를 마치고 돌아가던 길에 정치깡패들로부터 습격을 당한 사건 이후부터였다. 고려대생들의 시위 소식과 깡패들의 테러 소식은 즉시 서울의 다른 대학과 고교생들에게 알려졌고, '피의 화요일'로 불리는 4월 19일의 대규모 시위로 이어졌다.

우선 18일 시위 전개 과정을 되짚어보자. 이날 오후 1시경에 모인 고대생 3천여 명은 형사들이 가로막고 있던 교문을 쉽사리 통과한 후 큰길을 막고 있던 백차도 밀어내고 행진해나갔다. 이들은 안암동 로터리와 신설동을 거쳐 종로로 진출했는데, 이 과정에서 경찰과 수차례 물리적으로 충돌하면서 다수의 부상자와 연행자가 발생했다. 그리고 오후 2시 10분경에 국회의사당(현 서울시의회) 앞에 당도했고, 연행학생 석방과 폭행경찰 처단 등을 요구하며 농성에 돌입했다.[30]

그런데 이날 시위에 고려대생들만 나선 것은 아니었다. 고대생들이 국회의사당 앞에서 농성을 벌이고 있던 그때 체신부 맞은편 골목에도 수천 명의 중고교생과 시민들이 운집해 있었다. 국회의사당 앞 고대생들의 수가 1,200명 정도였다고 하니, 양쪽 시위대 규모는 엇비슷한 수준이었다고 할 수 있다. 그런데도 중고교생과 시민들의 집결은 단지 고대생의 데모에 '호응'하려는 것으로 평가절하되었다.[31] 특히 다음의 문장에서 고대생은 능동적이고 희생적인 주체로, 그 외의 청소년들은 수동적인 대상으로 그려진다. 뿐만 아니라 청소년들과 대학생의 관계를 미래의 선후배 관계로 수직적으로 묘사했다.

"칠흑같이 깜깜한 밤중에 평화적인 시위를 하고 있던 고대 학생들의 거동만 살피고 있던 고교생들과 일부 소년들이 이 유혈사건을 보고 그대로 보고만 있을 수는 없었다. 앞으로 모교가 되며 또한 선배가 되는 고대 학생들이 푹푹 쓰러지는 것을 본 고교생들과 일부 소년들은 정신없이 고대 학생들을 치는 깡패들의 눈을 피하여 주머니에 돌을 주워 넣기 시작하였고, 가로수 옆에 세워놓은 보호목을 뜯어내었다."[32]

---

30  4월혁명사료총집발간위원회, 앞의 책, 722~726쪽.
31  「경찰들과 육박전」, 『동아일보』 1960. 4. 19.
32  현역일선기자동인 편, 앞의 책, 69쪽.

더욱 문제인 것은 의도적으로 시위 와중에 발생한 폭력 행위를 대학생과 구분 지으려는 발언들이 나왔다는 점이다. 이런 발언은 시위 해산을 설득하기 위해 나타난 유진오 고려대 총장으로부터 시작되었다. 그는 시위 장기화 가능성을 우려한 한상봉 고등교육국장의 요청으로 오후 4시경 국회의사당 앞에서 농성 중인 학생들 앞에 모습을 드러냈다. 유 총장은 연행된 학생들을 인계받기로 서울시경국장 및 내무부 장·차관으로부터 약속 받았으니 시위를 중단할 것을 요청했다. 그런데 그는 여기에 덧붙여 "시위하는 동안에 폭행이라든지 불법행위가 없었음을 더욱 기쁘게 생각한다"고 말했다.[33] 앞서 학생들이 행진해 오는 과정에서 숱하게 경찰과 충돌이 벌어졌는데도 이렇게 말한 것은 학생들을 회유하기 위한 의도적 수사라고 볼 수 있다. 그러나 유 총장은 여기에 그치지 않고 이후에도 사실과 다르게 학생들의 행위를 폭력과 구분 짓는 말을 했다. 특히 이날 밤, 정치깡패들의 테러 사실이 알려지자 분노한 시민 1천여 명이 고려대학교 강당을 점거하여 무장기동대화 되는 일이 벌어졌다. 이에 대해 유 총장은 각 대학 총장 긴급회의석상에서 "이날 밤 강당을 점령한 데모대 속에 학생은 섞여 있지 않았다"라고 사실과 다르게 진술했다.[34]

경찰의 살인 진압과 시위대의 극렬한 저항이 최고조에 달했던 19일 상황에 대한 묘사에서 이러한 대비는 더 극에 달한다. 학생들의 시위는 "학생들의 흥분은 절정에 달하고 대열은 결사적인 전진을 계속하여 마침내 경찰 방어선을 뚫고 2만여 명의 학생이 노도와 같이 경무대 쪽으로 밀려들어갔다"처럼 희생적이고 영웅적인 모습으로 그려졌다. 반면 청소년들은 "이 무렵 데모

---

**33** 「다시 격발된 학생 데모」, 『동아일보』 1960. 4. 19.
**34** 현역일선기자동인 편, 앞의 책, 104~106쪽.

대에 섞였던 남루한 의복을 입은 청소년 약 3천 명이 갑자기 중앙청 돌담을 뛰어넘어 문교부와 부흥부 청사를 마구 때려부수는 한편 부흥부 앞에 세워 놓은 차량 10여 대를 부수어서 엎어놓고 뒤뜰에 가서 문교부장관차 등 6대를 파괴하였다. 완전히 폭력화한 이들은 「중앙청등사실」을 부수고 수만 매의 종이를 뿌려 던졌으며 문교부 「영화검열실」도 때려 엎었다"와 같은 난폭한 이미지로 그려냈다.[35] 심지어는 청소년들의 시위를 다음과 같이 다분히 조롱조로 묘사하기도 했다.

"깡패를 동원해서 평화적인 데모를 하는 고대 학생을 습격한 것은 크나큰 계산 착오였다. 그 이튿날 전 학생이 들고일어났고 일부 시민들이 호응을 하고 그 속에 불량소년들도 한몫 들었다. 질서정연한 데모 대원 속에 낀 불량소년들이 데모 대원들 못지않게 용감하였다. 차림차림이 깍쟁이 도매상에서 나온 듯한 소년들이 몽둥이를 들고 설치는 꼴이란 정말 가관이다. 파출소를 부수고 경찰서를 부수고 한 무리들의 대부분은 순전한 이들 불량소년 대부분이 한 짓들이라고 보아야 할 듯. 평화롭고 질서정연한 데모를 한 시민들과 학생들은 총격을 받기 전에는 참으로 대견한 것이었다. 불량소년들의 돌팔매질과 방화는 평소에 받은 경찰의 학대를 보복하기 위한 절호의 찬스를 얻은 것이 아닌지…."[36]

### 3) 4월 26일 이승만 하야 선언 이후

시위가 여러 대학으로 걷잡을 수 없이 번져나가고 25일에는 대학교수단 시위까지 일어나자, 결국 이승만은 26일 오후 1시 라디오 연설을 통해 하야

---

35  현역일선기자동인 편, 앞의 책, 91쪽.
36  현역일선기자동인 편, 앞의 책, 279~280쪽.

성명을 발표했다. 그러나 이승만의 하야 선언이 시위대의 흥분 상태를 곧바로 가라앉히기는 어려웠다. 오히려 하야 소식은 시위대의 해방감을 더욱 고조시키는 결과를 낳았다. 탈취한 버스와 택시에 나눠 타고 만세를 부르는 사람들로 거리 곳곳이 가득 메워졌다. 특히 네 명의 시민을 총으로 쏴 숨지게 한 동대문경찰서는 시위대에 의해 방화되었다. 불길이 이웃 민가로 번져나가자 몇몇 학생들이 중부소방서로 달려갔다. 그러나 당시 소방차는 모두 시위를 막는 데 동원되었다가 부서지고 소방대원들도 없는 상태였다. 결국 학생들이 직접 소방차를 몰고 동대문서로 달려가 불을 껐다. 한편 화재가 나자 군중은 유치장 속에 갇혀 있던 약 30명가량의 유치인을 구출한 것으로 알려졌다.[37] 파고다 공원 안에 있던 이승만 동상은 이미 오전에 시민들에 의해 끌어내려졌다. 이런 상황은 경찰도 군인도 제지할 수 없었고, 시위대는 동상을 종로를 지나 세종로까지 끌며 행진했다.[38]

또한 시위대는 부정선거의 원흉으로 지목된 이기붕 부통령, 선거장관 최인규 의원 등의 집을 공격해, 집 안의 집기들을 모두 꺼내고 소각했다. 특히 이기붕의 집에서 시위대 5~60명이 "실내에 난입하여 호화찬란한 가구와 장식품을 하나씩 하나씩 들고 집 앞 전찻길에 나와 성냥을 그었"고, "하다못해 사진 한 장이라도 있으면 갈기갈기 찢어"버렸다. 이처럼 시위대는 상당히 난폭해졌지만, "집기 중 일부를 개인적으로 빼내 훔쳐가는 것"만은 하지 말아야 할 행동으로 규제했다. 집기를 꺼내 불에 태우는 것이나 개인적으로 훔쳐가는 것이나 기존 질서를 거스르는 행위이기는 마찬가지였지만, 어떤 임의적 판단에 의해 후자만이 금기시된 것이다. 이 판단이 누구에 의해 처음으로 제

---

37  4월혁명사료총집발간위원회, 앞의 책, 1006쪽. 반면 『조선일보』는 미군 소방차가 동원되어 화재를 진화했다고 적고 있다. 「동대문서소각·사상십명」, 『조선일보』 1960. 4. 26.

38  현역일선기자동인 편, 앞의 책, 134~135쪽.

**학생과 시민들이 이기붕의 집 집기를 불태우는 광경**  출처: 민주화운동기념사업회 오픈
아카이브즈 00733861, 원출처: 경향신문사.

**이기붕의 집에서 집기를 들어
내는 소년**  출처: 민주화운동
기념사업회 오픈아카이브
즈 00733818, 원출처: 경향신
문사.

시되고 어떻게 합의를 이루었는지는 알 수 없지만, 그런 행동을 하는 자는 곧 '부랑배'로 호명되어 비난 받았다.[39]

  "데모대는 그중에 낀 부랑배들이 가구 등을 훔쳐가려 하면 주먹으로 때리면 서까지 일일이 빼앗아 불더미에 내던졌으며 어떤 청년 한 명은 일본도를 빼들 고 「우리는 노략질을 해서는 안 된다. 훔쳐가는 놈은 죽인다!」고 칼을 휘두르기 도 했다. (…) 그러나 이들은 원수로서 미워하는 이기붕 일가족의 유물을 모두 없 애버리는 데에 그쳤을 뿐 완전히 이성을 잃은 것은 아니었다. 성조기가 나타나 자 '미국 깃발은 태우지 말자'고 외치며 학생들은 성조기를 취재하러 온 미국인 기자에게 넘겨주었다."

  "지난 26일에는 이기붕 씨 집에서 한 부랑배형의 소년이 감독관 청년에게 몹시 매를 맞고 있는 것을 보았다. 호된 매를 맞은 그 소년은 안주머니에서 한 주 먹의 여자용 장신구를 꺼내 놓았다. 다이아가 박힌 백금반지가 안 나오나 루비 홍옥 등의 목걸이가 없나 모두가 값진 보석들이었다."

한편, 이날 오전 한양대학교에서 총궐기를 논의하던 27개 학교 학생대표 들은 대통령의 하야 성명 소식과 시내의 혼란 상황을 접하고 질서유지 시위 를 하기로 계획을 전환했다. 학생들은 거리로 나와 마이크를 들고 시민들에 게 질서를 호소하는 한편, 과격한 시위 대원들이 타고 폭주하는 차량을 회수 하여 주인에게 돌려주었다.[40] 그러나 이런 호소에도 일부 '불량소년'들이 차

---

39  위의 책, 131~133쪽, 296~297쪽.
40  조화영 편, 앞의 책, 169쪽.

**차량을 동원하여 부정선거 규탄 및 희생학생 추모를 위해 마산에 도착한 부산원정대**  출처:
민주화운동기념사업회 오픈아카이브즈 00700172, 원출처: 3·15의거기념사업회.

량시위를 계속하자 대학생들은 "질주하는 자동차를 다른 차로 가로막고 그
불량소년들을 능지가 되도록 때려주어 따끔한 맛을 보여주었다."[41]

    마산에서는 부산에서부터 차량으로 이동해 온 이른바 '원정시위대'가 문
제로 떠올랐다. 이들은 마산 일대를 휩쓸면서 마산시청, 경찰서, 파출소, 소방
서 등을 파괴했다. 일부 기록에서는 이들이 대부분 주먹을 쓰는 깡패, 건달,
양아치, 구두닦이, 행상인이 태반이었으며 이밖에도 홍등가의 여인, 품팔이,
노동자도 더러 끼어 있었다고 적고 있다.[42] 이는 원정시위대의 성격을 온전히
학생 외의 도시빈민으로 규정짓는 것이다. 그러나 다른 기록에서는 "경남고

---

**41**   현역일선기자동인 편, 앞의 책, 298쪽.

**42**   3·15의거사 편찬위원회, 앞의 책, 425쪽.

교 학생 100여 명이 2대의 버스에 분승하여 마산으로 향하였다"라고 적고 있어 원정시위대에 분명히 학생도 끼어 있었음을 알 수 있다.[43] 그러는 한편, 27일 경북 김천과 성주에서도 과격시위대의 활동 양상이 포착되었는데, 이들은 '정체불명의 청소년' '정체불명의 시위대' 등으로 호명되었다.[44]

시위대의 안전을 위해 과격한 행동은 자제하자고 요청하는 것은 당연하고 필요한 일이다. 그러나 이날 질서유지 목소리가 대학생으로부터 제기된 것은 좀 다르게 읽어야 한다. 26일 전까지만 하더라도 이런 행동이 시위대 내부에서 제지되는 일은 많지 않았고, 오히려 박수 받는 일이기도 했다. 그러나 대학생들은 이승만의 하야 선언 하나만으로 갑자기 더 이상 시위가 계속되어서는 안 된다고 생각했다. 하지만 이는 어디까지나 소수 대학생들의 자의적인 정세 판단일 뿐이었다. 당시 대학생 일반이 가진 이념은 그다지 정교한 것이 아니었고, 시위 과정에서 표출된 주장 역시 경찰 폭력에 대한 규탄과 자유민주주의적 질서회복을 요구하는 것에 지나지 않았다. 그런데도 대학생들은 이에 기반한 자의적 정세 판단으로 질서회복 요구에 응하지 않는 이들을 곧 '부랑청년' '부랑배' '불량소년' 등으로 규정지었다. 사실상 이때 대학생은 완장을 차고 경찰의 역할을 대신했던 것이다. 실제로 일부 대학생들은 치안권을 행사해 양동 일대에서 깡패를 소탕하고 우범소년 150명을 적발하기도 했다.[45] 양동은 서울의 가장 대표적인 빈민가였다. 대학생들은 자발적인 치안 실천을 통해 깡패를 소탕하고 우범소년을 적발했다고 하지만, 사실은 빈민가를 표적 단속한 것이나 다름없었다.

---

**43** 조화영 편, 앞의 책, 231쪽.

**44** 「김천선 관공서 파괴」, 『조선일보』 1960. 4. 28; 「지서 총기를 강탈」, 『조선일보』 1960. 4. 28.

**45** 「[작년의 오늘] "나 이승만은⋯대통령직을 사임" 대학생은 치안권 반환」, 『조선일보』 1961. 4. 27.

이승만의 하야 선언과 함께 도시빈민은 4월혁명의 거리에서 천덕꾸러기 신세로 전락했다. 시위의 소기 목표가 달성된 지금 대학생들 눈에는, 여전히 불을 지르고 차를 타고 돌아다니며 괴성을 지르고 소중한 국가재산인 관공서를 파괴하는 도시빈민들이 이해 불가능한 불량행위자로밖에 보이지 않았다. 따라서 도시빈민 시위에 더 이상의 정치적 의미는 부여되지 않았다. 그들의 시위는 이제 일상의 폭력과 범죄, 질서파괴와 같은 도래할 사회적 위험을 암시할 뿐이었다. 그리고 이제 '4월혁명 정신'에 따라 건전한 정치·사회체제를 정비하고 '전후 재건'이라는 미뤄놓은 과제를 완수하기 위해서는 이러한 사회적 위험의 원천들은 철저하게 관리되고 예방되어야만 했다. 이에 대한 관심으로 인해 4월혁명 이후 1년여의 기간 동안 도시빈민 범죄 증가에 대한 우려가 곳곳에서 분출되었다. 그러나 이러한 우려의 언설들에는 근본적인 모순이 내재되어 있었다.

## 4. 도시빈민의 범죄화

### 1) '4월혁명으로 인한 범죄 증가' 주장에 대한 재검토

혁명 이후 1년간 신문의 사회면 기사를 살펴보면, 혁명 후 혼란스러운 사회 분위기를 틈타 범죄가 기승을 부린다는 우려를 담은 보도가 많은 것을 확인할 수 있다. 민주당 과도정부 아래서 4개월간 서울 시내에서는 강도 및 절도 사건이 8,500여 건이 일어났고, 1960년 8월 현재 발생한 강도 사건은 170여 건으로 전년도에 발생한 총 강도 건수 167건보다 많은 수라고 보도되었다.[46]

---

46 「강·절도 팔천오백 건」, 『조선일보』 1960. 8. 21.

마산에서도 1960년 9월 현재 관내에서 발생한 각종 범죄가 400여 건으로 집계되었는데, 이 역시 전년도 전체 발생 건수보다 많은 것으로 보도되었다.[47]

이러한 현상에 대해 5·16 5개월 후에 가진 좌담회에서 조선일보 사회부 기자들은 "(4·19를 통해) 자기들의 의사를 표시할 수 있는 기회를 마련했다. 그러나 형태가 결과에 가서는 방종, 무질서, 난동 등등의 것으로 나타났다"라고 진단했다.[48] 또한 당시 서울지방법원 소년부지원 판사였던 권순영은 "4월의 정치적 변동은 물론 학생 기타를 포함한 소년층의 공격 성향에서 유래하는 것"이라면서 "따라서 그것은 결과적으로는 어느 정도 폭력범과 '깡패'단의 조형을 증가케 하는 요인이 되었다"고 설명했다.[49] 한편, 이렇게 범죄가 늘고 있는데도 경찰의 신경은 온통 '데모'에만 쏠려 있어 강도·절도·날치기·소매치기·폭행 등에 제대로 대응하지 못하고 있다는 비판도 제기됐다.[50] 이런 상황에서 서울지검은 폭력배 단속과 시민들의 신고를 장려하기 위해 폭력배 규탄 표어를 공모·발표하기도 했다. 이때 당선작으로 뽑힌 표어는 '폭력배 몰아내고 밝은 사회 이룩하자'였으며, 가작으로는 '때려놓고 후회말고 다시 한번 생각하자', '그만두자 깡패생활 다시 찾자 학창생활', '무찌르자 폭력배 바로잡자 법질서', '공산당 부술주먹 겨레한테 쓰지말자'가 있었다.[51]

그러나 이렇게 제기된 우려들이 얼마나 사실에 입각한 것인지는 좀 더 따져볼 필요가 있다. 4월혁명 이후 범죄 증가를 우려하는 언급들은 대개 혁명 전후 4개월간을 비교하거나 바로 전년도 통계와의 비교만을 제시하고 있다.

---

**47** 「범죄통계」, 『마산일보』 1960. 9. 16.
**48** 「어떻게 변했는가 혁명 오개월간의 사회상」, 『조선일보』 1961. 10. 29.
**49** 권순영, 「한국에 있어서의 소년범죄」, 『저스티스』 5(1), 1961년 12월, 4쪽.
**50** 「강력범 판치는 서울거리」, 『민족일보』 1961. 3. 31.
**51** 「폭력배 몰아내고 밝은 사회 이룩하자 (당선표어)」, 『민족일보』 1961. 4. 2.

| 연도 | 남성 | 여성 | 합계 |
|------|------|------|------|
| 1949 | 1,664 | 43 | 1,707 |
| 1950 | 2,895 | 54 | 2,949 |
| 1951 | 1,348 | 66 | 1,414 |
| 1952 | 404 | 8 | 412 |
| 1953 | 1,167 | 134 | 1,301 |
| 1954 | 1,360 | 276 | 1,636 |
| 1955 | 1,144 | 29 | 1,173 |
| 1956 | 1,312 | 67 | 1,379 |
| 1957 | 6,678 | 580 | 7,258 |
| 1958 | 8,412 | 994 | 9,406 |
| 1959 | 4,845 | 940 | 5,785 |
| 1960 | 7,312 | 422 | 7,734 |

* 출처: 권순영, 「한국에 있어서의 소년범죄」, 『저스티스』 5(1), 1961년 12월, 3쪽.

하지만 조금 더 넓은 범위의 범죄 추세를 놓고 비교해보면 조금은 다른 해석
이 나올 수 있다. 소년범 문제에만 국한해서 보자면, 서울지법 당국은 1959년
9월부터 1960년 8월까지 발부된 구속영장은 총 10,084건으로 이 중 18세 미만
의 소년범은 12%인 1,187건이라고 발표했다. 이를 전한 기사에서는 "날로 늘
어만 가고 있는 소년범의 실태를 여기서도 엿볼 수 있어 당국은 물론 지도
층의 각성이 간절히 요망되고 있다"[52]고 언급한다. 하지만 1909년부터 1942년
까지의 조선총독부 통계연보를 바탕으로 수형자 연령별 변동 추이를 분석
한 한 연구 결과를 보면, 전체 범죄자 중 미성년 범죄자는 평균 10.257%를 차
지하며, 증감 비율도 급격한 변동을 보이지 않고 대체적으로 유사한 추이를
보인다.[53] 따라서 12%라는 수치는 그간의 소년범이 차지하는 비중과 비교했

---

52 「소년범 12% 점유」, 『마산일보』 1960. 10. 24.
53 노수빈, 「식민지기 소년범죄와 감화사업의 전개—조선총독부 감화사업을 중심으로」, 국민
대학교 국제지역학과 석사논문, 2015, 14~16쪽.

을 때 그리 높은 것이라고 할 수 없다. 또한, 앞서 언급한 권순영 판사의 경우에도 1949년부터 1960년까지 서울지법 소년부지원에서 처리한 범죄 통계를 제시하고 있다. 〈표 2-1〉에서 볼 수 있듯이, 1960년의 소년범죄 건수(7,734건)가 1959년(5,785건)에 비해 늘기는 했다. 그러나 1956년도까지 1천여 건 수준이다가 1957년도에 갑자기 폭증해 1958년도에 정점(9,406건)을 찍은 것과 비교하면 오히려 1960년도의 수치는 감소한 것이다.

더 나아가 한 신문기사에서는 검찰 당국자의 말을 빌려 서울 시내에서 일어나는 각종 강력범 가운데는 십대의 부랑아가 약 5할을 차지하고 있다면서, 수만 명에 달하는 부랑아를 시급히 수용할 시설을 늘려야 한다고 전하기도 했다.[54] 그러나 이 검찰 당국자의 말은 상당히 과장된 것으로 보인다. 시기적으로 약간 거리가 있지만, 대검찰청이 발표한 1963년 3월부터 1964년 12월까지 범죄발생 통계[55]와 이 검찰 당국자의 발언을 비교해보자. 대검찰청은 범죄 유형을 절도, 장물, 사기, 횡령, 배임, 강도, 폭행, 상해, 강간 등 총 9개 항목으로 분류했다. 이 중에서 강력범에 해당한다고 볼 수 있는 강도, 폭행, 상해, 강간만을 보면 총 발생 건수가 45,752건이다. 그리고 이 중 19세 이하 소년범의 숫자는 5,600명으로, 전체 대비 비율은 12%에 그치고 있다(표 2-2 참고). 이를 통해 볼 때, 강력범 중 10대 부랑아 비율이 5할을 차지한다는 말을 있는 그대로 믿기는 어려워 보인다.

이와 관련해 우리는 스튜어트 홀(Stuart Hall) 등 영국 문화연구자들의 지적을 새겨볼 필요가 있다. 홀 등은 20세기 들어 영국의 범죄는 꾸준히 증가 추세에 있었지만 유독 70년대에 들어 '픽치기(mugging)' 범죄 증가에 대해 우려하

---

**54** 「강력범, 살상 겸한 범행이 늘어」, 『민족일보』 1961. 4. 10.
**55** 대검찰청, 『범죄백서』, 1965, 28~30쪽.

## 〈표2-2〉 주요 범죄자 연령대비표

| 구분 | 계 | 소년 (19세 이하) | 20~25세 | 26~30세 | 31~35세 | 36~40세 | 41~50세 | 51~60세 | 60세 이상 | 미상 |
|---|---|---|---|---|---|---|---|---|---|---|
| 절도 | 74,847 | 24,051 | 20,912 | 1,001 | 6,553 | 4,473 | 5,155 | 1,680 | 453 | 569 |
| % | 100 | 32.1 | 27.9 | 1.3 | 8.8 | 6.0 | 6.9 | 2.2 | 0.6 | 0.8 |
| 장물 | 25,715 | 1,182 | 3,085 | 4,282 | 4,387 | 3,964 | 6,171 | 2,020 | 344 | 280 |
| % | 100 | 4.6 | 12.0 | 16.7 | 17.1 | 15.4 | 24.0 | 7.9 | 1.3 | 1.1 |
| 사기 | 11,715 | 355 | 985 | 1,716 | 1,947 | 1,907 | 3,271 | 1,147 | 284 | 103 |
| % | 100 | 3.0 | 8.4 | 14.6 | 16.6 | 16.3 | 27.9 | 9.8 | 2.4 | 0.9 |
| 횡령 | 6,603 | 286 | 694 | 968 | 1,129 | 1,120 | 1,657 | 565 | 113 | 53 |
| % | 100 | 4.3 | 10.5 | 14.7 | 17.1 | 17.0 | 25.1 | 8.6 | 1.7 | 0.8 |
| 배임 | 1,942 | 14 | 58 | 247 | 342 | 413 | 602 | 207 | 47 | 12 |
| % | 100 | 0.7 | 3.0 | 12.7 | 17.6 | 21.3 | 31.0 | 10.7 | 2.4 | 0.6 |
| 강도 | 1,824 | 571 | 650 | 327 | 134 | 59 | 50 | 22 | 1 | 10 |
| % | 100 | 31.3 | 35.6 | 17.9 | 7.3 | 3.2 | 2.7 | 1.2 | 0.1 | 0.5 |
| 폭행 | 24,579 | 3,125 | 5,522 | 4,649 | 3,254 | 2,613 | 3,399 | 1,354 | 462 | 201 |
| % | 100 | 12.7 | 22.5 | 18.9 | 13.2 | 10.6 | 13.8 | 5.5 | 1.9 | 0.8 |
| 상해 | 18,363 | 1,604 | 3,359 | 3,599 | 2,818 | 2,261 | 3,071 | 1,204 | 325 | 122 |
| % | 100 | 8.7 | 18.3 | 19.6 | 15.3 | 12.3 | 16.7 | 6.6 | 1.8 | 0.7 |
| 강간 | 986 | 300 | 278 | 140 | 68 | 67 | 82 | 32 | 10 | 9 |
| % | 100 | 30.4 | 28.2 | 14.2 | 6.9 | 6.8 | 8.3 | 3.2 | 1.0 | 0.9 |

* 각 항목 아래 행에 적힌 비율 수치에는 일부 오류가 있어 바로잡았다.
* 출처: 대검찰청, 『범죄백서』, 1965, 30쪽.

는 목소리가 대두되었다고 지적한다. 그 배경에는 확산되고 있는 흑인 게토가 백인 주거지역을 침입할 것에 대한 우려가 자리 잡고 있었다. 그러면서 유독 흑인 청년의 범죄 위협이 사회적 공포로 대두되었고, 이들에 대한 보수적인 사회통제의 움직임이 형성되었던 것이다. 물론 이것이 픽치기가 있지도 않았는데 언론과 경찰에 의해 조작되었다고 말하는 것은 아니다. 요점은 픽치기가 새로운 것이 아니며, 이것이 새롭게 포장된 배경에는 사회적 소수자 집단에 대한 혐오가 확산되고 이들을 타자화하는 이데올로기가 작동했다는

것이다.[56]

같은 맥락에서 위 범죄 통계를 본다면, 1960년 이후의 범죄 빈도가 급격히 증가했다고 볼 만한 뚜렷한 증거는 없다. 1960년 이후 달라진 것은 범죄 빈도가 아니라 사회적 불안의 정동이라 해야 할 것이다. 불안의 정동은 그것이 투사될 새로운 대상을 필요로 한다. '빈곤'은 이러한 정동이 흡수되기 좋은 매우 취약한 고리였다. 이제 빈곤은 경제적 궁핍과 나란히 연결되는 개념이 아니라 부도덕한 심리적 악습, 범죄성향의 기질과 연결되는 개념으로 재인식된다.

## 2) '자기충족적 예언'을 실행하는 치안 대책

물론 도시빈민 범죄에 대한 우려는 4월혁명 이전에도 줄곧 제기되어왔던 것이다. 특히 소년범죄가 경제적 궁핍 때문이 아니라 '부랑벽(浮浪癖)'이라는 불가사의한 심리상태로 인해 야기된다고 보는 인식이 팽배해 있었다. 1955년 당시 보건사회부 후생과장이었던 김원규는 아래와 같이 부랑아를 호기심 가득한 시선으로 묘사하기도 했다.

"아동들이 「가이포오크스」 놀이를 하는 것을 아는 영국 사람이 한국에 와서 거리에 방황하는 아동을 본다면 한국 아동은 연중무휴로 「가이포오크스」 놀이를 하느냐고 물을지도 모른다. 얼굴과 손발에는 지나친 화장을 하고 의복이 남루하며 손에는 막대기도 들고 깡통도 들었다. 종로 네거리나 남대문통, 을지로 등 번잡하고 통행인이 많은 거리에서는 특히 미군이나 젊은 여자들에게 사지를 못 쓰게 따라다니며 금품을 구걸하는 것이다. 이들은 단독으로 다닐 때도 있으

---

56  Stuart Hall, et al., *Policing the Crisis: Mugging, the State, and Law and Order*, The Macmillan Press, 1978.

나 대개는 몇 명씩 떼를 지어서 몰려다닌다.

　속담에 거지 사흘이면 못 벗어난다고 한다. 이것은 거지생활이 외부에서 볼 때에는 가장 비참하게 보일지라도 자기 자신들께는 어떤 자위감을 가졌으리라는 것을 의미한다. 즉 그 생활을 엔죠이 할 수 있다는 것이다. 또 부랑아들이 만약 단순한 구걸 행동으로서만 그친다면 그들 역시 싫증이 나서 못 견딜지도 모른다. 사실 그들은 일률적으로 「모라이」 또는 「양아치」(그들의 말로서 걸식하는 것)만 하는 것은 아니다. 그들의 이면상은 일반 사회인이 생각하지도 못하는 「스릴」과 「스토오리」를 자아내고 있는지도 모른다.

　그들이 부랑하는 동기가 과거의 환경 또는 연령과 연한에 의하여 각각 개성이 다른 것은 물론이려니와 순수한 「양아치」(걸식)만 하는 아동만이 아닐 것이다. 때로는 변장도 할 수 있을 것이며 또는 「슈샤인 뽀오이」도 할 수 있을 것이다."[57]

　김원규는 "가이포오크스 놀이", "(부랑생활을) 엔죠이", "일반 사회인이 생각하지도 못하는 스릴과 스토오리", "때로는 변장도 할 수 있을 것" 같은 나름 기발한 표현들을 써가며 부랑아를 묘사하고 있다. 이런 묘사는 도시빈민 소년들을 이성적인 수준에서는 이해 불가능한 집단으로 재현하는데 기여한다. 이들의 '부랑벽'은 또래집단 사이에서 전파될 우려가 있는 '비정상성'으로 인식되었고, '왕초'를 중심으로 집단화되는 것이 가장 큰 문제로 여겨졌다. 그래서 그는 이어지는 글에서 부랑아들은 대개 일반 시설에 수용되었다가 다시 이탈된 아동들이 많다면서, 이는 "아동 자신의 부랑성과 모략적인 그들의 크룹(그룹—인용자)에 의하여 불가피하게 일어나는 상태"이고 "한 아동의 부랑아를 수용하였던 것이 이미 선도된 전 아동들에게 의외의 손해와 파문을 던지

---

**57**　김원규, 「거리의 부랑아를 어떻게 할 것인가」, 『새벽』, 1955년 5월.

는 수도 많"다고 했다.

60년대 초반에 들어서면 기존의 전쟁으로 인한 부랑아 문제에 더해 날이 갈수록 심해지는 절량농가를 떠나 도시로 이주하는 인구가 새로운 도시 빈곤 문제로 떠오른다. 이에 대해 한 신문은 "시골 소년과 소녀들이 절량의 시름에 못 이겨 계절풍을 타고 무턱대고 서울로 올라오는" 것이라고 하면서, 이들은 곧 "낯선 거리를 헤매다가 넝마주이나 구두닦이 신세가 되지 않으면 좀도둑 등 불량배로 전락하고 소녀들은 기껏해야 남의 집 식모가 되고 잘못하면 사창굴로 윤락하는 것"이라고 우려했다.[58] 즉 경제적 궁핍이 1차적인 문제라 할지라도, 진짜 문제는 빈곤으로 인해 취약해진 정서를 갖게 된 이들이 쉽게 '사회악'에 빠져들 수 있다는 점이 부각된 것이다. 그래서 이 신문은 "가난이 있는 곳에 범죄가 있고 부가 있으면 범죄가 없는 법"이라며, 가난으로 인한 범죄는 "반사회 행위의 적극적인 증거"라고도 했다.[59]

여기서 이러한 주장이 실제의 도시빈민의 삶과 얼마나 일치하는지를 따지는 것은 쉽지 않다. 아마도 우리는 도시빈민의 삶이 범죄와 깊은 관련을 맺고 있다는 위 주장들을 완전히 부인할 수는 없을 것이다. 그러나 본고에서 지적하고자 하는 문제는 이 주장들의 진실성 여부에 있지 않다. 진짜 문제는 이 주장들을 접하면서 독자들이 공유하게 되는 범죄에 대한 이데올로기에 있다.

위의 언설들은 현재에도 존재하고 앞으로도 계속 닥칠 범죄의 위험을 예방하기 위한 목적을 가진 예측 또는 예언의 형식을 취하고 있다. 그리고 이에 적합한 치안 대책을 강구해 향후 범죄 빈도 감소를 촉구하고 있다. 즉, '실

---

58 「위험! 정처없는 서울길」, 『민족일보』 1961. 4. 26.
59 「[촌상촌相] 반사회의 범죄」, 『민족일보』 1961. 5. 7.

제의 범죄 빈도 언급 → 범죄 확산의 예측/예언 → 치안 대책을 통한 범죄 감소 목적 달성'이라는 과정을 기대하는 것이다. 이는 자연재해를 방지하기 위해 '위기경보시스템'이 하는 역할을 기대하는 것과 유사하다. 하지만 도시빈민의 범죄 발생에 대한 예측/예언은 실제로는 전혀 다른 방식으로 작동한다. 예측 부재가 재앙이 되는 자연재해의 경우와는 달리, 범죄와 같은 사회적 현상에서 재앙은 '예측의 출현'이다. 즉, 예측을 미리부터 진실로 전제하고 이를 사후적으로 증명하는 치안 대책이 뒤에 따라오면서 일종의 '자기충족적 예언(self-fulfilling prophecy)'이 작동하는 것이다.[60] 다시 말해서 자기충족적 예언이 진실로 입증되기 위해서는 범죄가 감소되어야 하는 것이 아니라, 과시적으로 검거 건수를 늘려야만 하는 것이다. 4월혁명 이후 몇 년간은 바로 이러한 예측을 사후적으로 입증하는 시간이었다.

일례로 1960년도에 서울 시내 부랑아 단속으로 서울시립아동보호소에 수용되었다가 타 시설로 전원 조치된 인원이 8월까지만 해도 700명을 넘어섰다고 하는데, 이 중 80%는 4·19 이후 잡혀 온 인원이라고 한다. 그런데 미국 아이젠하워 대통령의 방한을 앞두고 있던 6월 9일 단속에서는 하루 만에 부랑아 561명이 잡혀 들어왔다고 한다.[61] 당연히 6월 9일 하루에만 유독 불량 행위를 하는 아동이 많아진 탓은 아닐 것이다. 오히려 미국 대통령의 방한이라는 외부적 요인이 불량소년이라는 범주를 강화하고 이에 따른 치안 당국의 단속 행위를 부추긴 것이라고 봐야 할 것이다.[62]

---

**60** Stanley Cohen, *Folk Devils and Moral Panics: The creation of the Mods and Rockers*, Routledge, 1972[2002], p. 35.

**61** 「서울을 떠나는 꼬마 이민열차」, 『경향신문』 1960. 8. 24.

**62** 한편, 이즈음 '4·19 의거 학생대책위원회'는 자진해서 관계 당국과 협의하여 '아이크 환영 준비 학생위원회'('아이크'는 아이젠하워의 애칭)를 구성해 활동했다. 천정환 외, 『혁명과 웃음 —김승옥의 시사만화 〈파고다 영감〉을 통해 본 4·19 혁명의 가을』, 앨피, 2005, 119쪽.

5·16 이후 군정이 추진한 국토건설사업 역시 이런 관점에서 바라볼 수 있다. 애초에 4·19 직후 과도정부가 추진한 국토건설사업은 실업자와 절량농가 구제를 목표로 한 것이었다. 그러나 군정 장악 이후 이 사업은 폭력배, 깡패 등의 일제단속으로 검거된 자들을 동원하여 '구악과 사회악 일소'라는 군정의 혁명 공약을 이행하는 수단으로 변질됐다. 군정은 권력을 잡자마자 전국에서 약 1만 명의 깡패를 검거하여 그중 두목급 깡패와 악질적인 자는 군재에 회부했고 그 외는 국토개발사업장과 탄광 등지로 보냈다.[63] 그런데 이듬해 법무부가 내놓은 '사회질서 확립을 위한 대책' 문건에 따르면, 1961년 5월 16일부터 1962년 5월 30일까지 총 1년여 기간 동안 단속된 폭력사범은 18,993명이다. 다시 말하면 1년 동안 단속한 인원의 절반이 넘는 1만여 명을 단 보름 내외의 기간에 검거했다는 것이다.[64] 이는 다분히 과시적인 단속이며 '사회악'이 존재한다는 것을 사후적인 단속을 통해 증명하는 것에 다름 아니다. 이렇게 단속된 인원 중 실제 국토건설사업장에 투입된 인원은 최소 3,137명에 달한다. 그런데 폭력배들을 동원했다는 정부의 설명과는 달리 실제 노역에 동원된 사람들의 직업은 약제사, 식당 주인, 학생, 전직 교사, 연예인 등 다양한 것으로 알려졌다. 그리고 1961년 12월 13일에 '폭력행위자등 단속에 관한 특례법'이 제정되면서, 서울지검은 피의자에 대한 공소제기를 면하는 대신 국토건설사업장 취역을 결정할 수 있도록 했다.[65]

이에 반해 학생이 범한 범죄의 의미는 의도적으로 축소되었다. 당시 발생

---

**63** 「檢擧된 깡패 萬名」, 『마산일보』 1961. 6. 6.

**64** 유진 외, 『과거사 청산을 위한 국가폭력 연구—노역동원을 중심으로 (I), 1960년대 초법적 보안처분과 국토건설사업』, 한국형사정책연구원, 2019년 12월, 159쪽.

**65** 위의 보고서, 154~158쪽.

한 깡패 사건 중에는 소위 '학생깡패'도 적지 않았는데도,[66] 실제 소년범죄 대책 논의에서는 오직 "학교를 졸업하지 않거나 중퇴한 자들"[67]만이 가장 위험한 범죄적 성향의 집단으로 여겨졌다. 이와 관련해 흥미로운 사례로 1961년 서울 세종로 일대를 무대로 활동했던 깡패조직 '이빨단'을 들 수 있다. '이빨단'의 규모는 208명에 달했는데 두목 민경주(21세)를 포함해 다수의 단원들이 대학생이었고, 그 외 단원들도 시내 일류 고등학교 학생이었다. 이들은 총 5단계에 걸친 뚜렷한 상하조직망을 갖추고 있었고, 대부분 단도를 지니고 다니며 남녀학생들을 상대로 협박, 폭행, 금품갈취 등을 일삼았으며, 일대 음식점에서는 무전취식을 하는 상습범들이었다. 그렇지만 이를 보도한 기사는 이들을 '순수한 학생'으로 호명하고 있다.[68]

　이런 인식은 추후 정비된 청소년보호정책에도 그대로 반영되었다. 5·16 이후 청소년보호정책은 '선도'와 '교화'의 대상으로 '우범소년' 또는 '범죄소년'이라는 범주를 구성해냈다. 여기서 '우범소년'을 문자 그대로 해석하면 경제 사정과 무관하게 불량 행위를 하는 소년 일반을 가리키는 말로 해석될 수 있다. 그러나 실제 「소년법」(1958)의 '우범' 개념을 구체화한 「소년경찰직무요강」(1966)에서는 '불량행위소년'을 '우범소년' 범주와 별도로 분류하고 있다. 전자는 비교적 부유한 가정의 학교에 다니는 소년들이 저지르는 각종 일탈 행위를 가리켰는데, 이들은 단순 풍기단속대상으로 취급되어 경찰 단계에서 훈방이나 즉결심판을 받았다. 반면 우범소년에 대해서는 주로 소년원 또는 부랑아수용시설 수용이 이뤄졌다. 정부가 '우범소년' 또는 '범죄소년'으로 포

---

66　「학생 깡패가 수두룩 교외지도반 있으나마나」, 『마산일보』 1960. 12. 21; 「어처구니없는 학생 깡패 금품갈취의 소행?」, 『마산일보』 1960. 8. 7.

67　권순영, 앞의 논문, 4쪽.

68　「깡패 이빨단, 수사」, 『민족일보』 1961. 4. 3.

착해 낸 대상은 구체적으로 무직자, 노무자, 넝마주이, 구두닦이 등을 하며 도시빈민굴에 사는 부랑아였다.[69]

### 3) 동전의 양면─생산적 주체 만들기와 도시빈민의 범죄화

앞서 잠깐 암시한 바 있지만, 이처럼 도시빈민을 범죄의 온상으로 여기고 타자화하는 것을 '4월혁명 정신'의 배반이라고 볼 수는 없다. 오히려 그것은 4월혁명에 후발주자로 참여했지만 그 사후적 의미를 온전히 자기 것으로 만들 수 있었던 대학생과 지식인들이 추구했던 이상에 충분히 부합하는 것이었다. 그들에게 중요한 것은 빈곤을 야기하는 경제적 구조의 개선이 아니라, 부도덕하고 범죄적 악습에 물들어 있는 도시빈민의 품행을 개선하는 것이었다. 제2공화국의 탄생에도 불구하고 "못살겠다"는 대중의 외침이 계속되었지만 학생들은 "이제서 못살게 된 것이 아니라 이때까지 못살고 있는 것"이라며 그 원인을 도덕적 타락과 경제적 후진성을 벗어나지 못한 데서 찾았다. 따라서 이제 중요한 과제는 사치·허영·방종·타락을 벗고 애국심과 근로의식으로 무장된 생산적 주체로 변모하는 것이 된다.[70] 그리고 이 생산적 주체로의 변모는 도시빈민의 범죄화와 동전의 양면처럼 붙어 있는 것이었다.

당시 자유민주주의적 지식인 중 한 명이었던 신일철은 1965년 4월 『사상계』에 쓴 글에서 4·19가 젊은이들에게 '비상구의 사상'을 심어 놓았다고 말했다.[71] 비상구에는 두 가지가 있는데, 하나는 "좋은 의미의 긴급대책으로서 비상구"이고, 다른 하나는 "정상적인 길이 막혀 하는 수 없이 한 구석이 삐어져

---

69  유진, 「거리의 치안권력과 '선도'의 통치기술─1960년대 청소년보호정책과 부랑아·우범소년」, 『사회와 역사』 제123집, 2019, 99~102쪽.

70  이상록, 『한국의 자유민주주의와 『사상계』』, 고려대학교 민족문화연구원, 2020, 167쪽.

71  신일철, 「사월의 싹은 자란다─젊은 세대와의 대화」, 『사상계』, 1965년 4월.

나오는 배출구"이다. 4·19는 이 중 후자에 해당하는데 "오늘날 젊은이들은 정상적인 코오스로 삶을 영위할 수가 없어서 비정상적인 배출구로 울화를 발산"하고 "절망적인 분위기가 젊은이들을 아브노말한 방향으로 인도"한다는 것이다. 그러나 그는 이것을 '새로운 질서의 실마리'로 해석할 것을 제안하면서 "낡은 질서의 부정 위에 선 새로운 정의"를 세워야 한다고 말했다. 그리고 새로운 정의(正義)를 세우기 위해서는 '민족적 자주성'과 '자력갱생의 의지'가 필요하다고 강조했다.

신일철은 그러한 '자력갱생의 의지'를 실천하고 있는 현장을 직접 찾아가 르포를 쓰기도 했다. 그곳은 바로 난지도 보이스타운(Boys Town)으로, '소년민주공화국'을 표방하면서 부랑아들이 자치도시를 이룩했다고 알려진 곳이었다. 신일철은 "지난날의 어린 불법자들이 십이 년간을 쌓아올린 소인국의 데모크라시를 본받을 점이 없을까 모색해"보고자 한다면서, 보이스타운을 "고아 소년들이 어른들을 비웃는 듯 고이 이룩해 놓은 〈한국의 아테네〉 아니면 신라육촌의 화백회의의 부활"이라고 극찬하며 글을 시작하고 있다.[72]

보이스타운은 원래 카톨릭 신부인 에드워드 플래내건(Edward Joseph Flanagan)이 미국 네브래스카 주에서 비행아동 문제를 해결하기 위해 시작한 운동으로, 이후 유명세를 타서 세계 각국으로 전파되었다. 한국에서 이를 이어받은 것은 YMCA로, 미군 제5독립연대 장병들의 성금 2만여 달러로 난지도에 터전을 마련하여 1951년 8월 12일에 보이스타운을 창립했다. 여기에 거주하는 부랑아들이 직접 선거를 통해 선출하는 시장을 두었고, 그 밑에 농림, 상공, 문화, 교통, 재정, 인사, 보건, 생활 등 부서를 두고 있었다. 사법부도 두어 아동

---

72 신일철, 「부랑아들이 건설한 「민주공화국」—난지도 소년시 현지 르뽀」, 『사상계』, 1962년 10월, 182~183쪽.

들로 구성된 재판부를 구성케 했으며, 그 아래에 소년자활경찰을 두어 내부의 각종 범죄를 단속했다. 원장은 보이스카웃 총책임자였던 황광은이 맡았는데, 보이스타운의 시장 취임식에는 류영모, 함석헌 등 YMCA 관련 인사들도 참석했다고 한다.[73]

그런데 신일철이 소개하는 난지도 현장의 모습은 '민주공화국'이라는 단어와는 사뭇 달랐다. 이곳에서는 아동들 모두가 농장에서 일을 하는데, 따라서 "이 소년시는 중농주의, 농본민주국이요, 공동노동, 공동식사, 공동생활을 하는 집단농장제"라고 한다. 이에 따라 아침 7시 30분부터 밤 8시까지 정해진 시간표대로 집단적으로 일하고 공부하고 활동을 해야 한다. 또한 생활지도 그룹이 따로 있어 "부랑아생활에서 고질화된 악습—담배피우기, 도박, 성적 악○, 깡패 냄새나는 걸음걸이, 식사태도(꿀꿀이죽을 만들어 먹는 악습 등)"을 규율한다.[74] 달리 말하자면, 선거를 통해 시장을 뽑는다는 것 외에는 소위 '민주주의'와 관련되어 보이는 것을 거의 찾아볼 수가 없다.

신일철이 이 글에서 주목한 것은 오히려 민주주의보다는 보이스타운이 갖추고 있는 노동 시스템이었다. 보이스타운은 "12만 평의 농장이 있어서 각자가 이 농장에서 일을 할 수 있으며 일하면 반드시 보수를 받을 수 있게 되어 있어 소년시의 고용 상태는 양호하여 말하자면 '완전고용상태'"라고 소개되었다. 이를 통해 학습되는 노동규율은 부랑아들이 기존에 거리에서 체득한 악습과 게으름, 비행, 폭력성 등과 대비되면서 이를 교정하는 절차로 제시된다. 보이스타운 원장 최덕종은 신일철과의 대화에서 원아들이 "모두 다 고아, 깡패, 부랑아, 쓰리꾼, 날치기하던 애들"이며 "몸에서는 독한 거지냄새"

73   이반, 『난지도의 성자, 황광은』, 한국루터란아워, 2004, 112~119쪽.
74   신일철, 앞의 글, 186~189쪽.

가 난다면서 그들에게 주어지는 자유는 그저 "루울(rule)도 모랄(moral)도 온갖 질서를 무시한 (…) 범죄에의 자유"일 뿐이라고 강조했다. 따라서 이들에게는 "어떻게 해서든지 자꾸 일을 시키고 피곤을 느끼게 만들어 방에 들어가 자리에 누우면 딴 생각 없이 잠들게 하는 방법이 제일"이라는 주장이 이어진다.[75]

이러한 발언에서 우리는 두 가지 문제를 발견할 수 있다. 하나는 보이스타운이 사실상 '민주공화국'이라는 허명(虛名)을 거둬내면 부랑아를 강제 수용하는 노역장에 지나지 않는다는 점이다. 그러나 이보다 더 중요한 지점은 표면상의 '민주', '자립', '자치'를 강조하기 위해 역설적으로 원아들이 보이스타운에 들어오기 전부터 가지고 있었다고 전제되는 소위 '반사회적 습성'들을 반복해서 강조하고 있다는 점이다. 최덕종 원장의 발언 역시 원아들이 현재 아무리 건전하고 자치적인 공동체를 이루며 살아가고 있다 하더라도 본질적으로는 그러한 습성과 떼려야 뗄 수 없는 존재들이라고 하고 있다. 그렇다면 결국 '부랑아의 갱생'이라는 이 공간의 목적은 달성 불가능한 것이 된다. 아니 오히려 이것이 궁극적으로 달성되지 않아야만 이 공간의 지속성이 유지될 수 있다. 왜냐하면 실상 이러한 공간의 진짜 목적은 사회적으로 바람직하지 않다고 여겨지는 일련의 품행들을 가시화하여 바깥의 사회가 이를 항상 반면교사로 삼도록 하는 것이기 때문이다. 지그문트 바우만(Zygmunt Bauman)은 현대사회를 '정원(garden)'에 비유하면서 "정원으로서의 사회라는 모든 전망은 사회적 거주지의 일부를 인간 잡초로 정의한다"[76]라고 말한 바 있다. 정원이 있는 곳에는 어디에나 잡초가 있을 수밖에 없고, 잡초를 정의하고 또 박멸하는 순환적인 활동은 엄연히 창조적인 활동이지 파괴적인 것이 아

---

75  위의 글, 190~192쪽.
76  지그문트 바우만 지음, 정일준 옮김, 『현대성과 홀로코스트』, 새물결, 2013, 166~167쪽.

니게 된다.

　신일철이 보이스타운에서 발견한 긍정적 가치 역시 여기에 있다. 대중을 생산적 노동 주체로 변모시켜 후진성을 탈피해야 한다는 지식인들의 '4월혁명 정신'에 입각해서 보면, 보이스타운은 이미 그 전부터 그런 이상이 모범적으로 임상실험되고 있던 공간인 셈이다. 그러면서 동시에 범죄의 온상으로 여겨지는 도시빈민을 고립시키고, 그들의 활동을 통제할 적절한 기술들을 만들어내는, 일종의 '치안의 유토피아'이기도 했다.

　보이스타운과 사실상 같은 목적을 갖는 국토건설단, 개척단, 근로재건대 등의 도시빈민 동원 전략들이 5·16 군정수립 직후 별다른 저항 없이 국가적 시책으로 도입될 수 있었던 것은 이미 이러한 모델의 필요성에 대한 합의가 주류 담론 공간 내에서는 충분히 형성되어 있었기 때문이다. 여기서 중요한 점은 일종의 노동교화소라고 할 수 있는 이러한 동원 전략들이 군정의 핵심 캠페인이었던 재건국민운동과 맥을 같이 하면서 추진되었다는 점이다. 1961년 6월 11일 제정된 「재건국민운동에 관한 법률」에 명시된 이 운동의 정의는 "복지국가를 이룩하기 위하여 전 국민이 민주주의 이념 아래 협동단결하고 자조자립정신으로 향토를 개발하며 새로운 생활체제를 확립하는 운동"이다. 그러나 본질적으로 재건국민운동은 박정희 체제에 핵심이 되는 인간상, 즉 군인과 노동자를 만드는 작업이었다. 그런데 병역기피자는 '신성한 군대'가 아니라 국토건설단이라는 강제노역소에 보내고, 부랑아나 넝마주이는 직업교육을 시켜 공장으로 보내는 것이 아니라 근로재건대나 개척단에 집어넣어 오직 감시와 단속의 대상으로만 삼았다. 이로써 애초에 비생산적 주체로 여겨졌던 이들 집단은 국가의 동원시책에 의해 다시금 비생산적 주체로 재생산되는 것이다. 이는 박홍근의 지적처럼 "비정상이 바로 여기에 있다는 것이 중요했지 대상자들이 갱생되는 것이 중요한 것이 아니"라는 것을 보여주며,

**정착 자활지로 떠나기 전 발대식을 갖는 재건개척단**　출처: 민주화운동기념사업회 오픈
아카이브즈 00715201, 원출처: 경향신문사.

오히려 그들의 갱생은 실패함으로써 국가의 목적은 달성될 수 있는 것이었
다.[77] 다시 말하자면, 도시빈민은 '범죄'와 '사회악'의 이미지로 반복적으로 재
현되어 국민의 기준에서 탈락됨으로써, 역설적으로 생산적 주체 만들기라는
국가재건 과업에 기여하게 되는 것이다.

## 5. 맺음말

4월혁명은 우리 역사상 최초로 '민(民)'의 힘으로 집권자를 몰아낸 사건이

---

77　박홍근, 「사회적 배제자의 역사적 형성 연구—넝마주이 국가 동원의 계보학」, 고려대학교 사
　　회학과 석사논문, 2013, 39~40쪽.

며, 동시에 최초의 근대적인 시민이 출현하는 과정이기도 했다. 그 전까지 '민(民)'의 정체성은 봉건체제 하의 백성이거나 식민지배 하에서 자기 정체성을 갖지 못한 비국민이었다면, 4월혁명을 통해 비로소 정치적 주체로서의 시민이 등장한 것이다. 그리고 이 과정에서 근대적 이념에 가까운 민주주의 담론이 정초되기 시작했다. 그러나 시민 또는 민주주의라는 개념은 결코 언제나 보편성을 갖는 불편부당한 것이 아니다. 시민이 등장한다는 것은 곧 누가 시민의 자격을 가질 수 있고 누가 그럴 자격이 없는가를 결정짓는 문제를 수반한다. 이러한 경계 설정을 둘러싼 갈등이 민주주의 역사의 본성이며, 이는 아무리 민주주의가 발달한 나라라 할지라도 피할 수 없는 것이다.

문제는 이 경계 설정이 주로 어느 방향에서 이뤄지는가 하는 점이다. 이 글에서는 4월혁명에서 이뤄진 시민의 등장과 그 경계 설정이 '누가 시민인가'라는 쟁점보다는 '누가 시민이 아닌가'라는 쟁점을 중심으로 전개되었다는 점을 강조했다. 새로운 정치적 주체로서 학생과 지식인은 그들과 대비되는 비시민에 대한 부정적 규정 작업이 전제되었기에 시민으로 등장할 수 있었다. 안정적 경제기반 없이 도심 거리를 떠돌아다니고, 국가의 시야 안에서 조직화되어 있지 않아 사회적 신분도 식별되지 않으며, 이 때문에 질서에 고분고분하지 않는 것처럼 보이는 도시빈민들이 바로 그런 부정적 규정의 대상이 되었다. 4월혁명 초기 단계에서부터 과격한 양상으로 가시화되었던 이들의 시위는 부정선거 시도에 대한 대중적 반감이 워낙 높았기 때문에 다른 시민들의 호응을 받기도 했다. 그러나 시위가 장기화되고 또 과격양상이 심화되면서 이들을 바라보는 시선은 점차 불안감으로 바뀌어갔다. 그 불안감은 때때로 사실 여부와 관계없이 과격한 시위 양상의 책임을 전적으로 이들에게 떠넘기는 방식으로 나타나기도 했다. 그러면서 도시빈민에 대한 사회적 재현이 점차 범죄의 이미지와 포개졌다. 그리고 민주당 과도정부 하의 혼란기와 그 뒤를 이은 5·16쿠데타를 거치면서, 도시빈민의 범죄화를 사회적 합의로 만들어내어 비시민의 경계를 확정하고, 이의 거울상인 '생산적 주체'라는 새로운 시민을 만들어내는 과정이 전개되었다. 이러한 흐름을 종합적으로 보건대, 서두에서 언급한 대로 4월혁명이 그 출발부터 도시빈민에 대한 백래시를 내장하고 있었다고 보는 것도 무리는 아닐 것이다.

다시 한번 강조하지만, 본고의 주장이 당시에 도시빈민 범죄는 존재하지 않았다고 강변하는 것이 결코 아니다. 본고에서 제기하고자 하는 바는, 한 사회에서—특정한 개인이 아니라—어떤 집단이 '일탈자(deviant)'로 정의될 때, 이 정의가 과연 해당 집단의 실제적인 행위의 질에 근거하고 있는지 의심해봐야 한다는 것이다.[78] 오히려 문제로 삼아야 하는 것은 누가, 무엇을, 어떤 이유로 '범죄'나 '일탈'로 규정하는가 하는 점이다. 도미야마 이치로(富山一郎)가 전장의 후방에 있는 주민들에게 '스파이'라는 낙인이 찍히는 과정을 논하면서 말했듯이, "'스파이'로 지목한다는 것은 결코 당사자의 행위에 대한 객관적인 군사적 평가일 수가 없다. 지목의 근거는 오직 꼬리표를 붙이는 쪽이 가진 의지의 일치일 뿐이다. 어떤 사람이 '스파이'라는 데 한 집단의 의지가 일치할 경우에 '스파이'는 성립되는 것이며, 그것은 '스파이'라는 일탈에 의한 공감이 집단 내부에 규율을 심어 넣는다는 데에 의미가 있"다.[79] 이와 마찬가지로 4월혁명을 거치면서 특정한 하층민 집단이 사회적 불안의 원천으로 지목되었고, 실제와 무관하게 이들이 야기할 범죄의 위험성에 대한 합의가 이데올로기적으로 승인되었다는 것이 여기서 말하고자 하는 핵심이다.

1971년 광주대단지 사건, 1979년 부마항쟁 등에서 볼 수 있듯이, 이후에도

---

**78**  Howard S. Becker, *Outsiders: Studies In The Sociology Of Deviance*, Free Press, 1966.

**79**  도미야마 이치로 지음, 임성모 옮김, 『전장의 기억』, 이산, 2002, 77쪽.

한국 민주화운동의 역사에서 도시빈민의 저항은 지속적으로 폭동, 난동, 범죄, 폭력 등 부정적 이미지로 해석되어 왔다. 87년 6월항쟁 당시 명동성당농성 지속 여부를 둘러싼 항쟁 지도부와 도시빈민 간의 갈등, 91년 5월 열사정국 당시에 불거졌던 이른바 '밥풀떼기' 논란에서도 크게 다르지 않았다. 이처럼 한국 민주화운동의 중요한 순간에는 항상 도시빈민에 대한 부정적 경계 설정이라는 그늘이 드리워져 있었다. 1960년 4월혁명은 그것의 일정한 성취에도 불구하고 명백히 이 그늘의 진원지였다. 4월혁명 60주년이 되는 오늘날, 이 그늘을 온전히 직시함으로써 한국 민주화운동을 재성찰할 수 있기를 바란다.

**03**
**4월혁명과 여성**
홍석률 (성신여자대학교)

## 1. 머리말

1960년 4월혁명에서 여성들은 별다른 참여도, 인상적인 역할도 하지 못한 것으로 이야기되는 경향이 있다. 한국의 1세대 여성학자도 "여성은 4·19의 방관자이며 여성운동은 이 시대적인 민족운동의 흐름에서 소외되어왔던 것이다"[01]라고 평했다. 그런데 4월혁명으로 이어지는 1950년대 한국사회의 동향을 고려하면 이와 같은 이야기는 정말 의외라고 할 수밖에 없다. 일제 식민지로부터의 해방과 한국전쟁을 겪고, 1950년대를 거치면서 한국 여성들의 사회적 지위와 사회활동 참여는 상대적으로 급속히 상승했다. 해방 직후에는 아무튼 참정권을 획득했고, 한국전쟁을 거치면서 더 많은 사회적 경제활동에 참가하게 되었으며,[02] 1950년대를 거쳐 교육의 기회가 비약적으로 확대되면서 과거에 비해 상대적으로 더 많이 교육 받았다. 한국전쟁으로 미국의 원조가 확대되고, 미국의 대중문화가 급속히 전파되면서 한국의 사회·문화적 분위기도 더 서구화, 미국화되는 양상을 보였다. 때문에 문학작품이나 영화에서 보여주는 1950년대 여성은 '자유부인' 또는 '아프레걸'로 지칭되며, 여타 시기에 비해 자유분방하고 주체적인 이미지를 갖고 있다.[03] 그런데 이러한 여성들이 4월혁명 때 유독 조용해진 이유를 어떻게 설명할까? 여기에는 확실히 근

---

**01** 이효재, 「여성과 4·19」, 『실천문학』 6월호, 1985, 307쪽.

**02** 이임하, 『여성, 전쟁을 넘어 일어서다―한국전쟁과 젠더』, 서해문집, 2004.

**03** 권보드래, 「1950년대의 여성, 아프레걸과 자유부인」, 천정환·권보드래, 『1960년을 묻다―박정희시대의 문화정치와 지성』, 천년의상상, 2012.

본적인 의문의 소지가 있다.

최근 일부 연구에서 4월혁명과 여성의 역할, 이들이 4월혁명의 주체에서 지워지고 역사 서술에서 소외되는 양상이 지적되었다. 2010년 4월혁명 50주년을 맞이하여 한국여성문학회, 한국여성사학회, 한국여성철학회의 연구자들은 『혁명과 여성』이라는 책을 편찬하였다. 이 책에서 김미란과 김주현은 당시 사료와 문학작품을 분석하며, 4월혁명 과정에서 여성들이 참여하는 양상과 이것이 지워지고 부차화되는 양상을 지적하였다. 또한 이 책에서 윤정란은 4월혁명 직후 발생한 여성신생활운동을 분석하면서 4월혁명이 여성의 정치적, 사회적 성장과 진출로 이어지지 못하는 상황을 규명하였다.[04] 한편 권보드래는 1950년대 자유롭고 진취적인 분위기를 보였던 여성들이, 4월혁명이 남성 대학생들을 중심으로 한 "젊은 사자들의 항쟁"으로 규정되면서 다시 가부장적인 질서 속에 묶여가고, 5·16쿠데타로 이러한 현상이 더욱 고착화되는 양상을 지적했다.[05] 그런데 이들 연구들은 문학적 분석이 주를 이루고, 몇 가지 사례와 분석을 토대로 진행된 것으로, 여학생에서 할머니에 이르는 다양한 여성들이 4월혁명에 어떻게 참여하고, 어떤 역할을 했는지 구체적으로 접근하여 규명하지는 못했다. 이와 같은 문제제기가 좀 더 설득력을 얻으려면 일단 구체적인 사실들이 풍부하게 정리되어야 한다. 4월혁명의 전반적인 전개 양상 속에서 여성들이 어떻게 항쟁에 참여했고, 이들의 활동에는 어떠한 특징이 있었으며, 그 의미는 무엇인지를 살펴봐야 한다.

오제연은 최근 4월혁명 및 6·3항쟁 과정에서 여학생이 참여하는 양상과

---

04  김미란, 「'젊은 사자들'의 혁명과 증발되어 버린 '그/녀들'」; 김주현, 「'의거'와 '혁명' 사이, 잊힌 여성의 서사들」; 윤정란, 「4월혁명과 여성들의 참여 양상—여성신생활운동과 장면정권과의 갈등을 중심으로」, 김은하·윤정란·권수현 편, 『혁명과 여성』, 선인, 2010.

05  권보드래, 「'젊은 사자들'의 유행과 그 누이들」, 천정환·권보드래, 앞의 책, 2012, 479~489쪽.

그 의미를 분석하였다.[06] 오제연은 학생들 사이에 형성되는 다양한 네트워크에 주목하였는데, 이를 통해 4월혁명 때 많은 여자중고등학교 학생들은 항쟁에 참여하였는데, 여자대학교 학생들은 왜 조직적으로 참여하지 못했는지 등의 문제를 해명하였다. 이 글에서는 다른 연구에 비해 상대적으로 4월혁명 과정에서 진행된 여성들의 참여와 역할이 구체적으로 분석되었지만, 분석 대상이 여학생에 한정되어 있어 일반 여성들의 참여에 대해서는 별도의 연구가 필요하다. 또한 여학생의 시위 참여에 대해서도 여러 사례가 누락되어 있고, 특히 4월 19일 이후 여학생들의 시위 활동에 대한 분석과 고려가 없는 것도 보완되어야 한다.

이 글은 다양한 여성들이 4월혁명에 참여하고 활동하는 양상을 활용 가능한 사료를 바탕으로 전반적으로 일단 드러내 보이는 것을 목표로 한다. 이를 통해 여성들의 참여와 활동이 4월혁명의 전반적인 전개 맥락 속에서 어떠한 의미와 특징을 지니는지 살펴보고자 한다.

## 2. 기록에서 배제되는 여성들

역사 서술은 압도적으로 문자로 기록된 문헌 기록에 의존한다. 상식적인 이야기이지만 기록 전반이, 특히 그중에서도 문헌 기록은 대단히 차별적이다. 주로 힘이 있는 지배층, 또는 주류집단이 기록을 남기고, 또한 이들의 이야기가 중요하게 기록된다. 소외된 약자와 소수자들은 대부분 스스로의 기

---

06  오제연, 「'여대생', 거리에 서다—4·19혁명과 6·3항쟁 당시 여학생 참여와 그 의미」, 『혁명의 젠더, 젠더의 혁명—역사문제연구소 2017 정기심포지엄 자료집』, 2017.

록을 남기지 못하고, 이들의 이야기는 잘 기록되지 않는다. 여성들은 기록에서 배제되는 대표적인 집단이라 할 수 있다. 4월혁명에 대한 언론보도에서, 특히 사건 발생 이후 4월혁명사 서술에서 여성의 활동은 잘 기록되지 않았고, 기록되어도 부차적이고 우발적이며 예외적인 사건으로 치부되었다. 또한 성차별 관념에 의해 서술 내용도 심각하게 왜곡되는 양상이 나타났다.[07] 4월혁명 과정에서 여성의 참여와 역할을 본격적으로 서술하기 전에 이 부분을 일단 확실하게 지적하고, 이를 기본 전제로 해서 문제에 접근할 필요가 있다.

4월혁명 과정에서 중고등학생들이 중요한 역할을 했는데, 여기에는 당연히 여중생, 여고생 등 여학생도 포함되어 있었다. 이들의 항쟁 참여 양상에 대해서는 다음 장에 자세히 서술할 것이다. 그런데 여기서 꼭 짚고 넘어가야 할 현상은 당시 신문보도도 그러하지만, 특히 4월혁명 직후부터 서술된 각종 수기, 서사기 등은 여학생의 시위 참여 사실을 대단히 소극적으로 기록하고 있다는 사실이다.

예컨대 1960년 3월 16일, 경상남도 진해에서 오후 1시 30분경 진해여고 학생과 충무여중생들이 시위를 벌였다. 다행히도 지역신문인 『마산일보』가 이 시위에 대해 보도를 했다. 시위는 30여 명 정도의 소규모였고, 두 학교가 모두 여학교였으니 당연히 시위 참여자들은 모두 여학생들이었다. 시위대는 이순신 동상이 있는 북단 로터리에서 "부패된 사회에도 학생은 살아 있다"라는 플래카드를 들고 시위를 했다. 교사들이 거리로 나와 학생들을 제지하면서 시위는 일단 해산되었다. 그러다가 오후 3시 30분경 다시 진해 중심가로 나와 일부 여학생들이 시위를 벌였고, 이 중 4명이 연행되었으나 곧 훈방 처분을 받아 풀려났다. 시위대는 해산되었지만 그날 밤중에 진해 시내 곳곳에는 남

---

07  김미란, 앞의 글, 2010, 148~150쪽.

녀 중고등학생들이 서성이며 시위를 도모하였다. 하지만 경찰과 각 학교 교직원들이 사전에 만류하여 더 이상의 시위는 발생하지 않았다고 한다.[08]

이 시위는 진해에서 발생한 첫 번째 시위였다. 3월 15일 유혈사태를 발생시킨 1차 마산항쟁 다음 날 바로 그 인근인 진해에서 일어난 시위였다. 당시에 많은 내외신 기자들이 마산으로 이미 집결해 있을 때였다. 이때까지 전국적으로 여러 중고등 학생들의 시위가 있었지만 여학생들만 시위를 한 사례는 이것이 처음이었다. 진해에서 벌어진 첫 시위, 여학생들의 첫 번째 단독 시위 등 여러 의미 부여가 가능했다. 그러나 당시 작성된 기록 중에 그 어느 것도 진해 여학생 시위에 대해 특별한 의미를 부여하지 않았다. 다만 이 시위를 보도한 『마산일보』는 기사 제목을 "여학생 데모"라고 붙이기는 했다.

다음 날인 3월 17일 진해고(남학교) 학생들이 오전 11시 40분경 시위를 벌였다. 시위에 나온 학생 수를 『동아일보』는 300명으로, 『조선일보』는 200명, 『마산일보』는 100명으로 기록했다. 전날 여학생시위에 비해 참여 인원이 많았다. 그러나 이 시위는 20분 만에 경찰에 의해 진압되었다. 경찰은 소방차를 동원하고, 공포 2발을 발사한 후 끝까지 해산에 불응한 학생 7, 8명을 연행하였다. 이날 시위는 『마산일보』도 보도했지만, 『동아일보』, 『조선일보』 등 중앙지들도 보도했다.[09]

다른 지역의 사례를 볼 때, 또한 3월 16일 저녁 진해의 남녀 학생들이 밤중에 서성이며 시위를 모의했다는 『마산일보』의 보도를 볼 때, 진해 지역의 남녀 중고등학교의 학생 대표들은 사전에 함께 연합시위를 모의했을 가능성이

---

08　『마산일보』 1960. 3. 18, 2면.

09　『마산일보』 1960. 3. 19, 2면; 『조선일보』 1960. 3. 18, 조3면; 『동아일보』 1960. 3. 18, 석3면(4월혁명사료총집발간위원회, 『4월혁명사료총집 1책—일지』, 민주화운동기념사업회, 2010, 482쪽, 496쪽 재인용).

높다. 그런데 진해 학생시위는 여학생이 먼저 시위에 나서고, 남학생들이 뒤이어 나선 사례라 할 수 있다. 이에 『마산일보』는 17일의 진해고 시위를 보도하며 "지난 16일 하오 1시 반경 진해여고 학생과 충무여중생 약 30명이 '부패된 사회에도 학생은 살아 있다'라는 구호를 외치며 일어났던 데모에 뒤이어"라고 기사를 시작하였다. 또한 『마산일보』의 16일 여학생시위와 17일 남학생시위의 보도 분량과 비중은 서로 비슷한 수준이었다. 반면 『동아일보』는 16일의 여학생시위 보도는 없었고, 17일의 진해고 시위만 보도했는데, 그 첫 구절은 "17일 당지에서 두 번째 학생 데모가 발생했다"라고만 서술했다. 그 전에 진해에서 시위가 있었음을 시사했지만, 그것이 언제, 누구에 의해, 특히 여학생에 의해 진행되었다는 사실을 기록하지 않았다. 『조선일보』도 역시 16일 여학생시위에 대해서는 보도가 없었고, 17일 진해고 시위만 보도했는데, 그 첫 구절은 "16일의 여학생 데모 사건으로 심상치 않은 공기에"로 시작하였다. 구체적인 정보는 하나도 제시하지 않았지만 전날 여학생 데모가 있다는 사실은 언급한 셈이다. 그러나 이 보도도 역시 전날 있었던 여학생시위에 대해서는 여학교 명칭조차도 제시하지 않는 등 그 어떤 정보도 주지 않았다. 또한 여학생시위와 그 다음 날 남학생시위에 대해 아무런 연관관계도 부여하지 않았다.

4월혁명 직후에는 항쟁에 참여했던 학생들과 현장을 취재했던 기자들이 여러 수기, 서사기를 편찬하였다. 진해가 그리 큰 도시가 아니어서인지 이들 대부분의 서사기, 수기들은 16일에 있었던 진해 여학생시위는 물론이고, 17일 남학생시위에 대해서조차 한 줄도 서술하지 않았다. 다만 당시 대학생이었던 안동일과 홍기범이 4월혁명 직후 각종 자료를 수집하고, 지방에서 여러 학생들이 보내준 자료 및 수기를 활용하여 서술한 『기적과 환상』이라는 책에는 아주 간략하게나마 진해 시위에 대한 언급이 있다. 그러나 여기서도 3월

16일 여학생시위는 서두에 "16일 이곳의 진해여고 학생들은 일대 「데모」를 감행한 바 있거니와"라고 딱 한 구절 언급하고, 17일 진해고 시위 상황은 6줄 정도로 요약하였다.[10]

이처럼 진해에서 연 이틀 시위가 일어났는데, 왜 남학생시위만 주목받고 기록되었을까? 물론 3월 17일의 진해고 시위가 수백 명대로 상대적으로 규모가 크기는 했다. 그러나 이 시위도 단 20분 정도로 짧게 끝났다. 반면 시위 규모는 작더라도 3월 16일의 시위는 진해에서 처음으로 일어난 학생시위이고, 최초로 여학생들로만 구성된 시위였다. 또한 여학생이 먼저 거리로 나오고, 남학생이 나중에 거리로 나온 사례로 주목할 수도 있다. 그러나 이러한 의미 부여를 해주는 기록은 그 어디에도 없다. 만약 『마산일보』의 보도가 남아 있지 않았다면, 16일 여학생들의 시위는 지나가듯이 한두 단어로 언급되고 말았을 것이다.

이와 같은 상황들은 여성들의 활동은 잘 기록되지 않거나, 기록된다 하더라도 구체적인 내용 없이 짧게, 지나가듯이, 별다른 의미 부여 없이, 대수롭지 않게 기록된다는 것을 보여준다. 다른 한편으로는, 어떤 일이 발생하고 상대적으로 가까운 시간에 작성된 1차 기록이 그 이후에 작성된 2차 기록보다 상대적으로 여성 및 약자, 소수자의 흔적을 좀 더 많이 담을 수 있음을 시사한다. 2차 기록은 대부분 1차 기록을 선별해서 작성되는 것인데, 이러한 선별 과정에서 당연히 성차별 의식이 작용한다. 1차 사료가 작성되는 과정에서도 성차별 의식이 작용하지만, 2차 사료의 작성 과정에서는 1차 사료를 선별하면서 성차별 의식이 한 번 더 작용하기 때문에 후대의 기록으로 갈수록 여성,

---

**10**  안동일·홍기범, 『기적과 환상』, 영신문화사, 1960, 144쪽. 이 책의 저자 홍기범은 필명이며, 실명은 홍영유이다. 후일 4월혁명 기록을 망라한 책을 편찬하였다.

소수자들의 존재가 더 실종되는 경향이 있는 것이다.

현재 접근할 수 있는 기록으로 볼 때 4월혁명 과정에서 가장 두드러진 시위 활동을 보인 여학교는 부산 데레사여고라고 할 수 있다. 이 학교 학생들은 1960년 3월 초부터 주변 남자 고등학교 학생들과 더불어 시위를 모의하였고, 3월 14일, 3월 25일, 4월 19일 남학생들과 함께 거리에서 시위를 벌였다. 특히 4월 19일에는 하루에만 무려 3차례에 걸쳐 가두로 나가 시위를 벌였으며, 이날 경찰의 발포로 부상자가 4~5명이 나오기도 했다. 당시 『동아일보』 기자였던 이강현이 4월혁명에 참여한 각 학교 대표들이 작성한 수기를 모아 편찬한 책에도 여학교로는 유일하게 데레사여고생이 작성한 수기가 수록되어 있다. 이 책에는 12개 전국 각급 학교 대표들의 수기가 수록되어 있는데, 여학교는 데레사여고뿐이다.[11]

김미란이 이미 지적한 바대로 당시 신문들은 데레사여고생들의 시위를 아예 기사화하지 않거나, 예외적으로 기사화되었다고 하더라도 아주 간단히 취급하는 양상이었다.[12] 그러나 그나마 그날그날 발간되는 신문에는 데레사여고생들의 시위가 조금이라도 보도되는 편이지만, 4월혁명 직후에 서술된 수기, 서사기로 가면 상황은 더욱 심해진다. 예컨대 당시 4월혁명 현장을 취재한 기자들인 '현역일선기자동인'이 편찬한 책에는 4월 19일 부산에서 발생한 시위를 아주 짧게 서술했는데, 시위에 참여한 학교로 부산상고, 경남공고, 금성고 등만을 언급하고 데레사여고는 언급조차 하지 않았다.[13] 언론인 조화영이 편찬한 책에는 『부산·국제신보』 기자 옥일성(玉一成)이 부산 지역의 4월혁명 시위를 정리했는데, 여기서도 "3월 14일 데레사여고, 혜화여고도 참여

---

11    이강현 편, 『민주혁명의 발자취』, 정음사, 1960.
12    김미란, 앞의 글, 2010, 147쪽.
13    현역일선기자동인 편, 『사월혁명—학도의 피와 승리의 기록』, 창원사, 1960, 147~148쪽.

하는 남녀 '혼성시위'가 있었다"고만 지적하고, 3월 25일과 4월 19일에 발생한 시위에 데레사여고 등 여고생들이 참여한 것에 대해서는 언급하지 않았다. 물론 4월 19일 데레사여고생들이 부상 당한 사실도 언급하지 않았다.[14] 반면 대학생 안동일과 홍기범이 편찬한 책은 4월 19일 부산 지역 시위를 서술하며 데레사여고 정추봉, 석진희가 제공한 수기 자료를 활용해 데레사여고생의 시위 활동을 서술하였다. 그러나 이 책도 데레사여고생들이 총상을 입은 사실에 대해서는 언급이 없고, 3월 25일에 전개한 시위도 언급하지 않았다.[15]

　여성들이 기록에서 심하게 배제된다는 것을 아주 극단적으로 보여주는 사례는 1960년 4월 25일에 있었던 '마산 할머니 시위'이다. 4월혁명 과정에서 마산에서는 3월 15일과 4월 11일 두 차례에 걸쳐 대규모 민중봉기가 있었고, 이는 민주항쟁을 전국적으로 파급시키는 데 중요한 역할을 했다. 4월 24일에는 이승만의 퇴진을 요구하는 할아버지들의 시위가 있었고, 다음 날인 25일에는 할머니들의 시위가 있었다. 할머니 시위는 현지 발행 신문인 『마산일보』에 보도되었는데, 어쩐 일인지 시위 발생 날짜가 할아버지 시위는 25일로 할머니 시위는 26일로 잘못 보도되었다.[16] 4월 26일 오전에 이승만 대통령이 하야 성명을 발표했기 때문에 25일과 26일은 하루 차이지만 시위가 갖는 의미는 크게 달라질 수밖에 없다. 반면 마산 할머니 시위는 『동아일보』, 『조선일보』 중앙지에 모두 보도되었는데, 여기에서는 이 시위가 4월 25일에 일어난 것으로 보도되었다. 이들 기사가 수록된 지면이 모두 4월 26일자 조간이기

---

14　옥일성, 「나는 부산의 '민중의거'를 증언한다」, 조화영 편, 『4월혁명투쟁사—취재기자들이 본 사월혁명의 저류』, 국제출판사, 1960, 209~235쪽.

15　안동일·홍기범, 앞의 책, 1960, 257쪽.

16　『마산일보』 1960. 4. 26, 2면. 이는 기사 작성 과정에서 착오에 의한 오기(誤記)임이 명확하다. 『마산일보』는 4월 25일자로 할아버지 시위도 보도했는데, 이때는 이 시위가 4월 24일에 발생한 것으로 정확하게 기록하였다.

때문에 할머니 시위가 4월 26일이 아닌 25일에 일어난 것은 의심의 여지가 없다. 아울러 당시 마산상고 학생이었던 김종배가 쓴 일기에도 4월 25일 월요일에 다음과 같은 내용이 서술되어 있다.

> 또 오늘 할머니 부인들의 데모가 일어났다. 마산은 정말 처음엔 학생, 시민, 할아버지, 할머니 부인들의 순서로 일어난 것이다. 나는 여기에 언급을 피하였다.[17]

당시 신문보도에 의하면, 마산 할머니 시위가 오후 1시쯤 시작되었을 때에는 수백 명 규모였지만 다수의 시민들이 가세하여 『동아일보』 보도로는 최고조였을 때 3만 명까지 늘어났다고 했다. 대규모 시위였다. 또한 현재 남아 있는 사진으로도 확인되지만 이날 마산 할머니들은 "죽은 학생 책임지고 리대통령 물러가라"고 적힌 플래카드를 들고 나왔다. 이승만의 실명까지 직접 거론하면서 당시 벌어진 그 어떤 시위보다도 대통령 퇴진 요구를 명확하게 했다. 이 시위는 여러 측면에서 주목될 소지가 있는 시위였다. 그러나 놀랍게도 4월혁명 직후 편찬된 각종 수기와 서사기들은 마산 할머니 시위에 대해 단 한 줄, 아니 단 한 단어도 기록하지 않았다. 놀라운 것은 서울에서 발간된 책만이 아니라 4월혁명 직후 마산에서 발간된 책에도 할머니 시위에 대해서는 한마디 언급도 없었다.[18] 2004년 마산 3·15기념사업회가 편찬한 무려 800쪽 분량의 『3·15의거사』에서도 앞의 화보 부분에만 할머니 시위 사진이 나온

---

17 『김종배 일기』 1960. 4. 25, 315 아카이브 소재(http://www.315archive.co.kr/315web/search DocumentList.xhtml, 검색일 2020. 5. 22). 김종배는 당시 마산상고 학생이었다.

18 홍석률, 「기록에서 지워지는 여성들」, 『민주주의 잔혹사―한국 현대사의 가려진 이름들』, 창비, 2017.

다. 그것도 할아버지 시위를 4월 25일로, 할머니 시위를 4월 26일로 날짜를 오기(誤記)하였다.[19] 본문에는 아예 할아버지, 할머니 시위에 대한 언급이 없다. 2010년 4월혁명 60주년을 맞아 민주화운동기념사업회에서 편찬한 무려 8권에 달하는 방대한 사료 총집에는 1권 일지 부분에 신문기사를 인용하여 할머니 시위를 서술해놓았다. 그러나 나머지 자료집에서는 할머니 시위 관련 자료를 찾아볼 수 없다.[20]

문자 기록만 그러한 것이 아니다. 구술의 영역도 마찬가지이다. 2010년 역시 4월혁명 50주년을 맞아 3·15의거기념사업회는 그때까지 수십 년 동안 진행되고 일부 발표된 각종 인터뷰, 수기, 구술 채록을 망라하여 『1960 우리는 이렇게 싸웠다―3·15 증언록』이라는 책을 편찬하였다.[21] 이 책에는 무려 100명이 넘는 사람의 구술 및 수기가 수록되었는데, 여기서도 할머니 시위에 대한 언급은 보이지 않는다. 중고생이든 대학생이든 여학생의 경우 기록이 좀 더 남아 있는 편이지만 일반 여성, 특히 지방의 할머니 및 중년 여성에 대해서는 사회적 존재감과 관심도가 현저히 떨어지기 때문에 의미 있는 행동을 했어도 기록에 남지 못했다. 이 사례야말로 약자와 소수자들, 그중에서도 여성, 특히 하층 여성들이 어떻게 역사 기록과 역사 서술에서 철저히 배제되는지를 단적으로 보여준다.

한국사학계에는 이른바 '부조적(浮彫的) 수법'이라는 말이 있다. 자본주의 맹아론을 비판하면서 일부 학자들이 사용한 용어인데, 일부 사료에 단편적

---

19  3·15의거사편찬위원회, 『3·15의거사』, 3·15의거기념사업회, 2004(이하 『의거사』로 약칭).

20  4월혁명사료총집발간위원회, 『4월혁명사료총집』 1~8책, 민주화운동기념사업회. 2010(이하 『총집』으로 약칭).

21  3·15기념사업회 편, 『1960 우리는 이렇게 싸웠다―3·15의거 증언록』, 청아문화사, 2010(이하 『증언록』으로 약칭).

으로 기록된 사실들을 과도하게 부각하여 일반화하거나 과도한 의미를 부여하는 것을 비판하는 말이다.[22] 즉 사실을 입체적으로 서술하지 못하고, 단면만 부각시키는 것을 이야기한다.

그런데 앞서 언급한 대로 기록들이 소수자와 약자를 심각하게 배제하고, 특히 여성들을 극단적으로 배제한다는 것을 염두에 둔다면, 이럴 경우 "부조적 수법"은 단편적이고 예외적인 사례를 과도하게 부각하는 것이 아니라 90% 이상 숨겨진 빙산의 일각을 추적하여 숨겨진 부분을 드러내는 작업이 될 수도 있다. 그런데 진짜 문제는 빙산은 10%라도 항상 물 위에 떠 있지만 소수자와 약자의 행위들은 아예 수면 밑으로 잠겨버리는 경우가 많고, 일부 드러난다 해도 그 정체를 특정하기 어려운 할머니들, 아주머니들, 빈민들로 익명화된다는 것이다. 현존하는 각종 문자, 이미지, 구술 기록 등을 통해 4월혁명 과정에서 여성의 활동 양상을 추적하는 작업은 이 점을 꼭 고려하고, 전제로 해서 진행되어야 한다.

여성들이 기록에서 배제되는 것도 문제지만 기록되는 방식도 큰 문제이다. 각종 항쟁에서 여성들에 관한 기록은 아주 판에 박은 듯한 일정한 패턴이 있다. 여성들의 시위는 항상 이색적인 것, 예외적인 것으로 취급된다. 또한 여성들의 활동은 주로 돌을 나르거나, 밥을 해주거나, 물을 떠주거나 하는 시위 지원 역할, 보조적 역할만 하는 것으로 묘사된다. 또한 시위 현장에서 여성들은 항상 울고 있다. 그리고 여성의 외모에 대한 묘사가 두드러지게 나타난다.[23] 항상 여성들은 이런 방식으로 기록되는데, 이 점 또한 고려되어야 한다.

---

22  이헌창, 「한국사 파악에서 내재적 발전론의 문제점」, 『한국사 시민강좌』 40권, 일조각, 2007.
23  김미란, 앞의 글, 2010, 146~147쪽.

## 3. 여학생의 민주항쟁 참여와 활동

### 1) 여중고생의 시위

4월혁명 과정에서 가장 활발한 활동을 벌인 여성들은 여중고생들이었다. 4월혁명 때 남녀 중고등학생들은 제일 먼저 시위를 벌였고, 항쟁 과정에서 가장 두드러진 역할을 했다. 여학생들은 학생시위가 처음 발생한 1960년 2월 28일 대구 고등학생 시위 때부터 여기에 참여하였다. 4월혁명 당시 여중고생들이 참여한 시위를 정리하면 〈표 3-1〉과 같다.

〈표 3-1〉에 수록된 내용은 각 학교 차원에서 집단을 형성하여 시위를 전개하거나 이를 시도했던 것만 포함한 것이다. 학교 단위로 시위대를 형성하지 못했지만, 여학생들은 여러 시위에 개인적으로 참여하기도 했다. 그러나 개인적으로 시위에 참여할 경우 이들 여학생들이 어떠한 활동을 했는지 특정하기가 어려우므로 〈표 3-1〉에서는 제외하였다.

일단 여중고생 시위의 지역적 분포를 보면 전국 여러 도시에서 시위가 발생하였지만, 경상도 지역 도시에서 시위가 상대적으로 많이 발생했음을 알 수 있다. 그런데 매우 특징적인 현상은 서울에서는 여학생들이 학교별로 집단을 형성하여 시위에 참여한 사례가 보이지 않는다는 것이다. 서울의 여중고생들도 4월 19일, 4월 25일과 26일에 발생한 대규모 시위에 다수 참가하였다. 서울의 사망자와 부상자 중에 여중고생도 포함되어 있다. 그러나 학교별로 집단을 형성하여 시위를 벌인 사례를 보여주는 기록은 보이지 않는다.

서울에서는 4월 18일과 19일, 4월 25일과 26일 대규모 항쟁이 벌어졌지만, 시위의 횟수와 빈도 면에서 중고생들의 시위가 그리 활발하게 진행되지는 않았다. 당시 지방 학생의 경우 각 학교 학도호국단 간부들이 함께 여름 수련회를 가기도 하고, 3·1절 기념식, 1959년 벌어진 재일교포북송반대시위 등 관

### 〈표 3-1〉 여중고생 시위 상황(1960년 2월 28일~4월 26일)

| 일시 | 지역 | 시위 상황 |
|---|---|---|
| 2월 28일 | 대구 | 경북여고, 대구여고생들 경북고, 대구고 학생들과 함께 시내로 진출하여 시위. "일요일 수업 폐지" 등 구호. 여학생 50명 연행. |
| 3월 1일 | 대구 | 대구 지역 중고등학생들 시위를 시도했으나 무산. 경북여고, 대구여고생 100여 명 시청 앞에 모여 침묵시위. 경찰의 진압으로 수분 만에 해산. |
| 3월 12일 | 부산 | 혜화여고, 데레사여고생들 동래고, 동성고, 향도고 학생과 함께 도합 300여 명이 범천동 조선방직회사 앞에 모여 시위 시도. 경찰과 교직원의 진압으로 무산. 여학생 4명 연행. |
| 3월 14일 | 전주 | 전주여고, 전주여자상고 시위를 모의하다가 5명 연행. |
| 3월 14일 | 부산 | 데레사여고, 혜화여고 학생들 동래고, 부산상고 학생 등과 함께 도합 600여 명 시위. "우리 선배는 썩었다", "학도는 살아 있다. 민주국가 세우자", "학원에 강제 선거운동을 하지 말라" 등 구호. 남학생 25명, 여학생 7명 연행. |
| 3월 16일 | 진해 | 진해여고, 충무여중 30여 명 시내에서 "부패된 사회에도 학생은 살아 있다"라는 플래카드를 들고 시위. **여학생들만의 시위.** 여학생 4명 연행. |
| 3월 25일 | 부산 | 데레사여고 학생 100여 명 범일동 파출소 앞에서 "이유 없이 연행한 동기생 2명을 즉시 석방하라"고 외치며 시위. 이날 부산에서 동성고 및 경남공고생 등이 시위. 저녁에는 혜화여고생 20여 명이 경남공고생 80명과 함께 제일제당 앞길에서 "정부는 마산학생사건을 책임지라"며 시위. |
| 4월 12일 | 마산 | 마산여고, 제일여고, 마산간호고 학생들과 마산공고, 창신고, 마산고, 마산상고 학생들이 시내에서 시위. "협잡선거 물리치고 공명선거 다시 하자", "경찰은 학생의 살상에 책임져라" 플래카드 |
| 4월 13일 | 마산 | 성지여중고생 300~400여 명, 마산여중고생 800여 명, 마산제일여고생 시위. **중고등학생은 여학생들만 시위.** 이날 해인대학 학생들도 시위. |
| 4월 18일 | 청주 | 청주여상 100여 명, 청주공고, 청주상고, 청주고 학생 등 도합 3천여 명이 시내로 진출 시위. "정부는 마산학생사건에 책임지라", "경찰은 학원에 간섭하지 말라" 구호. 학생 80여 명 연행, 이 중 여학생 30명. |
| 4월 19일 | 부산 | 데레사여고 학생 600여 명 경남공고 학생들과 함께 시위. 부산공고, 경남공고 등 학생들도 거리 진출. 경찰의 발포로 데레사여고생 4~5명 부상. |
| 4월 19일 | 광주 | 광주여고생 200여 명, 광주고, 조대부고, 광주공고, 광주상고 등 학생들과 함께 시위. 수피아여고 학생들도 개별적으로 시위 참여. |
| 4월 20일 | 인천 | 여학생 50여 명을 포함한 인천사범학교생 300여 명 시위. "학원의 자유를 달라", "민주주의 학생데모 총칼로 막지 마라" 구호. 학생 16명 연행. 이 중 여학생 10명. |
| 4월 20일 | 이리 | 남성여중고생 50~60명이 남성중고, 전북대 이리캠퍼스 학생 등과 함께 시위. 도합 600여 명으로 추산. 남성여고생이 혈서로 "학원의 자유를 달라", "민주주의를 확보하라"라고 씀. |
| 4월 22일 | 군산 | 군산여중고, 군산여상고, 중앙여중 학생들이 군산상고, 군산중, 군산고, 군산남중, 군산동중, 군산북중 학생들과 함께 도합 1,200명이 시위. "학원의 자유를 달라", "각지에 무참히 쓰러진 학도들을 정부는 책임지라" 구호 |
| 4월 23일 | 인천 | 인천여중생 200명이 시위를 시작하여 인천지역 남녀 중고등학생 3천여 명 합류. 여학생이 선두에 서서 시위. 남인천여상 150명도 합류. "살인경찰 물러나라", "학원에 간섭하지 말라" 구호. |
| 4월 23일 | 군산 | 군산여상고, 중앙여중 학생 200명 오전 일찍 시위. 경찰에 밀려 일시 군산여상고에 들어갔다가 다시 경찰의 저지를 돌파하여 시위. 여고생 2명 부상. **여학생들만의 시위.** |
| 4월 24일 | 전주 | 성심여고, 전주여고생들 전북대생, 전주공고, 영생공고 학생 등 2천여 명과 함께 시위. |
| 4월 24일 | 김해 | 김해여중생 김해농고, 김해중 학생 도합 약 200여 명 읍내에서 시위. "학원의 자유를 달라", "경찰은 각성하라", "읍민은 궐기하라" 구호 |
| 4월 24일 | 남원 | 남원여중고, 용성중학, 남원농업, 남원중고교 학생 500여 명 횃불시위. |

| 4월 25일 | 춘천 | 춘천여중고 학생들, 춘천고, 성수고 학생들과 함께 시내로 진출해서 시위. "거짓과 구악을 송두리째 뿌리 뽑아라" 플래카드 |
|---|---|---|
| 4월 26일 | 천안 | 천안여고, 천안농고생 300명 시위. "3·15부정선거의 원흉들을 사표수리로 일단락 짓는 것은 부당하다" 구호. |
| 4월 26일 | 진주 | 진주여중고, 진주사범, 재경진주유학생 등 2천여 명 시위. "민주주의는 죽었다", "민주역적 최인규를 처단하라" 등의 플래카드. |

* 출처: 4월혁명사료총집발간위원회, 『4월혁명사료총집 1권—일지』, 민주화운동기념사업회, 2010; 안동일·홍기범, 『기적과 환상』, 영신문화사, 1960, 100~101쪽, 144~145쪽, 152쪽, 198쪽, 200쪽, 265쪽, 271쪽; 조화영 편, 『4월혁명투쟁사—취재기자들이 본 사월혁명의 저류』, 국제출판사, 1960, 205~206쪽, 212~213쪽, 217쪽, 257쪽, 261~262쪽; 현역일선기자동인 편, 『사월혁명—학도의 피와 승리의 기록』, 창원사, 1960, 147~148쪽, 157쪽.

제시위를 공동으로 진행한 관계로 서로 잘 알고 지냈다.[24] 이와 같은 지역 학도호국단 간부들 사이의 유대는 한 도시의 남녀 중고등학생들이 일제히 거리로 나와 시위를 벌일 수 있는 인적, 지역적 네트워크로 작용하였다. 그러나 서울의 경우 지역 자체가 지방 도시에 비해 매우 넓고, 학교도 현저히 많았기 때문에 각 학도호국단 대표들 사이의 유대관계와 네트워크가 지방 도시에 비해 상대적으로 약할 수밖에 없었다.

이처럼 서울에서는 여중고생이 학교 단위로 독자적으로 대열을 형성하여 나온 사례가 보이지 않는데, 바로 이 점이 4월혁명 때 여성들의 참여와 활동이 저조했다는 인상을 형성하는 데 중요하게 작용했다. 지방에서는 적지 않은 여학생들의 집단적 시위가 있었으나 서울에 없었으니 모두 없는 것처럼 보였던 것이다. 이와 같은 서울 중심적 시각 때문에 주로 지방에서 벌어진 여중고생들의 활동이 부차화, 주변화되었던 것이다.

당연한 이야기이지만 단순히 수적으로만 계산한다면 여기서 정리한 여학생들의 시위 횟수는 남학생들의 그것과 비교할 때 현저히 적었다. 그러나

---

24 장주효 구술, 「2·28의 주역, 장주효의 역동적인 삶」, 2·28민주운동기념사업회, 『2·28민주운동 아카이브 1권—22인의 경험과 기억』, 2016, 619~622쪽.

당시에는 고등학생 중에 남학생의 비중이 74%였고, 여학생은 26%였다.[25] 여학생이 전체 학생의 4분의 1 정도밖에 되지 않았던 것이다. 이러한 비중을 고려할 때 여학생들의 시위 활동이 남학생들보다 상대적으로 월등히 적었다고 하기는 어렵다.

남녀를 불문하고 중고등학생들의 시위는 특정 학교가 단독으로 전개하는 경우는 매우 드물었다. 대체로 한 도시에 있는 여러 남녀 학교들이 같은 날 세각기 또는 함께 집단을 형성하여 거리로 나와 시위를 벌이는 이른바 '혼성시위', '연합시위'가 대부분이었다. 그러다 보니 여중고교 학생의 시위도 대부분 남학교 학생들과 함께 진행되었다. 오직 몇몇 경우에만 여학생 단독으로 진행되었는데, 3월 16일 진해에서 벌어진 시위, 4월 23일 군산에서 벌어진 시위 등이 그것이다. 한편 4월 13일 마산에서 벌어진 중고등학생들의 시위는 남녀 학생들이 함께 모의하였지만, 실제 시위에는 여학생들만 참여하였다.

오제연은 남학생들이 먼저 시위를 시작하고, 여학생들이 연쇄반응으로 여기에 참여하는 유형을 남녀 연합시위와 여학생 단독시위와 함께 별도의 유형으로 범주화했다.[26] 그러나 이것이 별도의 범주로 이야기될 수 있는지는 의문이다. 일단 정반대로 여학생이 먼저 시위에 나서고, 남학생이 나중에 참여한 사례도 있다. 앞서 언급한 3월 16일과 17일, 진해에서 연달아 일어난 시위의 경우 여학생들이 먼저 거리에 나섰고, 남학생들이 다음 날 나왔다. 4월 23일 인천에서 벌어진 시위는 인천여중 학생 200명이 시작하여 남녀 중고등학생들이 잇달아 합류하면서 3천여 명으로 불어났다. 이 시위는 여학생들이 선두에 서고, 남학생은 뒤에서 스크럼을 짜고 따라오는 양상으로 진행되었

---

25  문교부, 『문교통계연감』, 문교부, 1963, 337쪽.
26  오제연, 앞의 글, 2017, 17쪽.

다.[27] 사실 시위를 누가 먼저 시작했느냐는 별로 중요하지 않을 수 있다. 연합 시위를 기획하는 과정에서 더 적극성을 보였던 학생들이 학내 사정으로 인하여 늦게 교문을 나서는 경우도 있었을 것이다.

현재 접근 가능한 기록에서 여학생이 시위에 참여하는 과정에서 남학생들에게 직접적으로 추동되거나, 도움을 받아 거리로 나왔음을 명확하게 보여주는 사례는 좀처럼 찾기 어렵다. 다만 4월 18일 청주에서 벌어진 시위에서 다소 예외적으로 이러한 상황에 대한 기록이 있다. 이날 청주에서는 천 명이 넘는 학생들이 참여하는 대규모 시위가 일어났다. 청주공고 학생들이 제일 먼저 시위를 벌여 청주상고 앞으로 달려가 동참을 호소하였고, 청주상고와 청주여상 학생들이 합류하여 시위를 시작하였다. 이날 시위는 1차 시위가 제지 당한 후, 청주상고에 학생들이 다시 집결하여 2차 시위를 벌였다. 이때 시위에 가담한 남학생들이 청주여고 앞으로 몰려가 수위실을 두들겨 부수고 여학생들이 시위에 참여할 수 있도록 길을 열어주었다는 기록이 있다. 그러나 이러한 이야기는 청주공고 학생이 제공한 수기를 소개한 『기적과 환상』이라는 책에만 나오고,[28] 당시 청주의 시위를 보도한 지방 신문인 『중도일보』, 『대전일보』 및 『동아일보』의 신문기사에는 이러한 언급이 없다.[29] 실제 이러한 일이 있었는지 의문의 여지가 있다. 당시 여중고생의 시위는 남학생들과 서로 공조하였지만, 기본적으로 스스로의 추동력을 갖고 진행되었다고 보아야 할 것이다.

1960년 2월 28일 대구고등학교 학생들이 첫 시위를 벌일 때부터 여학생들

---

**27** 『총집 1책—일지』, 902~903쪽; 현역일선기자동인 편, 『사월혁명—학도의 피와 승리의 기록』, 창원사, 1960, 157쪽.

**28** 안동일, 홍순범, 앞의 책, 1960, 206쪽.

**29** 『동아일보』 1960. 4. 19, 조3면; 『중도일보』 1960. 4. 20, 2면; 『대전일보』 1960. 4. 20, 3면.

도 참여하였다. 이날 경북여고, 대구여고 학생들은 교사들의 제지 때문에 남학생들보다는 뒤늦게 시내로 진출하여 시위를 벌였다. 당시 경북고생들의 시위를 이끌었던 이대우는 자신의 수기에서 "지금도 생각하면 눈물겨운 것은 가로에서 두드려 맞는 남학생들을 바라보던 여학생들이 순경에게 달려들어 결사적으로 비난하며 말리던 모습들이다"라고 서술하였다.[30] 여학생들도 대단히 적극적으로 경찰과 대치하며 항쟁에 참여하였던 것이다. 시위 이틀 후인 3월 1일은 3·1절 기념식이 있는 날이었다. 통상 대구의 3·1절 기념식은 시내 중고생들이 모두 함께 모여 거행되었지만, 이날은 학생들의 시위 가능성을 의식하여 각 학교별로 기념식이 진행되었다. 그런데 이날도 대구 지역 일부 중고생들이 기념 집회를 마치고 시내로 모여들어 시위를 시도하려는 움직임을 보였던 것 같다. 대구 시내에 경찰과 교사들이 배치되어 감시하고 있는 상황에서 오전 11시 20분경 시청 앞에 경북여고 대구여고 여학생 100여 명이 모여들었다. 그러나 경찰의 제지로 수분 후 해산되어 가두시위로 이어지지는 못했다.[31]

3월 12일에는 부산에서 해동고가 시위를 벌였고, 이어 오후 3시경에 동래고, 동성고, 향동고, 혜화여고, 데레사여고, 학생 300여 명이 범천동 조선방직 회사 앞에서 모여 시위를 하려고 시도하다가 경찰에 의해 해산되었다. 이날 남녀학교는 사전에 함께 시위를 전개하기로 모의했는데 남학교는 플래카드를 만들고, 여학교는 삐라를 만들기로 역할 분담을 했다고 한다.[32] 이날 데레사여고에서 2명, 혜화여고에서 2명이 경찰에 연행되었다. 이틀 후인 3월 14일

---

30  경북고등학교 편, 「횃불을 밝혀라 동방의 빛들아」, 이강현 편, 앞의 책, 1960, 24쪽.
31  『조선일보』 1960. 3. 1, 석3면(『총서 1책―일지』, 285쪽 재인용).
32  『조선일보』 1960. 3. 13, 조3면; 『동아일보』 1960. 3. 13, 조3면, 석3면(『총집 1책―일지』, 414~415쪽 재인용); 안동일·홍기범, 앞의 책, 1960, 265쪽.

부산에서 오후 6시경 동래고, 부산상고 등의 남학생과 데레사여고, 혜화여고 학생 도합 600여 명의 고등학생들이 시위를 벌였다. 경찰은 학생 16명을 연행했는데 이 중 5명이 여학생이었다.[33] 여고생은 전체 고등학생 중에 4분의 1밖에 되지 않는다는 점을 고려해볼 때 여학생의 비중이 결코 작지 않았다.

3월 15일 선거 당일 날 마산에서 대규모 항쟁이 일어났고, 여기에는 다수의 중고등학생들이 참여하였다. 당연히 여학생도 참여하였다. 이날 경찰은 실탄을 발사하여 처음으로 유혈사태가 발생했다. 이후 2·28 시위 때부터 계속 이어졌던 중고등학생의 시위는 다소 소강상태를 보였다. 당시는 대부분의 학교에서 새로운 학기가 4월 초에 시작되었다. 이에 3월 중순 이후는 기말고사 또는 봄방학 기간이었다. 앞서 언급한 바대로 마산 바로 인근인 진해에서 3월 16일 진해여고, 충무여중생 30명이 시위를 했다. 최초의 여학생들만 참여하는 시위였다. 남학생들은 다음 날 이어 시위를 전개했다. 3월 25일에는 부산에서 여러 중고등학교 학생이 참여하는 대규모 학생시위가 일어났다. 이날 오전 9시 20분경, 동성중고등학생 300여 명이 교문 밖으로 나와 시위를 벌였는데, 데레사여고 학생 2명이 시위 현장에서 지켜보다가 경찰에 연행되는 사건이 벌어졌다. 그러자 오전 10시경 데레사여고 학생 100여 명이 범일동파출소 앞에 몰려가 이유 없이 연행해간 자신들의 학우를 석방하라며 시위를 벌였다. 한편 이날 밤 7시 30분경 폭우가 내리는 가운데 경남공고 학생 80명과 혜화여고생 20명이 제일제당 앞길에 집결하여 시위를 했다. 경찰관은 곤봉으로 학생들을 제압했고, 학생들은 투석전으로 맞섰다.[34]

---

33  『조선일보』 1960. 3. 15, 조3면; 『동아일보』 1960. 3. 15, 조3면, 석3면; 안동일·홍기범, 앞의 책, 1960, 94~95쪽; 조화영 편, 『4월혁명투쟁사』, 국제출판사, 1960, 212~213쪽(『총집 1책―일지』, 442~443쪽 재인용).

34  『부산일보』 1960. 3. 25, 석3면; 『국제신보』 1960. 3. 25. 석3면; 『마산일보』 1960. 3. 26, 2면; 『조선일보』 1960. 3. 25, 석3면; 『동아일보』 1960. 3. 26, 조3면; 안동일·홍기범 , 앞의 책, 1960, 150~151

4월 11일 오전, 마산에서 실종되었던 김주열의 참혹한 시신이 발견되면서 이날 밤에 다시 민중봉기 사태가 발생했다. 그리고 12일과 13일 연 이틀간 낮에 학생시위가 이어졌다. 이처럼 마산에서는 3일 동안 계속해서 시위가 일어난 것이다. 12일 낮에는 마산 지역에 있는 거의 대부분의 중고등학교 학생들이 학교 단위로 시위대를 형성하여 거리로 진출하였다. 마산여고, 제일여고, 마산간호고 학생들도 거리로 나와 시위를 벌였다. 이날의 시위를 지켜본 미국 대사관 직원은 학생들 3,000여 명이 시위를 벌였는데, 그중 대략 4분의 1 정도는 여학생들이라고 보고했다. 여학생들의 활동을 인상 깊게 본 것이었다.[35] 13일은 마산 지역 중고등학생들이 마산상고에 모여 시위를 벌일 예정이었다. 그러나 공교롭게도 이날은 성지여중고와 마산여중고 여학생만 나와 시위를 벌였다. 두 학교 학생을 합하면 1,000명이 넘는 대규모 시위였다. 이들은 김주열에게 바칠 조화를 선두로 "부정선거 다시 하라", "학살경찰 처단하라"고 외치며 시가를 행진했다. 소방차 2대가 동원되어 붉은 염색물을 뿌리는 등 강력하게 제지했지만 여학생들은 투석으로 맞섰고, 경찰은 공포를 발사하여 시위대를 해산시켰다. 한편 이날 여학생시위와는 별도로 해인대학 학생들도 시내로 진출하여 시위를 벌였다.[36]

4월 11일에서 13일까지 3일 연달아 전개된 2차 마산항쟁은 소강상태였던 부정선거반대운동을 다시 재점화시켰고, 결국 이 국면이 4월 19일 주요 도시

쪽(『총집 1책—일지』, 551~553쪽 재인용).

35  "Telegram from The Embassy in Korea to the Department of State #847", Apr. 12 1960, 795B.00, Central Decimal Files, RG 59, National Archive at College Park(이하 'NA'로 약칭).

36  『마산일보』 1960. 4. 14, 2면; 『한국일보』 1960. 4. 13, 석3면; 『조선일보』 1960. 4. 14, 석3면; 『동아일보』 1960. 4. 14, 조3면; 현역일선기자동인 편, 앞의 책, 1960, 66쪽; 이강현 편, 앞의 책, 1960, 59쪽; 안동일·홍기범, 앞의 책, 1960, 198쪽; 3·15의거사편찬위원회, 『의거사』, 2004, 384~385쪽(『총집 1책—일지』, 675~676쪽 재인용)

**'공명선거 다시 하자'라는 현수막을 들고 마산경찰서를 지나는 제일여고 학생들** 출처: 민주
화운동기념사업회 오픈아카이브즈 00700104, 원출처: 3·15의거기념사업회

의 대규모 시위의 폭발로 이어졌다. 2차 마산항쟁은 4월혁명 과정에서 여러
차원에서 중요한 전환점을 형성했다. 이 과정에 여학생들도 적극적으로 참
여했고, 후술하겠지만 학생이 아닌 일반 여성들도 두드러진 활약을 했다.

4월 18일 청주에서 천 명이 넘는 학생들이 시위를 벌였는데, 청주여상고,
청주여고 학생들도 참여했다. 4월 19일은 전국 주요 도시에서 대규모 항쟁이
일어났다. 이날 서울과 대구의 시위는 주로 대학생이 주도하였다. 그러나 부
산과 광주의 시위는 중고등학생들이 주도했고, 여기에는 다수의 여중고생이
참여하였다.

부산의 데레사여중고는 이날 무려 3번에 걸쳐 교문을 나와 시위를 벌였

**고문 경찰 처벌과 연행자 석방을 요구하며 시위하는 마산 성지여자중고등학교 학생들**  출처: 민주화운동기념사업회 오픈아카이브즈 00733864, 원출처: 경향신문사.

다. 그런데 이날 오후에 경남고교생 등과 함께 동부산서 앞에서 시위를 벌이던 데레사여고생들이 경찰의 총격을 받아 4~5명이 부상을 당하는 일이 일어났다. 데레사여고는 3월 14일과 25일, 4월 19일, 3번이나 가두로 진출하여 시위를 벌였는데, 한 학교가 이처럼 연달아 시위를 벌인 것은 드문 사례였다.[37] 이 때문에 당시 경찰도 데레사여고를 주목하고, 다른 학교에 비해 훨씬 강하게 탄압하였다. 4월 21일 부산 동부산서의 경찰관들이 데레사여중고를 찾아와 시위를 주도한 학생들을 색출하겠다면서 학생 명부, 학적부 등의 제출을 요

---

37  부산 데레사여자고등학교 학생회, 「여학생 데모 행렬 속에서」, 이강현 편, 앞의 책, 1960, 96~105쪽; 『조선일보』 1960. 4. 19, 석3면(『총집 1책—일지』, 780~782쪽 재인용).

구하였다. 교장이 이를 거부하자 2시간 동안 책상 서랍과 서류함을 들추는 등 불법수색을 감행하면서 학생 명단과 사진 수 매를 가지고 갔다.[38]

4월 19일 광주에서의 시위도 중고등학생들을 중심으로 전개되었다. 이날 오전 10시 40분경 광주고 학생 500여 명은 가두로 진출하여 시위를 벌였는데, 이들은 광주제일고, 전남여고, 광주여고, 광주농업고 등의 학교 앞으로 달려가 시위 참여를 독려하였다. 이것이 계기가 되어 조대부고, 광주공고, 광주상고, 광주여고생들이 학교별로 시위대를 형성하여 참여하였다. 광주여고의 경우 오후 1시 20분경 교사의 제지를 무릅쓰고 시내로 몰려나와 "학원의 자유를 달라", "평화적인 데모를 방해하지 말라"는 등의 구호를 외치며 시위를 벌였다. 한편 광주일고, 사레지오고, 수피아여고 등의 학생들도 개별적으로 참여했다. 학생들은 시내 중심가인 금남로에서 대치하였는데, 경찰이 여학생들의 머리채를 잡아끌고 곤봉으로 가격하자, 여학생들도 돌을 집어 들어 소방차에 던지는 등 격하게 저항하였다. 광주 시위는 계엄령 선포가 알려진 후에도 밤늦게까지 진행되었다. 경찰들이 여기서도 발포를 했고, 이날 사망자가 9명이었다.[39]

4월 19일 전국 주요 도시에서 대규모 부정선거반대 시위가 발생하고, 서울에서만 100명이 넘는 사망자가 발생하였으며, 부산과 광주에서도 사망자가 속출하였다. 4월 19일의 대규모 유혈사태를 계기로 민주항쟁은 부정선거반대운동에서 정권퇴진운동으로 전화해갔고, 마침내 4월 26일 오전 이승만 대통령이 사퇴 성명을 발표했다. 4월 19일 서울, 부산, 대구, 광주, 대전 등 전국 5대 도시에 계엄령이 발동되어 대도시에서의 시위는 4월 25일 오후 무렵

---

38 『동아일보』 1960. 4. 22, 석3면(『총집 1책―일지』, 848~849쪽 재인용).

39 『전남일보』 1960. 4. 20, 1면; 현역일선기자동인 편, 앞의 책, 1960, 149쪽(『총집 1책―일지』, 782~787쪽 재인용); 조화영 편, 앞의 책, 1960, 257쪽.

에는 수그러들었다. 그러나 인천, 군산 등 지방 소도시와 읍 지역에서는 시위가 계속 일어났다. 물론 여중고생들도 학교 단위로 시위대를 형성하여 참여했다. 기존 연구에서는 4월 19일에서 4월 26일 이승만 퇴진으로 가는 시기에 여중고생이 시위에 참여한 것에 대한 언급이 없는데, 이 점이 또한 4월혁명 과정에서 여성의 참여를 과소평가하는 중요한 원인으로 작용하였다.

4월 19일 이후 인천에서는 거의 연일 시위가 일어났다. 4월 20에는 인천 사범학교(당시에는 중등교육기관)생이 시위를 벌였는데, 여학생 50명도 여기에 포함되어 있었다. 당시 『동아일보』는 경찰이 시위대를 진압하면서 인천사범학교 학생들 16명을 연행했는데 그중에 10명은 여학생이었다고 보도했다. 반면 『조선일보』는 모두 30명을 연행했는데 그중 여학생이 11명이라고 했다. 기록마다 차이가 있지만 여학생들 다수가 체포된 것으로 볼 때 여학생들이 매우 적극적인 역할을 했음을 알 수 있다.[40] 4월 23일에는 앞서 언급한 대로 인천 여중생 200명이 시위를 시작하여 남녀 중고등학생 3천 명이 참여하는 시위가 있었다. 남인천여상 150명도 여기에 참여하였다. 이날 시위에서는 여학생들이 대열의 선두에 서서 시위를 이끌었다. 군산에서는 4월 22일 남녀 중고등학생 1,200여 명이 시위를 벌였고, 23일에는 군산여상, 군산여중 학생 200명이 시위를 벌였다. 이날 시위는 여학생들만 참여했으며, 여고생 2명이 부상을 입었다.[41] 대구 2·28 시위 후에도 여학생들은 이틀 후인 3·1절 날에 시위를 시도했다. 4월 11일에서 13일에 전개된 마산 시위에서도 여학생들이 마지막 날까지 참여했다. 4월 22일과 23일 연달아 진행된 인천 시위에서도 여학생들이 역시 다음 날까지 나왔다. 특정 지역의 중고등학생들이 연달아 시위를 벌일 경우

---

40 『동아일보』 1960. 4. 21, 조3면; 『조선일보』 1960. 4. 20, 석3면(『총집 1책─일지』, 819쪽 재인용).

41 『동아일보』 1960. 4. 24, 석3면; 『조선일보』 1960. 4. 23, 석3면(『총집 1책─일지』, 902~903쪽 재인용).

여학생들이 가장 끝까지 나오는 경향이 있다는 것도 주목할 지점이다.

4월 24일에는 전주, 김해, 남원에서 중고생 시위가 있었고, 역시 여학생들이 여기에 참여하였다. 25일에는 춘천에서 시위가 있었는데, 춘천여중고 학생이 여기에 참여했다. 이승만이 사퇴하는 당일인 4월 26일에도 천안, 진주에서는 일부 중고등학생들이 학교 단위로 시위대를 만들어 거리로 진출했고, 여기에도 천안여고, 진주여중고 등 여학교 학생들이 참여하였다.[42]

이처럼 4월 19일 이후에도 여학교 학생들이 학교별로 시위대를 형성하여 거리로 진출하는 상황이 전국 중소 도시에서 계속 이어졌다. 이 무렵은 부정선거반대운동에서 정권퇴진운동으로 전환되어 가는 시기인데, 남녀를 불문하고 학생들이 각종 성명서, 플래카드 등을 통해 내건 구호 중에 "이승만 물러가라" 같은 정권퇴진을 명시적으로 요구한 구호는 보이지 않는다. 당시 학생들의 구호는 구체적인 정치적인 개선책, 해결책을 담기보다는 "학원의 자유"를 옹호하고, 부정선거와 기성세대를 비판하는 내용이 주를 이루었다. 구체적인 정치적 해결책으로 거론된 것은 3·15부정선거의 재선거를 촉구하는 정도였다.[43] 그러나 막바지로 갈수록 부정선거와 관련된 인사들에게 보다 직접적으로 책임을 묻는 구호들이 나왔다. 4월 26일 천안 학생들은 "3·15부정선거 원흉들을 사표수리로 일단락 짓는 것은 부당하다"는 구호를 외쳤고, 같은 날 진주의 시위에서는 "민주역적 최인규를 처단하라" 등의 플래카드가 등장했다.[44]

---

42  『총집 1책—일지』, 1022쪽.

43  홍석률, 「4월혁명과 이승만 정권의 붕괴 과정—민주항쟁과 민주당, 미국, 한국군의 대응」, 『역사문화연구』 제36집, 2010.

44  『조선일보』 1960. 4. 27, 조2면; 『동아일보』 1960. 4. 27, 조3면(『총집 1책—일지』, 1022~1023쪽 재인용).

## 2) 여대생의 시위 참여

1960년 4월 19일 서울 시내 대학생들이 대거 시위를 벌였지만, 서울 시내 주요 여자대학교 학생들은 학교 단위로 집단적으로 시위대를 형성해서 거리로 진출하지 못했다. 이 점이 다른 민주항쟁과는 달리 4월혁명 과정에서 여성의 참여가 미약해 보이는 인상을 주는 데 아주 크게 작용하였다. 특히 당시 언론은 4월혁명 직후 이화여대생들이 시위에 참가하지 못한 사실을 대대적으로, 자극적으로, 부각시키고 이를 성토하였다.[45] 그러나 모든 대학이 4월 19일을 전후하여 학교별로 시위대를 형성하여 거리로 진출한 것도 아니고, 중고등학교 중에서도 이른바 명문고로 알려진 학교들이 시위에 참여하지 못한 경우가 많았다. 그런데 유독 이화여대만 이토록 혹독한 비판의 대상이 된 것은 이기붕의 처 박마리아가 이화여대 부총장이었다는 사실도 중요하게 작용했다.

오제연이 이미 지적했지만 이화여대 등 주요 여대의 학생들이 시위에 참여하지 못한 원인은 남학생 중심의 대학생 네트워크에서 여학생들이 배제되었던 것이 결정적으로 작용했기 때문이었다. 기존 학도호국단 조직은 중고등학교와 대학에 모두 있었다. 그러나 중고등학교 학도호국단은 지역별로 조직이 있었지만, 대학은 그렇지 않았다. 그러다 보니 각 대학의 학도호국단은 중고등학교에 비해 정부의 간섭과 일률적인 통제를 덜 받았고, 따라서 각 대학교 학생 조직을 연결하는 공식 네트워크는 존재하지 않았다. 때문에 각 대학 호국단 또는 각 단과대학 및 학과 대표 등이 사적으로 형성한 네트워크가 서울 시내 각 대학을 느슨하게 연결시키고 있었다. 이와 같은 사적인 네트워크는 철저히 남학생을 중심으로 형성되었고, 여학생들은 여기서 소외되었

---

45  오제연, 앞의 글, 2017, 19~21쪽.

던 것이다.[46]

4월 19일 서울 시내 각 대학 학생들이 일제히 거리로 나온 것은 아주 갑작스럽게 결정된 일이었다. 애초 서울 시내 각 대학 학생대표들 사이에는 4월 21일 또는 22일경에 시위를 하자는 이야기가 돌고 있었다. 4월 18일 고려대 학생들이 시위에 나섰고, 학교로 돌아가다가 정치깡패들의 습격을 받았다. 이에 자극받아 대학생들이 다음 날인 4월 19일 일제히 거리로 진출하게 되었다. 이렇게 갑자기 계획이 변경되는 과정에서 학생들 사이의 사적인 네트워크가 작용했는데, 여학생들은 여기서 소외되어 소식을 제대로 듣지 못했던 것이다. 당시 기록에도 이화여대 학생들은 4월 22일에 시위를 하는 것으로 알고 있었다고 했다.[47] 후술하겠지만 당시 기록에 따르면 남녀공학인 연대와 고대의 여대생들도 학내에서 애초부터 남학생들과 함께 시위대를 형성하고 정문을 나와 거리로 진출한 것이 아니었다. 남학생들이 먼저 시위를 떠났다는 소식을 듣고 나중에 합류한 것으로 기록되어 있다. 남녀공학의 여대생들도 시위 모의 및 기획에서 소외되었던 것으로 보인다.

물론 여자대학 학생들도 4월 19일 서울 시내 여러 대학의 학생들이 오전부터 시위에 나섰다는 소식을 듣고, 그날 뒤늦게나마 시위대를 조직하여 거리로 나올 수도 있었을 것이다. 그러나 여학교의 경우 학교 당국의 학생 통제가 남학교에 비해 훨씬 강하고 억압적이라는 점을 고려할 필요가 있다. 『동아일보』 1960년 4월 21일자 조간 기사에 따르면 4월 19일 당일 이화여자대학 당국은 학생들의 시위 참여를 우려한 나머지 일부 학생들을 집단 승차시켜 중량교 근방에 강제 이송하였다고 한다. 학생들 중 인근에 연고자가 있는 사람

---

46  위의 글, 23~25쪽.
47  안동일·홍기범, 앞의 책, 1960, 253~254쪽.

들은 하차시켜 가게 했지만, 나머지는 오랫동안 차에 머물게 하다가 20일경에야 집으로 돌아가게 했다고 한다.[48]

사실 서울에서는 여대생만이 아니라 여중고생들도 4월혁명 기간 내내 학교 단위로 시위대를 형성하여 가두로 진출하지 못했다. 4월 19일에도 서울에는 동성고, 대성고, 강문중고(현 용문고) 등의 학생들이 학교 단위로 시위대를 형성하여 거리로 나왔지만[49] 여중고생들은 그렇지 못했다. 개인적으로 거리에 나와 시위에 참가했을 뿐이었다.

여자대학 학생들은 학교 차원에서 시위대를 형성하지는 못했지만, 일부 학생들이 개별적으로 시위에 참가하였다. 연세대학교 시위대가 이화여대 근처를 지나갈 때 이대생 수십 명이 여기에 합세했다는 기록이 있고, 한 이화여대 학생은 3백 명이 시위에 개인적으로 참가했다고 주장했다.[50] 숙명여대의 경우에는 이날 공교롭게도 하이킹 행사가 있어 전교생이 대부분 이 행사에 참가하는 바람에 일부 학생들만 시위에 참가하였다. 숙대생 김종자는 이날 자신이 직접 제작한 "정부통령 선거 다시 하라"라는 소형 플래카드를 들고 서울대 문리대생 시위대열 선두에 서서 시위를 벌였다.[51] 한편 숙명여대 국문과 4년 손재희도 이날 데모에 적극 가담하다가 부상을 입었다.[52]

일부 남녀공학의 여학생들은 학교별로 형성된 시위대에 가담하여 항쟁

---

48  『동아일보』 1960. 4. 21, 조3면.

49  안동일·홍기범, 앞의 책, 1960, 249쪽.

50  위의 책, 242쪽; 「4·19혁명과 이화」, 『이대학보』 1960. 5. 9.

51  『동아일보』 1960. 4. 20, 조1면; 현역일선기자동인 편, 앞의 책, 1960, 93~94쪽. 이날 서울대 문리대 시위에 합류한 숙대생의 이름은 기록마다 다르게 기록되어 있다. 『동아일보』에는 김종자로, 연세대학교에서 수집한 사진에는 김인숙으로, 현역일선기자동인이 편한 책에는 김홍자(金鴻子)로 나온다.

52  손재희(숙대 국문학과 4년), 「피를 흘린다 이 젊은 피를…」, 현역일선기자동인 편, 앞의 책, 1960, 245~247쪽.

에 참가하였다. 서울대 문리대, 법대, 미대 여학생들이 시위에 참여했고, 사범
대에서는 100여 명의 여학생이 참여했다. 서울대 학생들은 4·19시위를 회고
하며 시위에 참여한 "여학생들은 매우 용감하고 의식이 투철해 경찰의 저지
에도 결코 물러서지 않았다"고 했다.[53] 연세대 여학생의 경우 남학생들이 시
위를 나갔다는 소식을 듣고 황급히 대열을 형성하여 달려와 시위대에 합류
하였다.[54] 한 기록에는 300여 명쯤 되었다고 한다.[55] 당시 여대생들은 남학생과
함께 섞이지 않고 별도로 모여 행진하였다. 연세대 시위대가 광화문 근처에
이르렀을 때 경찰의 실탄 발포가 있었지만, 여학생들도 끝까지 해산하지 않
고 울면서 시위대 후미를 지켰다고 기록되어 있다.[56] 한편 고려대 여학생들은
오후 1시 30분경 고대 시위대가 국회 앞에 모여 농성하고 있을 때 시위대에
합류했다. 고려대 학생들은 시위에 참여한 여학생들을 시위대 한가운데에
배치하고 남학생이 그 주변을 에워싸고 앉는 방식으로 농성을 벌였다고 한
다. 한 기록에는 늦게 도착한 여학생들이 이미 지친 남학생을 보살펴주고, 한
편으로는 남학생 이상으로 우렁차게 구호를 따라 외쳤다고 했다.[57]

　　여학생 및 여성에 대한 기록들은 여성들은 항상 울고 있는 등 보호를 받
아야 될 존재로 묘사하고, 그 역할도 주로 누군가를 보살펴주거나, 물을 떠다
주는 조력자, 후원자로 고정시켜 서술하는 경향이 있다. 그러나 이러한 사실
들은 시위에 여대생들이 참여했고, 총소리가 들리는 상황에서도 용감하게
대열에 머물렀다는 것을 보여준다. 4월 19일 여고생 이재영은 개인적으로 시

---

53　『대학신문』 1960. 5. 2, 2면 좌담회.
54　장정호(한국일보)·이효식(동아일보), 「서울의 4·19를 증언한다」, 조화영 편, 앞의 책, 1960, 88
　　쪽.
55　안동일·홍기범, 앞의 책, 1960, 242쪽.
56　장정호·이효식, 앞의 글, 1960, 88쪽.
57　안동일·홍기범, 앞의 책, 1960, 236쪽; 홍영유, 『4월혁명 통사』 4권, 천지창조, 2010, 349쪽.

146　4월혁명의 주체들

위에 참여하여 광화문 근처에서 서울대 시위대와 합류하였는데, 여대생 한 명이 우렁찬 목소리로 구호와 노래를 선창하며 시위대를 이끌었다고 기록했다.[58]

대부분의 기록들은 여성을 나약하고, 보호받아야 할 사람들로 규정하는 고정관념에 의해 서술되어 있지만, 여성들이 선두에 서서 싸우는 모습도 기록에 나타난다. 당시 광화문 근처에 집결한 시위대가 경무대로 향해가는 과정에서 경찰이 총을 쏘는 것을 막으려고 시위대가 여성들을 앞세우고 전진했다는 증언이 있다. 이것은 4월 19일 시위에 참가한 서울대 법대생 신명철이 미국대사관 직원을 만나서 한 증언으로, 그 다음 날인 4월 20일에 기록되었다.[59]

중앙대학교 여학생들의 사례도 주목된다. 중앙대생들은 경무대 앞에서 이미 발포가 이루어지고 서울 시내 여기저기서 총소리가 난무하는 상황에서 이날 오후 4시경 을지로 내무부 건물 앞에 몰려가 연좌농성을 했다. 이때 여학생들이 대열 맨 앞에 나와 태극기를 높이 쳐들면서 발사 자세를 취하고 있는 경찰관을 향하여 "이 태극기는 대한민국의 국기다. 여기에 총을 쏘는 사람은 반역자다"라고 외치면서 대치하였다.[60] 이날 내무부 앞의 연좌농성 대열 선두에 있었던 중앙대 여학생은 서현무(법학과 2년), 홍관옥, 강혜정, 임혜란(이상 국어국문과 2학년) 등이었다. 홍관옥의 증언에 의하면 내무부 정문 앞에서 서현무가 주도하여 큰 소리로 경찰과 협상을 했는데, 경찰은 총을 쏘지 않고, 학생들은 투석을 하지 않으며 평화적으로 농성을 하기로 합의했다고 한다. 그

---

**58**　이재영, 『4·19혁명과 소녀의 일기』, 지식과감성, 2017, 178~179쪽.

**59**　"Memorandum of Conversation; Shin Myung-chul and Rober G. Rich" Apr. 20, 1960, 795B.00, Central Decimal Files, RG 59. NA. 신명철은 서울대 법대생으로 4월 19일 시위에 참여했다.

**60**　장정호·이효식, 앞의 글, 1960, 97~98쪽.

러나 "모자에 금테를 두른 경관"이 나와서 정문을 지키던 경찰들에게 무언가를 지시하자, 곧바로 경찰들이 정문 앞에서 대치하던 학생들을 향해 총을 발사했다고 한다. 맨 앞에 있던 여학생들은 곧바로 내무부 수위실로 끌려가 심하게 구타 당하고, 중부서에서 조사를 받은 후 중앙대 교수들에게 인계되어 석방되었다. 이 중 강혜정은 내무부 수위실에서 장총으로 심하게 구타 당하여 실명 위기에 처하기도 했다.[61] 시위 때 여성을 앞장세우는 것은 서구의 민주혁명 과정에서도 있었던 것으로, 약자를 가장 위험한 자리에 서게 하는 것이라 할 수 있다. 그러나 여성들이 강제적으로 대열 앞에 세워진 것이 아니라면, 이러한 일들은 여성들의 자발적인 용기와 결단 없이는 불가능한 일이다.

4월 19일 대구에서도 대학생의 시위가 있었다. 경북대학교, 청구대학 야간부 학생 등이 학교별로 시위대를 형성하여 거리로 나아갔다. 이러한 시위에서 여학생들의 활동을 알려주는 기록은 보이지 않는다. 다만 이날 청구대학 학생 배금원이 밤에 한국은행 대구지점 근처에서 시위를 하다가 대구경찰서로 연행되었는데, 여기서 사복 경찰들이 삐라를 조사한다는 명목으로 온몸을 뒤지고 매질을 가해 의식을 잃었다고 한다.[62] 배금원폭행사건은 대구지역에서 4월혁명과 관련된 경찰의 폭력을 이야기할 때 자주 언급되는 사건이다. 이들 기록에서도 역시 여성들의 피해 사실은 알 수 있지만, 정작 이 여성들이 무엇을 했는지는 제대로 기록되어 있지 않다.

결론적으로 말하면 4월혁명을 서울 중심, 대학생 중심으로 보는 시각이 4월혁명 과정에서 여성의 역할을 축소하거나 부차화하는 데 결정적으로 기

---

61  홍영유, 앞의 책 5권, 2010, 343~370쪽. 강혜정의 오빠 강우정은 고려대학교 법과대학 학생위원장으로 4·18시위를 주도하는 역할을 했으며, 아버지 강태국 박사는 1929년 평양 숭실학교에 재학하던 중 시위를 주도하여 광주학생독립운동에 참가한 사람이었다.

62  『동아일보』 1960. 4. 24, 석3면(『총집 1책—일지』, 921쪽 재인용).

여했다고 할 수 있다. 서울은 4월 19일 100명이 넘는 사망자를 낸 대규모 시위 및 유혈사태가 발생하고, 이승만 정권의 퇴진을 결정지은 4월 25일과 26일의 대규모 저항이 일어나기는 했지만, 장기 지속된 학생들의 민주항쟁을 놓고 보았을 때 학생시위가 그리 두드러지게 활성화된 도시는 아니었다. 특히 서울에서는 여중고등학교, 여자대학교 학생들이 학교 차원에서 시위대를 형성하여 거리로 나온 사례가 보이지 않는다. 그러나 지방에서는 많은 여학생 시위가 있었는데, 서울 중심적 시각 때문에 서울에서 없으면 지방에도 없었던 것처럼 인식되어 그런 사실조차 제대로 기록되지 않았거나 축소되었다.

4월혁명 과정에서 대학생들은 4월 4일 전북대학 학생들이 교내에서 시위를 시도하고,[63] 4월 13일 마산의 해인대학 학생들이 시위를 벌인 것 외에 별다른 움직임을 보이지 않았다. 4월 18일과 19일 서울과 대구에서 대학생들이 일거에 시위에 나서 민주항쟁의 새로운 전환을 가져오기는 했어도, 4월혁명의 다양한 주체 중에 대학생들만이 주목되는 경향에 대해서는 다시 돌아보아야 한다. 통상 "4·19세대"라 할 때 이는 일반적으로 당시 대학생이었던 사람들을 지칭한다. 당시 여대생은 여중고생에 비해 숫자 자체가 절대적으로나, 상대적으로 훨씬 소수였다. 또한 여중고생에 비해 시위 참여가 활발하지 못했다. 그런데 4월혁명 자체가 대학생 중심으로 인식되면서 중고등학생들의 활동이 전반적으로 부차화되고, 그래서 수많은 여중고생들의 시위 참여가 주목받지 못하면서 4월혁명에서 여성들은 별다른 역할을 하지 못한 인상을 남겼다. 서울 중심, 대학생 중심적인 시각이 여성을 비롯한 약자들을 4월혁명의 주체에서 배제하고 이들의 역할을 부차화하는 데 중요하게 작용했던 것이다.

---

63 『전북일보』 1960. 4. 5; 조화영 편, 앞의 책, 1960, 272쪽(『총집 1책—일지』, 609쪽 재인용).

## 4. 일반 여성들의 민주항쟁 참여

### 1) 시위대의 후원자이자 보호자

4월혁명과 관련된 여성의 활동, 특히 비학생 일반 여성의 활동과 관련되어 가장 빈번하게 기록에 등장하는 것은 여성들이 물을 떠와서 시위대에게 마시게 하거나 최루탄을 씻게 해주었다는 이야기이다. 이는 여러 곳에 기록되어 있고, 여성들이 시위대에게 물을 떠주는 장면을 보여주는 사진도 남아 있다.[64] 예컨대 4월 11일 제2차 마산항쟁에 참여한 강주성은 후일 작성한 수기에서 밤중에 격렬한 시위가 진행되었을 때 "다소 피곤한 모습으로 외쳐대는 우리들의 목소리가 안쓰러웠던지 할머니, 아주머니, 누나들이 물동이와 바가지를 들고 와 한 모금의 물이라도 마시게 하려는 고마운 마음, 그들 역시 의거에 동참한 사람임에 틀림이 없습니다"라고 서술하였다.[65] 4월 18일 고대생이 국회의사당 앞에서 시위를 할 때에도 근처 한 다방의 종업원들이 양동이에 물을 떠서 학생들에게 가져다주었다는 신문보도가 있다.[66] 여대생들도 시위에 참가한 동료 학생들과 시민들에게 물을 떠주는 등의 활동을 했다는 기록이 있다. 중앙대 학생들이 시위에 나섰을 때 여대생들이 물을 떠오는 등 시위 지원 활동을 했으며,[67] 동성고생 강기대가 광화문 근처 해무청 앞에서 농성시위를 할 때 "어떤 천사 같은 여대생이 물을 길어왔고 그 물로 눈물을 닦으라고 하여 학생들이 몰려가 눈물을 닦던 기억이" 있다고 회고하였다.[68] 여

---

64  『총집 8책—사진』, 251쪽.
65  강주성, 「내가 겪은 4월 11일」, 『3·15의거』 16호, 2015, 68쪽.
66  『동아일보』 1960. 4. 19, 조3면.
67  중앙대학교 학생자치위원회, 「젊음과 사랑과 조국과」, 이강현 편, 앞의 책, 1960, 179쪽.
68  홍영유, 앞의 책 5권, 2010, 200쪽.

성들이 물과 음식을 제공한 것은 사실이고, 이러한 시위 지원 활동은 5·18광주민주항쟁 등 여타의 민주항쟁 과정에서도 빈번하게 나타난 일이다. 그러나 민주항쟁 과정에서 여성들은 시위 지원 활동만 한 것은 아니었고, 직접 시위에 가담하여 격렬하게 싸우다가 사망 또는 부상을 당한 경우도 있었다. 그렇지만 많은 기록들이 시위 과정에서 여성들의 역할을 언급할 때, 물을 떠오거나 음식을 가져오는 등의 시위 지원 활동만을 부각시키는 것은 여성의 시위 참여를 보고·기록하는 시각 자체에 성역할 고정관념이 강하게 투여된 결과라 할 수 있다.

그러나 물과 음식을 시위대에게 제공하는 것은 단지 시위를 지원하는 보조적인 활동, 부차적인 활동으로만 의미가 한정되는 것은 아니다. 이러한 활동은 시위에는 직접 가담하지 않더라도 시위대 주변에서 그냥 구경하고 방관하기보다는, 적극적으로 시위에 대한 지지 의사를 표시하고, 이를 지원하는 행동을 함으로써 시위대와 시민을 연결시켜주는 역할을 하였다. 예컨대 서울에서 4월 19일 오후 경무대 발포사건 직후 살벌한 분위기 속에서 시위에 참가했던 정대근(무직자)은 광화문 앞에서 자신이 목격한 바를 다음과 같이 서술하였다.

> 광화문 우체국 앞 연도에는 아주머니들이 물과 과일을 가지고 와서 데모 학생에게 나누어준다. 이 광경을 본 나는 "이 시위는 성공한다"고 직감하였다. 말 없이 연도 위에서 학생시위를 지켜보는 저 시민들도 학생들과 함께 시위하고 있다고 느꼈다.[69]

---

69  홍영유, 위의 책 7권, 2010, 116쪽.

물 떠주기 등 시위 지원 활동은 이처럼 시위에 참여한 사람들을 격려하며, 주변의 구경 또는 방관하고 있는 시민들에게 시위에 대한 관심과 지지, 적극적인 동참을 호소하고, 이러한 지원 활동을 통해 시위대와 시민들을 연결하여 연대감을 형성하는 효과를 가져왔다.

시위 과정에서 여성들이 보인 두드러지는 또 다른 행동은 시위대를 보호하는 역할이다. 여성들은 시위 참여자가 경찰로부터 구타 당하거나 체포될 때, 항의하거나 체포되지 않도록 보호해주는 역할을 했다는 기록이 빈번하게 나타난다. 2월 28일 민주항쟁의 첫 포문을 여는 대구 고등학생들의 시위를 주도했던 경북고생 이대우는 시위 중에 경찰이 학생들을 구타하고 체포하려 할 때 "치맛자락에 모자를 감추어주고 학생을 숨겨주는 부인이 대부분"이었다고 증언했다.[70] 당시 학생 모자에는 이름 등이 적혀 있었고, 경찰은 진압과정에서 이를 빼앗으려 했는데, 거리에 나온 중년 여성들이 치맛자락에 모자를 감추어주었다는 것이다.

3월 4일에는 광주에서 야당 부통령 후보 장면의 유세가 있었는데, 유세 중에 일부 대학생과 고등학생들이 부정선거를 규탄하는 구호를 외치고 혈서를 썼다. 경찰이 혈서를 쓴 조선대 학생 1명을 선거운동을 했다는 명목으로 연행하려 하자 "20여 명의 민주당원과 30여 명의 부인들이 형사에게 달려들어" 큰 소동이 일어났다고 한다.[71] 한편 3월 15일 정부통령 선거 날에 마산에서 부정선거에 항의하는 대규모 시위와 유혈사태가 발생한 다음 날인 3월 16일 오전부터 서울 인사동에 있는 민주당 중앙당사 앞에는 3백~5백여 명이 되는 학생과 시민들이 몰려들었다. 이들은 당사 앞에서 총궐기를 촉구하고, "독재정치

---

70  연세대학교 4월혁명 연구반, 「이대우 수습(조사서)」, 1960, 연세대학교박물관 소장(『총집 7책』, 806쪽 수록).

71  『조선일보』1960. 3. 5, 조7면; 『동아일보』1960. 3. 5, 석1면(『총집 1책—일지』, 334쪽 재인용).

배격한다!", "마산동포 구출하자"는 등의 구호를 외치며 시위를 시도했지만 10m도 가지 못하고 경찰에 의해 강제 해산되었다. 이 과정에서 한 학생이 경찰서 앞에서 구타를 당했는데 한 여성이 "법치국가에서 왜 구타하느냐?"라고 항의하다가 경찰에 연행되었다.[72] 이처럼 여성들은 항쟁 초기부터 시위에 참가한 학생들이 구타를 당하거나 연행되려고 할 때 시위대를 숨겨주거나 경찰에 항의하는 등 시위대를 보호하는 역할을 했다.

1987년 6월항쟁 때에도 일부 시민들이 시위대에게 박수를 쳐주고, 경찰이 최루탄을 난사하거나 학생들을 연행하려고 할 때 '우-우' 하고 소리치며 항의하였다. 이렇듯 경찰의 폭력행사에 항의해주는 행동은 시위에 대한 시민들의 지지를 표현하여 시위대를 격려하고, 경찰의 폭력행사를 견제하여 시위 참여자들을 보호해주는 역할을 한다. 당시 여성들이 보여준 시위대를 보살피고, 보호하는 행동들은 시위대와 일반 시민들을 서로 연결하고 연대감을 형성하여 더 많은 사람들이 시위에 직간접적으로 동참하는 데 중요하게 기여했다. 바로 이러한 역할, 시위대와 시민을 연결하는 역할을 하는 데 두드러진 활약을 보였던 것이 여성들, 그중에서도 '부인들' 또는 '아줌마들'로 불렸던 중년 여성들이었다.

## 2) 1, 2차 마산항쟁과 여성

4월혁명 중에 이른바 '낮 시위'와 '밤 시위'로 호명되는 참여자와 시위 양상에 있어 차이가 있는 두 가지 형태의 시위가 공존했다. '낮 시위'는 주로 학생들이 주도하는 시위였고, 학생들의 경우 과거 북진통일운동, 재일교포북송반대운동 등 관제시위 과정에서 그러했듯이 줄을 잘 맞추어 시위대열을 형

---

72  『동아일보』 1960. 3. 26, 조3면(『총집 1책—일지』, 482쪽 재인용).

성하였다. 주변에 시민들이 몰려들어도 대부분 대열 안에 시민들을 합류시키지 않았다. 경찰도 시위를 통제하면서 시위대와 몰려든 시민을 분리시키고 차단하는 데 주력하였다.[73] 반면 밤 시위는 밤에 이루어지는 시위로, 학생들도 개인적으로 참여했지만 일반 시민들이 다수 참여하고, 양자가 서로 섞여서 활동했던 시위이다. 낮의 학생시위와는 달리 파출소를 불태우고, 일부 관공서와 자유당 관련 인사들의 집을 습격하는 등 폭력적인 양상을 보였다. 여학생이 아닌 일반 여성들은 낮 시위 때는 앞서 언급한 바대로 주로 시위대의 후원자이자 보호자로서 역할을 했지만, 밤 시위에서는 직접 항쟁에 참여하여 싸웠다.

1960년 3월 15일 선거 당일, 마산의 민주당 지부당 간부들은 오전 일찍부터 선거무효를 선언하고 부정선거에 항의하는 시위를 벌였다. 이 시위는 해가 지기 전에 끝이 났지만 저녁이 되자 다시 학생과 일반 시민이 함께 참여하는 대규모 시위가 일어났다. 시위대는 파출소 등을 습격했고, 경찰은 실탄 사격을 했다. 이에 8명이 사망하는 유혈사태가 발생하였다. 3월 15일의 1차 마산항쟁에는 다수의 여학생과 일반 여성들이 참여하였다. 당시 언론보도 및 서사기 등에는 여학생을 포함한 다양한 계층의 여성들이 철길에 있는 자갈을 운반해 왔고, 시위대는 이를 활용하여 투석전을 벌였다고 기록되어 있다.[74] 당

---

73  예컨대 중앙대생들이 시위대를 형성하고 한강을 건너 시내에 진입했을 때 경찰은 시위대를 제지하기보다는 민간인들이 학생들 대열에 합류하는 것을 차단하는 데 더 주력했다고 한다. 중앙대학교 학생자치위원회, 앞의 글, 1960, 178쪽. 4월 19일 서울에서 시위에 참여한 여고생 이재영은 "경찰은 데모의 규모가 커지는 것을 차단하기 위해 나섰다. 그래서 대학생이 아닌 사람이 합세하여 규모가 커지는 것을 미리 막기 위해서 조직적인 학생 이외의 사람은 가담을 하지 못하게 했다"라고 기록하였다. 이재영, 앞의 책, 2017, 174쪽.

74  『동아일보』 1960. 3. 17, 조3면 ; 이강현 편, 앞의 책, 1960, 51~52쪽, 안동일·홍기범, 앞의 책, 1960, 125~126쪽; 마산일보사, 『민주혁명 승리의 기록』, 1960, 30쪽; 현역일선기자동인 편, 앞의 책, 1960, 52쪽; 3·15의거사편찬위원회, 앞의 책, 2004, 296~297, 305~306쪽(『총집 1책─일지』, 462쪽 재인용).

시 항쟁에 참여한 여성들은 이를 "역할 분담"이라고 표현했다. 후일 마산의 민주항쟁을 회고하며 당시 학생시위를 주도했던 마산여고생 김계자와 성지여고생 이영자는 3월 15일의 "역할 분담"에 대해 다음과 같이 발언했다.

> 김계자 : 저는 당시 남학생들이 시청 유리창을 박살낸다면서 돌을 던질 때 지금은 없어졌지만 옛날에는 경전선(구 자산동 철교)이라 했는데 그 철둑에 있던 돌을 스커트에 담아주었던 기억이 납니다. 당시 그러한 행동들이 사전에 조직적으로 계획되어 이루어졌던 것은 아니었지만 자연발생적으로 남학생과 여학생들 사이에 역할 분담이 되어졌던 것 같아요. 당시 여학생들의 머리가 대부분 갈래머리인 걸로 봐서 주로 마산여고, 성지여고 학생들이 많았던 것 같아요.
>
> 이영자 : 예 맞아요. 당시 뜻있는 여학생들을 중심으로 남학생들이 저렇게 싸우는데 우리 여학생들이 이렇게 구경만 해서야 되겠느냐며 자발적으로 참여했던 걸로 알고 있어요. 특히 홍등가의 여인들도 합세를 했었어요. 그날 경찰의 발포로 내 바로 옆에 있던 후배 한 명이 귀 부근에 총탄을 맞아 진해 해군병원으로 후송되는 불상사까지 발생했어요.[75]

여학생, 유흥업소의 여성, 일반 여성을 비롯하여 다양한 계층의 여성들이 돌을 나르는 등의 활동을 하며 시위에 적극적으로 참여했다는 것이다. 투석전이 벌어지면 여성들은 돌을 나르고, 남성들은 이를 던지는 '역할 분담'은 1980년대 학생운동 때에도 나타났고, 이때에도 역시 불가피한 것으로 인식되었다.[76] 그러나 여기서도 역시 여성들의 시위 활동에 대해서는 치마로 돌을

---

75 「좌담: 3·15 당시의 학생들에게 듣는다」, 『3·15의거』 2호, 1996, 36쪽.
76 권인숙, 『대한민국은 군대다』, 청년사, 2005, 103~111쪽.

날랐다는 점만이 기록에서 부각되는 경향이 있다. 투석전에서 돌을 나르는 것은 시위대에게 물과 음식을 제공하는 것과는 다른 차원의 좀 더 적극적인 시위 활동이라 할 수 있다. 그러나 역시 성역할 고정관념에 입각하여 보조적 차원의 역할만을 부각시키는 시각이 여기에 또한 작용하고 있다.

당시 구체적으로 기록된 것은 적지만, 3월 15일 밤 항쟁에서 여성들이 돌을 나르는 활동만 한 것은 아니었다. 더 적극적으로 직접 전면에 나서 싸운 경우도 많았다. 이날 경찰의 실탄 발사로 유혈사태가 발생했을 때 사망한 사람 중에는 여성이 없었다. 그러나 부상자 중에는 여성들이 다수 존재한다. 부상 여성, 특히 직접적으로 총상을 입은 여성은 시위대 전면에서 매우 적극적인 역할을 했을 가능성이 크다. 3월 24일 민주당 마산사건대책위원회는 3·15 1차 마산항쟁 때 총상 피해를 입은 48명의 명단을 조사해서 공개하였다. 이 중 여성은 모두 6명이었으며, 여학생이 4명이고 일반 여성이 2명이었다. 총상을 입은 여성은 김정희(16세, 여학생), 이원자(14세, 여학생), 유경옥(17세, 여학생), 김경춘(15세, 여학생), 김라자(39세, 여성), 이신자(18세, 여성) 등이었다. 학생들은 모두 중고등학생이었다.[77] 부상자 중에 여성은 남성에 비해 현저히 소수였지만, 여성들 중에도 격렬하게 저항하다가 총상까지 입는 사례가 있었음을 보여주고 있다.

물론 민주당이 조사하여 발표한 부상자 명단은 어디까지나 당시 민주당이 파악한 숫자로 실제 전체 부상자 숫자는 아니다. 4월혁명이 진행 중이던 당시에는 부상을 입고도 당국에 항쟁 참여 사실이 발각되는 것이 두려워 병원에 가지 못하는 경우가 많았다. 특히 여성들의 경우 더욱 그러할 가능성이 높다. 1960년 3월 23일 대한적십자 구호단이 병원에 가지 못하고 집에 숨어

---

77 『동아일보』 1960. 3. 25, 조3면(『총집 1책—일지』, 548쪽 재인용).

있던 부상자 19명의 명단을 발표했는데, 이 중 여성이 5명이나 된다. 그중에는 민주당이 발표한 명단에 나오는 유경옥, 김라자, 이신자의 이름도 포함되어 있지만 김처순(여 44세, 타박상), 김복연(여 13, 하부대상) 등 민주당 명단에 이름이 없는 사람들도 보인다.[78]

1960년 4월 11일 발생한 2차 마산항쟁 때에는 기존에 남은 기록만 보아도 여성들이 1차 항쟁에 비해 훨씬 적극적으로 시위 활동을 했던 것으로 파악된다. 2차 마산항쟁이 마무리된 직후인 4월 14일 마산 현지에 특파되어 있던 『한국일보』 기자들은 마산의 남녀학생과 교육자, 시민 등 17명을 모아 좌담회를 열고, 그 내용을 보도했다. 당시는 이승만이 사퇴하기 전이라 사태가 어디로 갈지 모르는 상황이었기에 좌담 참여자의 실명을 밝히지는 않았다. 이 좌담회에 참여한 '교육자 A'는 다음과 같이 말했다.

그런데 김군의 변사체, 그것도 눈에 못을 박은 참혹한 시체를 보았을 때 제일 먼저 일어난 것은 부녀자층이었습니다. 도립병원 같은 데는 어머니들이 더 많이 왔습니다. 만일 당국이 자기 자식이라고 생각했다면 이렇게 할 수 있을까 하는 불만이 컸습니다.[79]

김주열의 시신이 발견되었을 때 제일 먼저 들고일어난 것이 중년 여성들이었다는 증언이다. 김주열은 전라북도 남원에 살던 고등학생이었는데, 마산상고 입시를 치른 상태에서 3·15시위에 참여했다가 실종되었다. 그의 어머니 권찬주가 남원에서 마산으로 와 오랫동안 김주열을 찾아다녔는데, 이는

---

78 『동아일보』 1960. 3. 24, 석3면(『총집 1책—일지』, 547쪽 재인용).

79 「마산은 외친다—한국일보특파원 현지좌담회」(1960. 4. 14), 변광도 편, 『민주혁명 승리의 기록』, 마산일보사, 1960, 67쪽.

**시위에 참여한 여성들** 출처: 민주화운동기념사업회 오픈아카이브즈 00700215, 원출처: 3·15의거기념사업회.

당시 언론에도 모두 보도되었다. 3월 29일에는 김주열의 시신이 은닉되어 있다는 제보가 들어온 시청 뒤편 연못의 물을 소방차 2대를 동원하여 퍼내기도 했다. 이날 찍은 사진을 보면 많은 마산 시민들이 이 광경을 지켜보았는데, 모여든 사람들 중에는 남녀노소 모든 계층의 사람들이 포함되어 있지만 중년 여성들이 많이 보이고 있다.[80] 중년 여성들이 자식 잃은 어머니의 슬픔에 공감하고, 연대감을 표했던 것이다.

4월 11일 밤 김주열의 시신이 안치되어 있던 도립병원 앞에서부터 시위가 일어났다. 이때 3월 15일과 마찬가지로 파출소와 자유당 인사들의 집이 습격당하는 등 밤 시위 상황이 발생했다. 밤늦게까지 시민들이 시신이 안치된

---

**80**  홍석률, 앞의 글, 2017, 196~198쪽.

도립병원 주위를 둘러싸고, "경찰관을 모조리 잡아들여라"라고 외치며 항의했다. 한경득 마산시당 선전부장도 확성기를 들고 병원 앞의 시민들에게 해산을 종용했지만, 군중은 이들에게 야유를 보냈다.[81] 그런데 한경득은 훗날 2차 마산항쟁을 회고하면서 이렇게 말하였다.

> 3·15마산의거가 4·19의 도화선으로 되기까지에는 당시 마산의 수많은 여성들의 힘이 컸다고 봅니다. 특히 김주열군의 주검을 보고 제일 흥분한 사람들이 여성들입니다. 물론 3·15 당시에도 여성들이 치마폭에 돌을 날라주어 시위대에게 큰 힘이 되었지만 2차 의거(2차 마산항쟁—인용자) 당시 여성들의 분노, 이것은 어린 여학생에서 할머니에 이르기까지 여성들의 분노는 형언할 수 없을 정도였어요. 사회자님도 경험을 해보셨는지 모르지만 여성들이 흥분하면 남성들과는 비교가 안 될 정도로 물불을 안 가립니다. 따라서 지금까지 3·15마산의거를 얘기하면서 여성들의 의거담은 한낱 무용담처럼 치부해버리는데 앞으로 이 부분은 새롭게 재조명되어야 하리라고 봅니다.[82]

이 구술에서도 여성과 약자를 감정적이고, 비이성인 존재로 보는 시선이 드러나 있긴 하지만, 여성들이 2차 마산항쟁을 촉발하는 데 중요한 역할을 했다는 것을 증언해주고 있다.

당시 신문보도와 수기 등에 따르면 시위대는 밤늦게까지 시가행진을 하면서 〈유정천리〉라는 유행가 곡조에 개사를 한 〈조병옥 박사 조가(弔歌)〉, 〈해방의 노래〉, 〈6·25노래〉 등을 불렀다고 한다. 한편 시위에 참여한 여학생과 중

---

81  조화영 편, 앞의 책, 1960, 49쪽; 안동일·홍기범, 앞의 책, 1960, 166쪽; 3·15의거사편찬위원회, 앞의 책, 2004, 346쪽.

82  「허윤수 탈당으로 민주당 공중분해 돼—한경득 녹취록」(1997. 3. 4), 『증언록』, 494쪽.

년 여성들은 〈유관순의 노래〉를 부르며 행진했다는 기록들이 있다.[83] 〈유관순의 노래〉는 아마도 여학생들이 먼저 부르고 일반 여성들도 따라 하였던 것으로 추정된다. 유관순은 해방 이후 한국 여성독립운동가를 대표하는 인물로 부각되어 있었는데, 당시 여성들이 이 노래를 부르며 거리를 행진했다는 이야기이다. 이는 여성들이 시위대열 속에서 별도의 집단을 형성하고, 여성 인물 유관순을 내세우며 독특한 정체성과 연대의식도 형성해가고 있었음을 보여준다. 4월 12일과 13일의 마산 학생시위에서도 앞서 언급한 것처럼 여학생들이 확실히 두드러진 역할을 했다.

2차 마산항쟁 때에는 시위대 선두에서 격렬하게 싸운 여성의 사례가 알려져 있다. 2차 마산항쟁이 마무리된 후 시위를 적극적으로 주도했던 사람들은 이른바 '적색분자'로 몰려 검거되었다. 당시 신문에 보도된 검거자 명단 중에 '백영선'이라는 여성의 이름이 있다. '백영선'은 오기(誤記)이고 이 사람의 실제 이름은 백윤선이다. 당시 20살로 마산여고를 중퇴하고, 부산에서 미선계통의 학교를 졸업한 상태였다. 백윤선은 3월 15일 제1차 마산항쟁에도 참여했고, 역시 돌멩이를 치마폭에 싸서 날랐다고 회고했다. 4월 11일 2차 마산항쟁 때에는 밤 시위에 참여하여 남포동파출소 습격에 가담했는데, 분노에 차서 자신의 팔에 부상을 입는 줄도 모르고 파출소 집기를 부수었고, 마산경찰서 앞에 가서 시위를 벌이며 시민 대표로 나서 경찰 간부와 협상을 벌였다. 12일 새벽, 경찰에 체포되어 오동동파출소에서 구타를 당하였고, 집으로 가 있다가 4월 15일 시위 주모자로 지목되어 다시 체포되었다. 백윤선은 검거된 후 경찰서 유치장에서 마산의 유혈사태를 조사하러 온 국회조사단을 만

---

83 『한국일보』 1960. 4. 12, 조3면; 『서울신문』 1960. 4. 12, 조3면; 『조선일보』 1960. 4. 12, 조3면; 안동일·홍기범, 앞의 책, 1960, 164쪽, 167~168쪽; 3·15의거사편찬위원회, 앞의 책, 2004, 347쪽, 349쪽(『총집 1책—일지』, 648쪽 재인용); 조화영, 앞의 책, 1960, 53쪽.

났고, 민주당 여성의원 박순천을 만나기도 했다. 이러한 활동 때문에 당시 그녀는 "마산의 유관순"으로 불렸다고 한다.[84]

2차 마산항쟁은 여러 차원에서 4월혁명의 전환점이 되었던 사건이다. 이때 일반 학생과 시민이 참여한 시위에서 처음으로 "이승만 물러가라!"는 구호가 광범위하게 외쳐졌다. 부정선거반대운동 차원에서 시작된 민주항쟁이 정권퇴진운동으로 나아갈 조짐을 보여준 것이었다. 또한 주한미국대사관 등 미국의 관리들이 한국에서 벌어지는 부정선거반대운동에 대해 방관자적인 태도를 취하다가 사태의 심각성을 인식하고 이승만 정부를 압박하는 방향으로 간 것도 2차 마산항쟁 때부터였다.[85]

이승만 퇴진 구호는 시위대에 실탄을 발사하는 등 거침없는 국가폭력을 자행한 집권 세력에 책임을 묻는 차원에서 나온 것이었다. 그런데 마산의 여성들은 김주열의 죽음에 가장 적극적으로 반응을 보인 계층이었고, 2차 마산항쟁의 발생과 확산에서 이처럼 중요한 역할을 했던 것이다.

### 3) 4·19 민주항쟁과 마산 할머니 시위

1960년 4월 19일에는 서울과 지방 대도시에서 대규모 항쟁이 발생하였다. 4월 19일 대규모 시위와 유혈사태가 발생하는 과정에서 일반 여성들도 항쟁에 참여하였을 것이나 구체적으로 누가 어떠한 활동을 했는지 알려주는 기록은 찾기 어렵다. 여학생들의 경우 그나마 기록이 남아 있지만 일반 여성들은 주목받지도 못하고, 그나마 기록되어도 여성들, 아주머니, 할머니들로 불리며 익명화되기에 그 구체적인 행적을 알 수 없다. 주로 시위대에게 물을 떠

---

84 「백윤선! 그녀의 의거담을 듣는다」, 『3·15의거』 4권, 1997; 백윤선, 「독자투고」, 『3·15의거』 제5호, 1997, 114쪽.

85 홍석률, 앞의 논문, 2010.

주었다는 내용들만 있다. 그러나 일반 여성들은 4월 19일 '피의 화요일' 현장에도 있었고, 그중 일부는 항쟁에 참여하다 목숨을 잃었다.

유족회 자료에 따르면 경무대 앞 발포 현장에서는 안부자라는 여성이 총에 맞아 사망하였다. 이 여성은 1943년생으로 서산여중을 중퇴하고 서산농업은행에서 일하다가 1960년 1월 서울로 와서 타이프 학원을 다니던 중 시위에 참여했다. 경무대 앞에서 총격을 받아 수도육군병원에 후송되었지만, 28일 오후 사망했다. 구자숙이라는 여성은 종로5가에서 총에 맞는데, 1938년생으로 직장에서 귀가하던 중이었다. 이효희는 1936년생으로 아현초등학교(당시 국민학교)를 졸업하고, 원기산업주식회사에 근무하던 중 서울역에서 시위를 하다가 총상을 입고 사망했다. 구금자라는 여성은 1940년생으로 정안국교 졸업 후 서울 성북구 돈암동에 살면서 상업에 종사했는데, 정확한 사망 장소는 확인되지 않는다.[86]

4월 19일 부산에서는 13명이 사망했는데, 이 중 여성이 4명이나 된다. 최경자(23세, 대운고무 여사원), 최봉옥(49세), 강명임(22세), 50대 가량의 신원미상 여성 1명이 그들이다.[87] 광주에서는 4월 19일 시위에서 사망자가 9명이었는데, 이 중 여성은 박순희 한 사람이었다. 박순희는 당시 21세의 양재직공이었다. 광주 지역에서 발간된 4월혁명 관련 책자에는 이날 발생한 부상자 74명 또는 75명의 명단이 있는데, 이 중 11명이 여성이다. 그들은 김서운례(51세), 강왕형(25세), 김숙(19세), 최영자(19세, 학생), 민란식(31세), 이인주(15세), 고병옥(22세), 이묘순(13세, 학생), 유상임(18세, 학생), 김영숙(19세), 이해경(학생)인데 학생은 4명이고 나머지 7

---

86  홍영유, 앞의 책 7권, 2010, 72쪽, 92~93쪽, 169쪽.
87  4월 22일 부산지구 계엄사 발표에 근거한 것이다. 『서울신문』 1960. 4. 23, 2면(『총집 1책—일지』, 890쪽 재인용).

**태극기를 들고 가두행진하는 여성과 어린이들** 출처: 민주화운동기념사업회 오픈아카이브즈 00732787, 원출처: 경향신문사.

명은 일반 여성들이었다.[88] 이처럼 4월 19일 사망자와 부상자들 중에는 일반인 여성들도 포함되어 있지만, 이들이 어떤 사람들이고 어떤 활동을 했는지에 대해서는 알려진 바가 거의 없다.

4월 19일 서울, 부산, 광주 등 도시에서 발생한 대규모 유혈사태는 부정선거반대운동의 질적인 전환을 불러일으켰다. 이제 부정선거도 문제였지만, 부정선거를 규탄하는 학생과 시민들을 실탄 사격까지 하면서 살상한 자유당 정권과 그 최고 지도자 이승만 대통령의 책임 문제가 전면에 대두하였다. 이에 4월 19일 이후에는 일반 시민들의 시위와 민주당원이 조직한 시위에서 "이승만 물러가라!"라는 구호가 자주 등장하기 시작했다.

이승만 퇴진을 핵심적인 목표로 설정한 대규모 시위도 역시 마산에서부

---

88  홍영유, 앞의 책 7권, 2010, 332~334쪽.

터 시작되었다. 4월 24일 마산에서 할아버지 70~80명이 시위를 시작하였다. "책임지고 물러가라 가라치울 때는 왔다"라고 쓴 플래카드를 들고 행진했는데 시민들이 대거 합세하여 당시 신문보도로는 3만 또는 5만 시위대가 운집했다고 했다.[89] 그 다음 날인 4월 25일 오후 1시경 이번에는 200~300명 되는 할머니들이 마산 부림동시장 강남극장 앞에 모여 시위를 시작하였다. 이날 할머니들은 "죽은 학생 책임지고 리대통령은 물러가라"는 플래카드를 들고 행진을 했다. 이 시위에는 중년 여성들도 대거 참여했지만, 50대 이상으로 보이는 할머니들이 대부분이었다. 『동아일보』 보도로는 약 3만의 시민이 모여들었고, 할머니들은 경찰서 앞마당까지 들어가 항의하며 경찰과 몸싸움을 벌였다고 했다.[90]

할머니 시위가 끝나갈 무렵 서울에서 교수단의 시위가 시작되었다. 교수단이 발표한 시국선언서 4항에는 "대통령을 위시한 여야 국회의원 및 대법관들은 책임지고 물러서라"라는 구절이 있었다. 대통령의 퇴진을 명시하기는 했지만, 3부 요인들이 모두 물러가라는 요구이기 때문에 이승만 대통령에게 확실히 초점을 맞추었다고 하기는 어렵다. 사실 애초 교수단이 마련한 시국선언문 초안에는 "현 정부와 집권당은 책임지고 물러가라"는 다소 두루뭉술한 표현을 했다. 그러나 최종 논의 과정에서 '대통령'이라는 직위가 명시되었다.[91] 교수들이 시위를 하면서 들고 나간 플래카드에는 "재경 각 대학 교수단—학생의 피에 보답하라"라고 적혀 있을 따름이었다. 그러나 교수단이 시위를 시작하자 학생과 시민들이 몰려들었고, 이들 군중들은 "이승만 물러가라!"

---

**89**  『총집 1책—일지』, 939~940쪽; 이양수, 「불의, 분노 그리고 용기」(1996. 4. 23 작성), 『증언록』, 98쪽.

**90**  『마산일보』 1960. 4. 26, 2면; 『동아일보』 1960. 4. 26, 조3면; 『조선일보』 1960. 4. 26, 조3면.

**91**  이상은, 「교수단 데모에 이르기까지」, 이강현 편, 앞의 책, 1960, 221~226쪽.

**이승만 대통령 하야를 요구하는 현수막을 들고 시위하는 마산 할머니들** 출처: 민주화운동
기념사업회 오픈아카이브즈 00700168, 원출처: 3·15의거기념사업회

라는 구호를 집중적으로 외치기 시작하였다. 이러한 사정 때문에 통상 25일
에 전개된 대학 교수단의 시위를 계기로 민주항쟁이 부정선거반대운동에서
정권퇴진운동으로 전환되었다고 이야기한다. 4월 26에는 역시 서울을 비롯
한 전국 주요 도시에서 오전 일찍부터 시위대가 모여들었고, 이승만 퇴진을
요구하는 구호가 집중적으로 외쳐졌다. 이날 오전 이승만은 마침내 사퇴 성
명을 발표하였다.

　마산 할머니 시위는 이승만 퇴진 요구를 그 어떤 시위보다도 명확히 했지
만, 서울에서 진행된 대학교수단 시위만큼 주목을 받거나 사회적 파장을 불
러일으키지는 못했다. 서울이 아닌 마산이었고, 남성이 아닌 여성이었으며,

엘리트가 아닌 민중의 시위였기 때문이다. 그러나 사회 저변에서 이승만 대통령이 퇴진하도록 만드는 힘을 형성하는 데 여성들이 끝까지 기여했음을 잘 보여준 사건이었다. 그러나 앞서 언급했듯이 역사 기록이 원천적으로 엘리트 중심, 남성 중심, 서울 중심이다 보니 4월혁명 관련 그 어떤 서사기, 수기, 역사서도 마산 할머니 시위를 제대로 기록하지 않았다. 4월혁명에서 여성들은 이처럼 심하게 지워졌다.

이승만 정부의 붕괴를 결정지은 4월 26일의 대규모 시위 과정에서도 역시 다수의 여성들이 참여하였다. 이날 이른 아침부터 광화문에는 사람들이 모여들었는데, 계엄군은 탱크를 이리저리 움직이며 시위대를 위협해서 광화문 근처에 접근하지 못하도록 막았다. 그러나 광화문에 모인 군중들은 비켜서지 않았으며, 오히려 탱크에 올라타서 "자유를 묶어버렸다"고 한다.[92] 한편 이날 경찰의 발포로 동대문경찰서 앞에서 숙명여대생 홍춘우가 사망했고, 또한 장이자(여, 답십리 299)라는 여성도 사망하였다. 김동보(여, 30세), 박희숙(여, 23세), 김순자(여, 17세) 등 여성 부상자의 명단도 존재한다.[93] 그러나 이들의 사망 및 부상 경위에 대해 알려진 것은 없다.


## 5. 맺음말

성차별적인 사회에서는 역사도 성차별적으로 기록된다. 4월혁명 관련 각종 기록들에서 여성들의 행동은 잘 기록되지 않았으며, 기록된다 하더라도

---

**92**  현역일선기자동인 편, 앞의 책, 1960, 127쪽.

**93**  『동아일보』 1960. 4. 27, 석3면; 홍영유, 앞의 책 9권, 2010, 151쪽.

예외적이고 사소한 일로 치부되는 경향이 있다. 4월혁명은 성공한 민주항쟁이기 때문에 그 직후에 항쟁을 기록한 다수의 각종 서사기, 수기 등이 출간되었다. 4월혁명사 서술에서 여성들이 지워지는 양상은 '마산 할머니 시위' 사례에서 보이는 것처럼 대단히 놀라울 정도이다. 이러한 사실을 전제로 놓고, 기존 4월혁명 기록들을 검토해볼 때 여성들은 결코 4월혁명의 방관자가 아니었다. 당시 여성들이 차지하고 있던 사회적 비중을 고려할 때 여성들은 4월혁명에 참여한 다양한 주체 중에 나름대로 인상적이고, 특징적인 역할을 했다고 할 수 있다.

3·15부정선거에 항거하는 민주항쟁 과정에서 가장 선도적인 역할을 한 계층은 중고등학생들이었다. 민주항쟁의 첫 포문을 열었던 1960년 2월 28일 대구 지역 고등학생들의 시위 때부터 여학생들은 참여했으며, 4월 26일 이승만 대통령이 사퇴할 때까지 전국 각지에서 여중고생들의 시위가 이어졌다. 여학생들의 시위는 대부분 남학생들과 함께 진행되었으며, 남학교 학생들이 먼저 시위를 진행하고, 여학생들이 합류하는 경우도 있었고, 그 반대의 경우도 있었다. 여학생들의 시위는 대체로 자체적인 결정과 역량을 바탕으로 이루어졌으며, 남학교 학생들에 의해 추동되거나 도움을 받아 거리로 나온 사례는 거의 보이지 않는다. 또한 전체 학생 중 여학생이 차지하는 비중을 고려할 때 여학생들의 민주항쟁 참여는 남학생들과 비교했을 때 상대적으로 저조했다고 말하기 어렵다.

다만 대도시라는 특수성 등으로 말미암아 서울의 여자중고등학교 학생들의 경우 개별적으로는 민주항쟁에 다수 참가하였지만, 학교 단위로 집단을 형성하여 나오지는 못했다. 또한 주로 서울에 밀집해 있던 여자대학의 학생들도 학교 단위로 시위대를 형성하여 가두로 나서지 못했다. 그런데 민주항쟁의 주된 주체로 대학생들이 부각됨에 따라, 여자대학 학생들이 학교 단위로 시위에 참가하지 못한 사실만이 강조되고, 지방에서 벌어진 여중고생들의 수많은 시위 활동은 부차화되었다. 그러면서 여학생들의 4월혁명 참여는 예외적이고 사소한 일로 치부되고, 여성들이 4월혁명에서 인상적인 역할을 하지 못한 것으로 인식하게 만들었다. 서울 중심적인 시각, 대학생 중심적인 시각이 여학생들을 4월혁명의 기억과 역사 서술에서 배제하는 중요한 원인이 되었던 것이다.

여학생들뿐만 아니라 일반 여성들도 항쟁에 다수 참여하였다. 1, 2차 마산항쟁은 민주항쟁이 전국적으로 파급되는 데 중요한 기폭제 역할을 했다. 이 과정에서 다수의 비학생 일반 여성들도 참여하였다. 특히 김주열의 시신이 발견된 직후 일어난 2차 마산항쟁 때에는 중년 여성들이 항쟁을 촉발하는 데 중요한 역할을 했다. 또한 마산에서는 4월 25일 '할머니'로 불렸던 노년 여성 및 중년 여성들이 주도하는 시위가 일어났다. 이 시위는 여성들이 주도하고, 시위에 참여한 절대 다수가 여성인 시위였다. 이날 여성 시위대는 "죽은 학생 책임지고 리대통령 물러가라"고 쓴 플래카드를 들고 시위를 벌였는데, 당시 시위 중에 가장 뚜렷하고 명확하게 이승만 퇴진을 요구하였다. 그러나 같은 날 서울에서 있었던 대학교수단 시위가 크게 주목받은 것에 비해, 마산 할머니 시위는 규모나 내용 면에서 충분히 주목받을 수 있었는데도 4월혁명사 서술에서 철저히 배제되고, 단지 예외적이고 이색적인 시위로만 기억되고 있다.

여성들이 역사 서술에서 배제되는 중요 원인으로 먼저 성차별적인 시각과 관념을 들 수 있다. 그러나 4월혁명의 사례는 엘리트 중심적이고, 서울 중심적인 시각 또한 역사 서술에서 여성을 배제하고, 부차화하는 데 매우 중요하게 작용했음을 보여준다. 그것이 성적인 것이든, 계급, 계층적인 것이든, 또한 지역적인 것이든 다양한 위계와 불평등한 체제들이 상호 연결되어 여성들의 활동을 역사 서술에서 배제했던 것이다. 거다 러너(Gerda Lerner)는 성차별 문제, 인종차별 문제, 계급 문제 등이 서로 각기 분리된 억압 체제에서 나오는 것이 아니라 하나의 억압적 체제가 다양한 측면에서 발현되는 것이며, 따라서 어떤 억압 체제가 더 근본적으로 작용하고, 더 우선적으로 해결해야 하는지를 논쟁하고, 경쟁하는 것은 무의미하다고 강조하였다.[94] 여성들이 4월혁명 과정에서 소외되고, 주변화되는 과정은 이러한 측면들을 잘 보여준다.

기존의 4월혁명 기록들은 여성들이 민주항쟁의 과정에서 주로 물과 음식을 날라주는 역할을 한 것으로 기록하고 있다. 그러나 당시 여성들이 이러한 시위 지원 활동만 한 것은 아니었다. 시위대 전면에 나서 싸운 사례도 있고, 그러다가 다수의 여성 사상자들이 나오기도 했다. 따라서 여성들의 시위 지원 활동만을 강조하는 서술들은 기본적으로 차별적인 성역할 고정관념이 작용한 것이라 볼 수 있다.

여성들이 시위대에 물과 음식을 제공하는 등의 활동을 많이 한 것은 사실이다. 또한 시위 진압 과정에서 경찰 등이 시위대를 향하여 폭력을 행사할 때, 여성들이 나서서 항의하며 시위대를 보호해주는 역할을 한 사례도 다수 보인다. 그러나 시위대에게 물과 음식을 제공하고, 나아가 시위대를 보호해주는 활동은 민주항쟁에 있어서 단순히 보조적인 역할, 부차적인 역할이라고 할 수는 없다. 시위대를 지원하고, 보호하는 활동을 통해 여성들은 시위에 직접 참여한 사람들과 주변의 대중들을 연결해주는 역할을 했다. 즉 물과 음식을 날라주는 활동을 통해, 시위대가 폭력적인 진압을 당할 때 같이 항의해주는 활동을 통해, 시위대와 대중의 일체감과 연대의식을 형성하는 데 중요한 역할을 했던 것이다. 또한 김주열 등 국가폭력 희생자가 발생했을 때 일반 시

---

94　거다 러너 지음, 강정하 옮김, 『왜 여성사인가?』, 푸른역사, 2006, 275~297쪽.

민들이 유가족의 고통에 공감하고, 이들과 연대의식을 형성하는 데에도 여성들이 매우 두드러지고 주도적인 역할을 했다. 마산 할머니 시위에서 나온 "죽은 학생 책임지고 리대통령 물러가라"는 구호는 이와 같은 공감 능력, 가해자의 책임을 물으며 연대의식을 형성하는 여성들의 능력을 잘 보여준 것이다. 이러한 측면에서 여성들은 4월혁명의 방관자가 아니라 시위대와 일반 대중을 연결시키고, 국가폭력 희생자들과 시민들 사이의 연대감을 형성하는 데 매우 특징적이고, 중요한 역할을 한 4월혁명의 주체였다.

**04**
**4월혁명과 근대화 주체론의 변화**
홍정완 (연세대학교 근대한국학연구소)

## 1. 머리말

본고는 '4월혁명'이 한국사회 '근대화' 추진 주체에 관한 언설에 어떠한 영향을 미쳤는가에 대해 살펴보려는 것이다. 이를 위해 본고에서는 한국전쟁 이후 한국사회에서 제기되었던 후진성 극복, 근대화 주체에 관한 담론 지형과 그 전개 양상을 검토하고, 그것이 4월혁명을 거치며 어떻게 변화하게 되었는가를 밝힘으로써 4월혁명이 한국사회에 끼친 영향을 다각적으로 이해하는 데 일조하고자 한다.

1950년대 한국사회의 후진성과 그 극복에 대한 논의를 주된 대상으로 삼은 학계의 연구로서 먼저 경제개발론과 경제정책, 경제개발계획 등에 관한 연구를 들 수 있다. 이들 연구는 한국전쟁 이후 1960년대 전반에 이르기까지 미국 원조에 의존했던 후진적 경제구조를 탈피하고 자립적인 경제체제를 건설하고자 했던 움직임을 분석한 것이었다.[01] 이와 함께 1950~60년대 한국사회 지식인층의 사상 동향을 추적할 수 있는 대표적인 매체로서 『사상계(思想界)』에 관한 연구를 들 수 있다. 특히 본고의 대상이 되는 시기 『사상계』는 '반공-반소'의 진영논리와 '독재-자유' 구도 하에서 자유민주주의적인 경향, '선진-

---

01 홍정완, 「1950년대 한국 경제학계의 후진국 개발론 수용」, 『한국사연구』 182, 한국사연구회, 2018; 정진아, 「1950년대 후반~1960년대 초반 '사상계 경제팀'의 개발 담론」, 사상계 연구팀, 『냉전과 혁명의 시대 그리고 『思想界』』, 소명출판, 2012; 박태균, 『원형과 변용』, 서울대학교 출판부, 2007; 鄭眞阿, 「제1공화국기(1948~1960) 이승만 정권의 경제정책론 연구」, 연세대학교 박사학위논문, 2007; 박태균, 「1950년대 경제개발론 연구」, 『사회와 역사』, 61, 한국사회사학회, 2002; 박태균, 「1950년대 경제개발에 대한 논의의 특징과 그 배경」, 『비교한국학』 12권 1호, 국제비교한국학회, 2004.

후진'의 구도에서 후진성 극복 담론이 주된 것이었음이 여러 연구를 통해 지적되었다.[02]

잘 알려져 있듯이 '4월혁명'에 관한 연구는 그 주제가 확장, 심화되는 가운데 꾸준히 축적되어왔다. 혁명의 발발과 전개뿐만 아니라 혁명 직후 나타난 장면·민주당 정권의 정책, 각 지역별 움직임이나 여러 사회 영역에서 분출한 운동 양상들이 주목받아왔다. 본고의 주제와 관련해서는 앞서 지적한 박태균, 정진아의 연구 외에도 장면 정권의 경제정책이나 각 정치세력의 경제발전론 등을 분석한 연구들이 제출되었으며,[03] 혁명 이후 '계몽운동'과 '통일운동' 등 대학생층의 운동 노선과 활동 등을 '후진성' 극복의 차원에서 접근한 연구도 진행되었다.[04]

이와 같은 선행 연구들을 통해 1950년대에서 4월혁명 이후 국면에 이르는 시기 한국사회의 '후진성' 극복과 근대화에 관한 논의의 기본 윤곽이 상당 부분 밝혀졌다고 할 수 있다. 그럼에도 기존 연구들은 집권 세력이나 정당을 비롯한 주요 정치 세력의 경제개발 또는 경제정책론에 집중되거나 『사상계』 등

---

**02** 이상록, 『한국 자유민주주의와 『사상계』』, 고려대학교 민족문화연구원, 2020; 사상계 연구팀, 『냉전과 혁명의 시대 그리고 『思想界』』, 소명출판, 2012; 권보드래 외, 『아프레걸(Apre girl) 思想界를 읽다—1950년대 문화의 자유와 통제』, 동국대학교출판부, 2009; 김건우, 『사상계와 1950년대』, 소화, 2003; 김경일, 『근대와 근대성』, 백산서당, 2003, 제5장~제6장.

**03** 오진석, 「1950년대 김영선의 '자유경제' 정책론 형성과 전개」, 『동방학지』 186, 연세대학교 국학연구원, 2019; 오진석, 「1955~1960년 김영선의 정치활동과 경제정책 실행방안 구상」, 『민족문화연구』 83, 고려대학교 민족문화연구원, 2019; 정진아, 「장면 정권의 경제정책 구상과 경제개발5개년계획」, 『한국사연구』 179, 한국사연구회, 2017; 조석곤, 「4월혁명 직후 진행된 각 정파의 경제발전 지향을 둘러싼 제논의」, 정근식·이호룡 편, 『4월혁명과 한국민주주의』, 선인, 2010; 박진희, 「민주당 정권의 경제제일주의와 경제개발5개년계획」, 『국사관논총』 84, 국사편찬위원회, 1999; 김기승, 「민주당 정권의 경제정책과 장면」, 『한국사학보』 7, 고려사학회, 1999.

**04** 오제연, 「1960~1971년 대학 학생운동 연구」, 서울대학교 박사학위논문, 2014, 99~112쪽; 오제연, 「4월혁명 직후 학생운동의 '후진성' 극복 지향과 동요」, 정근식·이호룡 편, 『4월혁명과 한국민주주의』, 선인, 2010.

특정 매체의 지식인 그룹을 중심으로 진행됨으로써 당시 한국사회의 후진성 극복, 근대화에 관한 논의의 전반적인 지형과 그 변화 양상은 주된 분석의 대상이 되지는 못했다. 이와 함께 후진성 극복, 근대화의 지향을 밝히는 작업에 치중됨으로써 그것을 실현할 '주체'와 '방법', 즉 '누가', '어떻게' 근대화를 추진해 나갈 것인가에 관한 언설의 체계를 구체적으로 분석한 연구는 미진한 상황이라고 할 수 있다.

이와 같은 문제의식을 바탕으로 본고에서는 우선 1950년대 한국사회의 근대화와 후진성 극복에 관한 논의들을 전반적으로 검토하여 그 시기적 변화를 밝히고자 한다. 즉, 휴전 직후 나타났던 한국사회의 후진성과 그 극복에 관한 논의가 1950년대 후반에 어떻게 변화, 재편되었는가를 살펴볼 것이다. 이를 토대로 이승만·자유당 정권의 무능과 부패, 독재에 대한 지식인층의 비판적인 태도 속에서 국가기구와 정책을 지렛대로 삼는 후진성 탈피, 근대화의 전략이 동요되었던 양상과 더불어 그 대안으로 제기되었던 근대화의 주체와 방법 등에 대해 밝히고자 한다.

다음으로 1950년대 근대화의 주체와 방법에 관한 논의 지형이 4월혁명을 거치며 어떻게 변동하게 되었는가를 민족주의의 대두와 결부하여 두 가지 방향에서 검토하고자 한다. 첫째, 혁명 이후 후진성 극복과 근대화의 과제를 현실 제도정치와 연계하는 것이 아니라 '민족'의 역사적 과제로 자리매김하는 가운데 근대화의 주체로서 학생·지식인 계층을 부각시켰던 양상에 다가서고자 한다. 둘째, 혁명 이후 현실 정치체제에 대한 비판과 불만 속에서 후진적 경제·사회체제에 대한 급속한 변혁 열망이 국가기구와 권력에 대한 물신화로 이어졌던 양상을 살펴보고자 한다.

## 2. 1950년대 한국사회의 근대화 담론과 주체

### 1) 부르주아계급과 국가, 그리고 지식인 계층

한국전쟁 이후 1954년 헌법 경제조항 개정 논의에서도 표출되었지만,[05] 1950년대 전반 이래 야당이었던 민주국민당-민주당 세력과 『동아일보』, 『사상계』, 『새벽』 등을 주도했던 지식인들은 '봉건성' 내지 '후진성'의 극복과 근대사회로의 개혁을 주장하는 계몽적 언설을 지속했다.[06]

이러한 언설의 주된 논지는 정치적으로 자유주의적인 민주정치의 실현, 경제적으로 관권 개입을 배제하고 민간경제의 발전을 통한 자본주의적 근대화, 사회·문화적으로 중산층과 시민문화의 육성에 놓여 있었고, 그 속에서 이데올로기이자 운동으로서 '민족주의'는 크게 주목받지는 못했다고 할 수 있다.

흥미로운 것은 대체로 1956년 이선근 문교부장관 사임 이후부터 이승만·자유당 정권은 그 이전까지 "멸사봉공(滅私奉公)"의 "민족정신(民族精神)"을 내세우며 국가, 민족, 반공을 결합하여 대내적 통제와 동원을 시도했던 이데올로기적 작업을 적극화하지 않았다는 점이다.[07] 파편적인 형태로 표출된 사례

---

05  이에 관해서는 신용옥, 「대한민국 헌법상 경제질서의 기원과 전개(1945~54년)」, 고려대학교 박사학위논문, 2006, 제4장 참조.

06  1950년대 『사상계』의 후진성 탈피와 근대화 지향에 관해서는 김건우, 『사상계와 1950년대』, 소화, 2003, 130쪽~142쪽; 김경일, 『근대와 근대성』, 백산서당, 2003, 5장과 6장; 이상록, 『한국의 자유민주주의와 『사상계』』, 고려대학교 민족문화연구원, 2020, 제3장 참조.

07  이와 같은 1950년대 중반 이승만 정권과 관변 지식인층의 기획과 활동에 대해서는 홍정완, 「전후 재건과 지식인층의 '도의(道義)' 담론」, 『역사문제연구』 19, 역사문제연구소, 2008, 60~67쪽 참조. 1950년대 중반 멸사봉공(滅私奉公)의 민족정신(民族精神)을 강조했던 지식인으로서 제3세계 민족해방운동의 대두에 대해 주목했던 인물로는 김두헌(金斗憲)을 들 수 있다. 그는 해방 후 자신이 발간한 『민족이론의 전망』(을유문화사, 1948)을 증보하여 『민족원론』(동국문화사, 1960. 3)을 발간하였다. 증보판에 추가한 제3세계 민족주의에 관한 내용은 대체로 반공과 진영논리에 의거하여 비동맹노선, 중립주의를 비난하고, "국토의 안전은 오직 집단

를 제외한다면 1950년대 후반에 접어들면서 이승만·자유당 정권은 자신들의
정치적 주도권을 더욱 확장하고, 공고화하기 위해 당대 '제3세계' 국가들의
정치 현상에서 나타나는 권위주의적, 독재적 통치 양식을 근거로 자신들의
권력 확장을 정당화하려고 하지 않았다.[08]

반공과 자유민주주의를 사실상 동일시하면서 이승만에게 '세계적 반공
지도자'로서 권위를 부여하고, 자유민주주의의 수호를 위한 자신들의 집권
정당성을 확보하려는 모습을 보였지만,[09] 공식적으로는 정당-대의제도를 축
으로 한 자유민주주의의 발전을 내세웠던 것이다. 따라서 그들은 이승만의
집권을 유지하는 가운데 어떤 수단을 동원해서라도 '선거'를 통해 '의회'를
장악하는 것에 몰두했다. 그 결과 제3세계의 잦은 쿠데타와 권위주의적 통치
양식은 '정치적 후진성'을 상징하는 것으로서, 오히려 이승만 정권에 비판적
이었던 지식인층에 의해 정권의 권력구조와 통치 행태를 비판하는 근거로
자주 활용되었다.

이와 같은 '후진성'에 대한 태도는 1950년대 후반 이승만 정권에 대해 우
호적이지 않았던 일간지와 지식인 잡지에서 완연히 살펴볼 수 있다. 1957년
초반 태국에서 실시된 총선거에 관권이 개입하면서 학생들이 들고일어났고,
태국 정부가 비상사태를 선언하고 강경한 대응을 취했다. 이에 대해 후진국

---

안전보장(集團安全保障)의 길"밖에 없음에 초점이 맞춰져 있기 때문에 새로운 통치 양식에
관한 주장을 담고 있지는 않다.

08  파편적인 형태나마 확인할 수 있는 사례로서, 한국과 서구는 "사회적 배경에 다대(多大)한
차이"가 있기 때문에 "한국은 서구민주주의 복사판(複寫版)을 만들 의도"가 없다는 1959년
주영한국대사임시대리(駐英韓國大使臨時代理) 박동진(朴東振)의 발언이나 "한국은 후진
국이므로 언론 출판의 자유를 제한"해야 한다는 자유당 간부층의 발언 등을 들 수 있다. 「한
국판 민주주의란?」, 『동아일보』 1959. 5. 16, 석간 1면.

09  백운선, 「민주당과 자유당의 정치이념 논쟁」, 진덕규·한배호 외, 『1950년대의 인식』, 한길사,
1981.

가들의 "민주적 건설을 지향하는 하나의 진통"을 현시한다고 하면서, 그 예로서 인도의 네루와 국민의회파의 독주, 인도네시아의 군부반란 만연과 그 대응으로써 수카르노의 "훈정적(訓政的) 민주주의", 과거 중국 국민당 정권의 '훈정(訓政)' 실패, 이란·파키스탄·터키 등의 정변과 정국불안, 이집트 "나세르 독재" 등을 언급하고 있으며, 필리핀의 막사이사이 집권 이후 "민주적인 공명선거와 청렴행정의 길"만을 예외적인 것으로 평가했다. 결론적으로 이러한 아시아의 진통을 "세계적 통례(通例)라고 자가변호(自家辯護)의 재료"로 삼아서는 안 되며, 이를 경계하고 교훈으로 삼아 한국의 민주주의 발전이 "아시아의 서열(序列)에서 선진적(先進的) 위치를 확보"해야 한다고 역설하였다.[10]

1950년대 중·후반 『사상계』 지면을 통해 '제3세계' 민족주의에 주목하고, 이를 한국사회에 견주었던 지식인으로 신상초, 김성식, 양호민 등을 들 수 있다. 이들은 '제3세계' 민족주의의 의의를 적극적으로 평가하기보다는 '후진성'의 관점에서 보다 비판적으로 접근한다는 점에서 공통적이었다.

신상초는 유럽이 거쳤다고 간주한 '근대사회로의 경로'를 기준으로 '아시아적 정체성', '봉건성', '후진성' 등의 관점에서, 그리고 '비동맹 노선'에 대한

---

10 「(사설) 아시아의 진통」, 『동아일보』 1957. 3. 6; 당시 태국 수상에게 보내는 형식으로 작성된 김동명(金東鳴)의 논설에서도 "우리들의 공산당과 투쟁의 대의명분"은 "오직 인권, 인권 문제"가 아니냐고 하면서 "공명선거를 배반한 민주주의", "인권 침해를 능사로 하는 반공 투쟁"이 명분일 수는 없다고 비판하였다. 김동명, 「아세아적 혼미의 지양—태국 수상 피분·송그람氏에게 ①~③」, 『동아일보』 1957. 3. 16. 필자가 확인했던 자료 범위 내에서 '제3세계'의 독재적, 권위주의적 통치 양식을 '민족혁명'을 위해 불가피한 것으로 옹호하는 텍스트 중 가장 이른 시기 작성되었던 것은 1960년 3월 8일자 『영남일보(嶺南日報)』 사설이다. 사설에서는 인도네시아 수카르노의 "교도민주주의" 구상에 대해서 "불안한 정국의 안정, 수습"을 위해 "서구식 자유민주주의, 서구식 의회민주주의를 수입품으로 받아들이지 않고 인도네시아의 정치적 토대에 가장 알맞은 정치체제를 취하"려는 것이라고 평가하면서, "수카르노 대통령의 대통령 권한 강화와 이번 의회 기능 정지 조치는 단순한 전제적 독재화 경향"이라기보다는 '민족혁명', '정치혁명', '사회혁명'의 "3중혁명을 시급히 수행하여야 할 아세아 후진제국에 있어 불가피적으로 나타나는 하나의 통치 형태로서 적지 않은 의의를 가진 것"이라고 하였다. 「수카르노 대통령의 독재화 경향의 의의」, 『영남일보』 1960. 3. 8.

우려와 비판적 시선 속에서 아시아·아프리카 지역의 동향에 접근했다. 그는 '제3세계'에서도 서구 시민혁명과 유사하게 '시민계급'이 주도하는 자유주의적인 근대화 과정이 필요하다고 보았다. 이는 과거 식민지였던 국가의 봉건적 사회구조로 인해 자유주의가 아니면 "파시즘"이나 "전체주의"로 쉽게 전락할 가능성이 있다고 보았으며, 아시아-아프리카 지역의 민족주의가 공산화의 통로가 되는 현상에 대한 경계와 비판 또한 그 연장선상에서 제기하였다. 신상초는 이집트 나세르가 "제2의 장개석"이 될 것을 경계하면서 서독과 일본, 터키 등의 예를 들고 "나쇼나리즘의 원리를 관철"하면서 "민족의 이익이 공동히 번성해 나가는데 사회주의보다 자본주의가 오히려 강인하고 탄력성 있는 제도"임을 내세웠다.[11]

한국사회에 대한 시선 또한 크게 다르지 않았다. 전후 국면에서 그는 "우리는 이십세기 후반기 한국"에서 살고 있지만, "사회의 발전단계는 십구세기 유럽사회나 아메리카사회에 해당한다"[12]고 주장하면서 "산업혁명이 현재 진행 중이며 자본주의적 상품 생산이 활발해지기 시작"했다고 보았다. 그에 따라 한국사회 근대화의 목표로서 정치적으로 '국민국가'의 완성, 경제적으로 상품경제의 확립, 사회적으로 씨족제도의 일소와 소가족제도를 통한 봉건적인 인간관계와 인간 의식의 해소 등을 들었다.

김성식은 민족주의의 이상적 모델이자 준거로서 영국의 "민주적 민족주의"를 들고, 현실의 "한국적 민족주의"는 그것과 대비하여 아시아적 봉건성과 후진적 성격으로 인해 배외성, "주종적(主從的)인 충성관념(忠誠觀念)", "비민족적(非民族的) 특수성"과 그로 인한 "특권성(特權性)", 국가(권력)주도성 등이 강

---

11 신상초, 「민족주의의 신차원」, 『사상계』 1957년 4월호.
12 신상초, 「한국사회 근대화의 의미」, 『체신문화』, 32, 체신문화협회, 1956, 4쪽.

하게 나타나고 있다고 비판하였다. 따라서 현실의 "한국적(韓國的) 민족주의"
는 "안으로 민주화(民主化)를 막고, 밖으로 국제적 이해(理解)를 저해"하고 있기
때문에 청산되어야 할 현상이었다.[13] 그는 당시 한국사회에서 요청되는 민족
주의의 주된 방향은 "제국주의에 반항(反抗)"하는 것이라기보다는 "사회정의
수립에 치중"하는 것이라 보았다.[14] "민족주의는 민족애(民族愛)에서 나오고 민
족애는 인인애(隣人愛)에서 근원"하는데, "부패"와 "사회적 불의(不義)"가 충만
한 속에서 사회적 연대의식은 취약할 수밖에 없다는 것이었다. 따라서 민족
의 단결은 권력으로부터 형성되는 것이 아니라 개인의 자유의사에 의거해야
함으로 사회적 정의의 실현만이 개인과 개인의 격리, 개인과 사회의 격리를
메우고, "참된 민족주의"를 형성시킬 수 있다고 보았다.[15]

양호민의 경우, 신상초나 김성식과 같이 '후진·봉건적'-'선진·근대적'의
구도 속에서 접근한다는 점은 동일하지만, '한국의 민족주의'를 '제3세계'의
민족주의와 구별하려고 시도했다는 점에서 주목할 만하다. 그는 "한국의 근
대적 민족주의"는 "아랍, 아시아의 식민지적 민족주의와 커다란 간격"이 있
다고 하면서 그 이유를 3·1운동 이래 "민족 고유의 신화나 국수주의가 아니
라 근대적 서구적 이념"에 뿌리박고 있음을 내세운 반면, "서구자본주의에 의
하여 잠식된" 지역은 "정복자의 종교, 즉 기독교에 대해서 증오감"으로 "모슬

---

13 이와 같은 '한국적 민족주의'에 대한 그의 비판적인 관점은 당시 이집트와 중동 지역의 분열
과 민족주의에 대한 평가에서도 유사하게 나타났다. 중동 지역에 대한 서구 제국주의의 분
할, 위임통치를 비판하면서도 중동 지역의 민족주의는 "근대화의 과정을 밟지 못하고 직선
적으로 20세기에 돌입하였기 때문에 근대 서구의 이데올로기의 하나인 민족주의를 올바르
게 이해하지 못하였다"고 보았다. 김성식, 「중동 지역의 역사적 특징」, 『고대신문』 1957. 4. 15.

14 이에 대해서 김성식은 헤이즈(Calton Hayes)의 민족주의론, 특히 히틀러와 무솔리니의 민족
주의를 "철저한(integral)" 민족주의로 평가한 것에 대해 '독단적 민족주의'라고 부르고 싶다
고 하였다. 김성식, 「학생과 민족운동」, 『고대신문』 1958. 2. 3, 2면.

15 김성식, 「한국적 민족주의」, 『사상계』 1958년 9월호; 김성식, 「사필을 울릴 비극(上)~(下)」, 『사
상계』 1959년 1월호~2월호.

렘교와 같은 자기의 전통적 민족종교에 맹목적으로 집착"하여 '현대문명'을 받아들이는 데 많은 장애가 있음을 강조하였다.[16]

다시 말해 그는 제3세계 국가들의 근대화를 저해하는 종교적 요인 등을 지적하고, 한국민족주의에 내재된 특성을 당대 '제3세계' 민족주의와 차이를 둠으로써 구미 근대문명 수용에 심각한 장애가 발생하지 않고 근대화를 이룩할 수 있는 역사적, 문화적 조건을 부각시키려고 했던 것이다. 이와 같은 그의 한국사회에 대한 이해 방식은 다수의 사회과학 분야의 지식인들이 당시 한국사회의 구조를 '제3세계', '후진국가'들과 동일시하는 가운데 후진성 극복 방도를 도출하려고 했다는 점에서 주목할 만하다.

1959년 『동아일보』 한 사설에는 제3세계 국가들과 '한국'의 관계 설정, 그리고 그 속에서 한국의 위상과 정체성에 관한 흥미로운 관점이 표명되어 있다.

> 중립국과의 외교관계 설정은 UN에 있어서 한국의 입장을 강화하고 공산뿔럭을 고립화시키는 데 필요할 뿐만 아니라 대외무역의 확장과 한국 기술의 해외진출을 위해서도 대단히 유익할 것이다. (…) AA뿔럭에 속하는 나라들의 거개(擧皆)가 우리보다 민도(民度)가 낮고 후진적인 농업국이어서 상품과 기술과 자본을 절실히 필요로 하고 있다는 사실을 주목하여 본다면 우리는 무역 확장이나 인구문제 실업문제 등 매우 골치 아픈 문제 해결방법을 이 방면에서 구해보지 않으면 안 된다. 우리는 우리나라 구미제국(歐美諸國)이나 일본 등 선진국에 비하면 분명히 후진국이지만 A.A제국(諸國)에 비하면 선진국이라는 점을 자각하여

---

16  양호민, 「한국민족주의의 회고와 전망」, 『현대정치의 고찰』, 사상계사출판부, 1962. 이 글은 1959년 여름에 개최된 한·미문화교류회의에서 강연한 내용을 옮긴 것이라 밝히고 있다.

민족적인 자신을 가지고 이 지역에의 진출책(進出策)을 적극적으로 꾀하지 않으면 안 된다.[17](이하 밑줄—인용자)

위와 같은 제3세계 지역에 대한 태도를 '아제국주의(亞帝國主義)' 발상이라고 속단할 수는 없고, 당시 남한사회의 일반적인 관점이라고 확대해석할 수도 없을 것이다. 하지만 당시 야당 성향의 대표적인 일간지에서 표명한 관점이나 태도라는 점에서 제3세계 지역과의 관계 속에서, 그리고 선진(先進)-후진(後進)의 문명·문화적 위계 속에서 당시 한국의 위상, 정체성 등을 어떻게 바라보고 있었는가를 엿볼 수 있는 대목이라 할 수 있다. 이는 앞서 언급했듯이 『동아일보』가 '자유민주주의'의 발전 정도를 기준으로 제3세계 지역의 정치현상을 평가하고 있던 측면과 함께 중첩하여 고려한다면 당시 '자유민주주의'와 '사회경제적 근대화'를 추구하던 한국 지식인층의 관점에 놓인 '제3세계' 인식의 특성을 가늠해볼 수 있다고 판단된다.

'후진 세계'의 국가들과 '한국'의 역사적, 문화적 경험과 조건을 차이화하는 양호민의 관점이나 위의 사설에서 '민도(民度)'를 기준으로 즉, '선진-후진'의 문화·문명적 위계 속에서 한국의 위상을 여타의 '후진국가'들과 차등화하려는 태도에서 한국사회 지식인층이 가지고 있던 세계인식의 한 특징을 잘 살펴볼 수 있다. 그러나 1950년대 후반 한국 지식인층이 산출한 '후진성' 담론의 지배적 흐름은 한국사회의 제반 영역에서 나타나고 있던 현상을 '제3세계' 국가들, 이른바 아시아의 '후진제국(後進諸國)'들과 동일한 수준과 동일한 범주로 인식했다. 이러한 후진성 담론의 몇 가지 주요 특성을 살펴보자.

한태연은 '한국사회'에서만 논의될 수 있는 문제가 아니라 "아세아사회"

---

17 「(사설) A.A제국에 대한 외교강화의 필요」, 『동아일보』, 1959. 12. 1.

"어디에서나 공통하게 발견될 수 있는 공통한 문제"로서 '후진성'을 지적하며 다음과 같이 쓰고 있다.

> 이미 일본의 유명한 동양학(東洋學) 학자인 쓰다 사우키치 박사(博士)에 의하여 지적된 사실이지만, 구라파적(歐羅巴的) 의미의 동양(東洋)이라는 개념은 아직까지 존재(存在)하지 않고 있다. (…) 우리의 동양에는 동양적 사회를 공통하게 지배하는 통일된 문화나 정신이 없다. (…) 이른바 유교문화나 불교문화 같은 것은 중국문화나 인도(印度)의 문화를 의미할 뿐이지 동양을 대표할 수 있는 통일된 문화가 아니다. 구라파(歐羅巴)라는 개념에 대응하는 동양이 존재하지 않는 이유는 바로 이 까닭이었다. 그러나 <u>역사에 있어서는 동양의 역사는 그 전체를 통일할 수 있는 어떠한 공통한 원리 위에 입각하고 있다. 그것이 바로 동양사(東洋史)의 시대적 구분까지를 불가능하게 한 역사적(歷史的) 정체성(停滯性)</u>이었다. 최근에 이르기까지 동양의 개념과 동의어격(同義語格)으로 간주되어온 식민지(植民地)라는 말은 그 모두가 동양사(東洋史)에 공통한 역사적(歷史的) 후진성(後進性)에 기인하는 것이었다.[18]

위의 인용문에서는 '통일된 문화나 정신'으로서 '구라파'라는 개념에 대응하는 통일적인 '동양적 사회'의 문화, 정신은 존재하지 않음을 지적하면서도, '동양'의 '역사'에서 그 공통한 원리를 발견할 수 있음을 주장하고 있다. 즉, '동양'의 개념과 동의어격인 '식민지'에서도 응축되어 있다고 간주한 '역사적 정체성', '역사적 후진성'이었다. 여기서 확인할 수 있는 것은 '후진성'은

---

18 한태연, 「한국적 현대의 성격―민주주의적 무대에 연출되는 군주주의적 연극」, 『현대』 창간호, 여원사, 1957년 11월, 77~78쪽. 인용문 중 '쓰다 사우치키'는 쓰다 소키치(津田左右吉)의 오기(誤記)임.

서구와 대비된 '아시아', '동양'의 역사적 정체성으로 등치되고 있다는 점이다. 즉, 이러한 '후진성'에 대한 관점과 시선은 '서구 근대'를 보편화하는 가운데 그 음각으로서의 내용과 성격을 갖는 것이고, 바로 그 점에서 종족적, 문화적, 경제적으로 다양하게 전개되었던 아시아의 역사적 흐름들이 '후진성', '정체성'으로 단일하게 구획, 구성될 수 있었음을 명확히 보여준다.

일국(一國)의 사회적 특질(特質)을 그 근대화(近代化)의 과정에서 논할 때 거기에 우리는 사회의 발전단계에서 보아 비동시적(非同時的)인 것의 동시적(同時的) 존재, 신크레티즘(syncretism)을 지적할 수 있다. 근대화가 봉건제에서 자본주의에의 이행을 의미하는 한 그는 전근대적인 봉건제와 근대적 자본주의와의 공재(共在) 또는 일국의 자본주의의 발전의 전제로서 봉건적 잔재가 결합, 미봉되고 있는 그러한 구조적 모순의 사태가 그것이다. 그러나 한국의 경우에는 근대화의 과정은 아시아적 후진국의 성격에서 더욱 복잡하여 그 신크레티즘은 적어도 기천년(幾千年)의 간격으로서 그러한 시대적 폭을 가지고 이해되어야 할 그러한 성질의 양상을 띠고 있다. 다시 말하면 거기에는 근대사회의 첨단을 나타내는 대중사회적(大衆社會的)인 요소와 중세적(中世的)이라기보다는 오히려 고대적(古代的)인 씨족체제적(氏族體制的) 요소가 혼재하고 있다.[19]

위의 인용문에서는 '근대화'를 '봉건제에서 자본주의'로 이행을 의미하는 것이라고 하고, 당시 한국의 "발전단계"에서 나타난 특성을 전근대적인 것과 근대적인 것의 '공재(共在)' 혹은 결합·미봉으로 인해 나타난 "비동시적인 것의 동시적 존재"에서 구하고 있다. 특히, 단순히 중세 봉건적인 것과 근대 자

---

**19**   양회수, 「한국사회의 근대성과 전근대성」, 『사조』 1권 7호, 1958년 12월, 16쪽.

본주의적인 것의 '공재(共在)'만이 아니라 "아시아적 후진국"의 성격으로 인해 '기천년(幾千年)'의 시대적 폭을 지닌 '공재(共在)', 즉 '동시병존'의 양상을 보이고 있음을 지적하고 있다. 이러한 양회수의 표현은 특이한 것이 아니라 당시 지식인층이 한국의 사회적, 문화적, 사상적 양상에 내포된 특성을 '발전단계'의 관점에서 표현할 때 자주 등장하는 것이었다.[20]

이러한 표현은 당시 지식인들에게 사회 여러 영역에서 나타나는 '후진성'의 실상을 응축하고 있는 '비정상적인', '기형적인', '불균형적인' 것의 상징으로서 극복해야 할 문제이거나 '희화화'된 비판의 대상이었다. 이러한 주장은 최문환이 당시 한국 공업구조의 실태를 "가내공업, 공장제수공업" 등을 포함하여 "고도화, 근대화되지 않은 압도적 대다수의 중소공업과 거대공업이 유기적으로 관련되지 않고 모든 공업 형태의 전람회와 같이 나열"되어 있다고 하면서 그 극복을 주장한 것에서 찾아볼 수 있다.[21] 이러한 '발전단계'의 중첩, 혼재로 표상된 현실을 지칭할 때 가장 많이 등장하는 것은 도시의 번화가와 농촌의 실태에 대한 강렬한 대비였다. 예를 들어, 도시에서 확산되어 있던 대중사회적 문화현상에 대비하여 "첩첩한 골짜구니에 논밭을 갈고 생명을 유지하는 수많은 우리 백의민족(白衣民族)은 농산양식(農産樣式)과 생활양식(生活樣式)에 있어 아직도 신라(新羅) 백제(百濟) 그대로의 모습"이라고 하는 것이나[22] "명동(明洞)의 밤거리"와 "전라도(全羅道)나 경상도(慶尙道)의 농촌"을 대비하며

---

**20** 당시 국회의원이었던 윤제술(尹濟述)은 후진성과 독재의 상관성을 논하면서 신생후진국가의 후진적 성격을 "석기시대(石器時代)로부터 근대에 이르기까지의 모든 역사적 단계가 혼합공생"하고 있다는 점에서 찾기도 하였다. 윤제술, 「후진성과 독재—독재를 유발하는 원인과 상황」, 『현대』 1권 2호, 여원사, 1957년 12월.

**21** 최문환, 「한국경제체제의 파행성」, 『사조』 1권 7호, 1958년 12월, 30쪽.

**22** 송건호, 「쓰레기통 속에 장미꽃은 피고 있다—범죄·타락면에서 본 한국적 인간형의 제상」, 『현대』 1권 2호, 여원사, 1957년 12월, 33~34쪽.

과연 "이것이 20세기 한국인지", "임진왜란시대(壬辰倭亂時代)의 한국인지" 분별할 수 없을 정도라는 표현[23] 등에서 살펴볼 수 있다.

앞서 인용한 한태연의 글에서도 일부 확인할 수 있지만, 당시 '후진성' 담론의 지향성, 즉 '비판'과 '극복'의 대상으로서 '후진성' 문제는 '후진된' 상태를 비추는 거울이었던 '서구의 역사적 발전', 특히 '근대사회로의 발전' 과정을 어떻게 규정하는가의 문제와 직결된 것이었다. 다음은 신일철(申一澈)이 내린 "후진 한국의 진단서"의 머리말 내용이다.

> 첫째로 한국은 정상적인 근대화(近代化) 과정을 밟지 못하였음으로 봉건적 전제의 제요소가 아직껏 청산되지 못하고 있다는 것이다. 오랫동안 우리 민족 가운데 뿌리박힌 동양적인 관료적 중앙집권적 지배양식(官僚的 中央集權的 支配樣式)이 고질화되어 근세에 들어서면서 쉽사리 새로운 근세적 시민사회질서(市民社會秩序)를 확립치 못했다는 점이다. 귀족적 관료국가(貴族的 官僚國家)이던 이조(李朝)가 봉건국가의 경제적 기초라 할 전제(田制)를 개혁하여 공전화(公田化)함으로써 국가권력 지배의 경제적 기초(經濟的 基礎)를 강화했던 것이다. 그러므로 아직껏 "나으리"니 "대감"이니 하는 관료주의적 악취를 풍기는 용어가 엄존해 있는 형편인 것이다. 이러한 요소는 새로운 시민사회(市民社會)를 탄생시킬 주동적 역군으로서의 시민계급(市民階級)이 나타나지 못하게 하는 경제적, 사회적 요인이 되었다고 할 수 있는 것이다. (…) 이러한 자각적인 개인인 부르주아들이 계약에 의하여 성립시킨 근세적 국가(近世的 國家)의 공동의식(共同意識)을 체득치 못했던 것이다. 이와 같이 개인(個人)과 국가(國家)를 발견치 못한 우리 민족으로 하여금 그 후진성을 지양케 하는 방법으로 위로부터의 개혁을 수행함으로써 즉 좋

---

**23** 한태연, 앞의 글, 1957, 80쪽.

은 입법(立法)으로 나쁜 현실을 고치겠다는 오산이 반복되었을 뿐이다. 아직까지
이어온 봉건적인 관료적 전제주의는 이 사회에 모든 악(惡)의 근원이요, 후진성
의 원천이라고도 할 수 있다. 그러므로 이 사회에는 정상적인 건전한 시민계급
(市民階級) 내지는 중산계급(中産階級)이 육성되지 못하고, 정치권력을 악용하여 치
부(致富)한 정상자산계급(政商資産階級)이 창궐하여 유독성자본주의(有毒性資本主義)
를 성립시키는 형편이다.[24]

　　신일철은 부르주아 계급에 의한 서구의 근대적 시민사회 건설을 "정상적
인 근대화 과정"으로 간주하고, 그것을 기준으로 하여 그것의 '부재', '결여'로
서 한국의 '역사적 정체'를 바라보고 있다. 그러한 '정체'를 초래한 원인으로
"공전제(公田制)", 즉 토지의 국유제를 토대로 한 "봉건적인 관료적 전제주의"
를 들고, 그것을 한국사회의 "후진성의 원천이자 악의 근원"으로 지목하고 있
으며, 그것에 결탁하여 형성된 "정상자산계급(政商資産階級)"이 주도하는 한국
자본주의 질서에 대해 비난한다. 그의 '후진 한국의 진단서' 내용은 당시 '후
진성' 담론에서 공통적으로 등장하는 핵심적인 논지를 담고 있다. 특히, 당대
정치적인 측면에서 이승만 정권의 통치 양식과 결부된 관료제의 성격을 '가
산국가(家産國家)'적인 성격을 가진 것으로, 그리고 '관존민비'의 관료주의적
유제는 민주주의에 역행하는 것으로 지속적인 비판의 대상이 되었다.
　　그런데 위에서 살펴본 '후진성'은 '발전단계'로서의 역사적, 사회구조적
인 수준의 문제로 정치·경제·사회·문화 등 제반 영역에 걸쳐 있는 것이라 할
수 있다. 즉, 후진성을 극복한다는 것은 특정 부분의 특수 문제를 해결하는 것

---

**24**　신일철, 「한국적 후진성의 제양상—기형적 근대화와 후진적 신계급」, 『현대』 1권 2호, 여원사,
　　　1957년 12월, 69~70쪽.

이 아니었기 때문에 어떻게 극복할 것인가의 문제는 사회 전체의 '발전', '진보' 그 자체였다고 할 수 있다.

그렇다면 '후진성'을 어떻게 극복할 것인가? 이에 대한 당대 중요한 하나의 흐름이 앞서 살펴보았던 민주당의 이데올로그들이나 『사상계』를 주도했던 지식인들이 내세웠던 길이었다. 즉, 정치·경제적으로 관권의 개입·간섭을 배제하고, 국유·국영을 민유·민영화함으로써 민간경제를 발전시키는 자유주의적인 자본주의 체제 건설의 노선이라고 할 수 있다. 이러한 주장은 이승만 정권의 무능과 부정부패가 지탄받는 가운데 적지 않은 반향을 일으켰다. 그러나 1950년대 후반에 이르면 '후진국 경제발전'을 위한 장기개발계획의 입안과 실행은 필수적인 것으로 인식되었고, 사회 전반에 걸친 급속한 '후진성'의 탈피, 즉 사회 전체의 구조 변동을 의미하는 '근대화'가 '시장'과 '민간'의 자율에 맡겨서 급속히 성과를 이루어낼 수 있을 것인가에 대해 회의적인 시선 또한 확산되었다고 할 수 있다.

김상협은 "민주적 전통이 전무한 후진국가에서는 집중된 강력한 국가권력"은 "남용되기 쉽고" "관헌은 부패하기 쉽다"고 지적하고, 이러한 "부패는 예외적 우발적 현상이 아니라 만성적인 구조적인 성격까지를 갖게" 된다고 하였다. 이러한 "전제와 그 부패"는 "비록 후진국일망정" 용납될 수 없기 때문에 "필경에는 민중의 반항이 야기"될 것이라고 하면서도 다음과 같이 썼다.

근래 한국 식자(識者)들의 대부분은 선거간섭, 불법감금, 공금횡령, 증수뢰(增收賂), 은폐보조(隱蔽補助) 등 관헌에 의한 권력남용과 부패를 근멸하는 방책으로 국가권한의 대중삭감(大中削減)을 주장하는 경향이 농후하다. 국영(國營) 체제를 불하하고 무역관리를 변화(變化)하고 일체 가격통제를 철회함으로써 자유방임 자본주의경제를 지향하는 한편 교육 문화 사회 등 각 분야에 걸쳐서 국가의 간섭을 배제하면 절로 권력남용과 관헌부패의 기회가 줄어지리라는 생각이다. 일리가 있으나 이 주장은 19세기에 그것도 선진국가에서만 통용할 수 있는 추론(推論) 방식에 불과하다. 일찍이 불란서 국민들은 18세기 말부터 (…) 관헌필악론(官憲必惡論)에서 출발하여 자유방임과 국가권한 축소를 단행하여 훌륭한 성과를 거둔 것은 사실이다. 그러나 불란서는 선진국가라는 것을 잊어서는 안 된다. 또 지금의 한국은 집중된 국가권력과 강력한 정권 없이는 그의 낙후성으로 말미암아 부하된 사중(四重) 오중(五重)의 중첩된 과제를 시급히 동시에 해결할 도리는 없다는 것을 깊이 명심해야 할 것이다. 여기까지 적어오면 사랑하는 한국 장래에 대한 절망만이 남을 뿐이다. 그러나 우리는 용기를 가져야 한다.[25]

김상협은 이승만 정권의 문제점과 폐단에 대해 비판적인 입장을 취하면서도, 국가의 권한을 대폭 삭감하는 형태로는 후진국의 '낙후성'으로 인한 중첩된 과제를 급속히 해결할 수 없다고 보았다. 그는 후진국가의 근대화를 위해서는 강력한 '국가권력'이 필수적임을 주장했던 것이다.

그러나 이승만 정권의 국가기구, 관료 체제에 대해서는 다수의 지식인층이 회의적 평가에 그치지 않고 주된 비판의 표적으로 삼았기 때문에, 합리적이고 유능한 정부기구를 지렛대로 삼은 후진성 탈피, 근대화의 전략 또한 동요하고 있었던 것도 사실이었다. 이러한 당시의 딜레마 속에서 직접적으로 정부 차원의 전체적인 계획과 통제에 기대지 않는 방향이 타진되기도 하였다. 가령, 이만갑이나 양회수 같은 경우, "아세아의 후진성과 빈곤"의 근원으

---

25  김상협, 「한국의 정치적 후락성」, 『신태양』 1957년 12월호, 49쪽. 이와 같은 김상협의 주장은 1950년대 말 한 좌담회에서 '케말리즘'의 의의에 대한 구미학계의 견해를 소개하는 등 이후에도 지속되었다. 「(좌담회) 국제정치의 난류와 한류」, 『사상계』 70, 1959년 5월호, 김상협(金相浹)의 발언 참조. 다만, 김상협이 말하는 '강력한 국가권력'은 민주적인 제도와 절차의 문제를 배제, 주변화시키는 것이라고 보기는 힘들다고 판단된다.

로서 '농촌사회'의 특성에 주목하고, 국가권력의 직접적, 전체적인 통제와 계획이 오히려 '민주적인 발달'을 저해하고 "아시아적 전제국가로 후퇴할 위험성"을 지적하면서 '사회계획', 즉 '지역사회개발' 계획과 같은 지역사회의 조직화 요소에 중점을 둔 '지역종합개발계획'에 기대를 걸기도 했다.[26]

이상과 같은 지식인들과 달리 1950년대 후반 아시아·아프리카 국가들의 민족해방운동과 '민족주의'의 의의를 높게 평가했던 대표적인 지식인으로 최문환을 들 수 있다. 그는 한국전쟁 발발 이후 1950년대 중반까지 '근대 시민사회'의 성립 과정과 그 속에서 형성된 '자주적인 근대적 인간형'에 대한 탐색에 치중했다.[27] 그에 따라 후진국가의 민족주의에 대해서도 "개인의 자유와 민족국가, 민족국가와 보편적 인류가 유기적으로 결합하지 않고 강렬한 배외사상"이 지배하게 되어 "민족지상 국가지상주의가 개인의 자각과 자유를 매개하지 않고 국가전체주의로 발전할 위험성이 농후"하게 갖는 것으로 주로 비판의 대상이었을 뿐 그 의의를 적극적으로 평가하지 않았다.[28]

제3세계 지역의 민족주의운동에 대한 그의 평가는 1958년을 전후하여 변화했다고 판단된다. 그는 1958년 『민족주의의 전개과정』을 발간하였고,[29] 이

---

26   양회수, 앞의 글, 1958; 이만갑, 「경제정책만으로 농촌문제를 해결할 수 있는가?」, 『한국평론』 1958년 7월호, 한국평론사; 이만갑, 「농촌빈곤의 사회학적 해석—농촌문제 해결책의 맹점」, 『사상계』 1960년 1월호.

27   이에 관해서는 홍정완, 「1950년대 한국 경제학계의 후진국 개발론 수용」, 『한국사연구』 182, 한국사연구회, 2018, 414~429쪽 참조.

28   최문환, 「사회사상의 재유형에 관한 서설」, 『사상계』 1956년 4월호. 그는 후진국 민족주의가 "국내의 민주화의 토대 위에" 추진되지 않기 때문에 "전근대적"이고 "배외(排外)·배타적(排他的) 성격"을 갖기 쉽다는 점을 지적하면서, 후진국가에서 "근대적 민족주의를 올바르게 발전"시키려면 "국민경제 전반을 근대화"해야 하며, "후진국의 민족주의 문제는 후진국 경제개발의 문제에 직결되는 것"이라고 하였다. 최문환, 「후진사회와 민족주의—경제문제 개발만이 극복의 길」, 『신태양』 1958년 6월호.

29   초판이 1958년, 이듬해 출판사를 바꿔 개정판이 발행되었다. 최문환, 『민족주의의 전개과정』, 백영사, 1958; 최문환, 『민족주의의 전개과정』, 박영사, 1959.

와 더불어 조지훈(趙芝薰), 조동필(趙東弼), 신동욱(申東旭) 등과 함께 『사조(思潮)』
를 창간하고 1958년 8월호와 9월호에 각각 「중동(中東)과 중립주의(中立主義)」,
「민족주의(民族主義)와 약소국가(弱小國家)」라는 특집 등을 마련하여 제3세계
국가들의 민족주의에 대해 적극적인 관심을 표명하였다. 그는 "이제 세계사
의 가장 유력한 추진력은 약소민족운동"이라고 하면서, 그 예로서 "동구라파
의 민족항쟁, 중동의 아랍민족운동, 아시아의 민족주의" 등을 지적하였다. 나
아가 '제3세계'에서 경제적 자유주의의 파행적 결과를 강조하고,[30] 정치적 예
속과 식민지 경제에서 이탈하려는 제3세계 국가들의 민족주의가 갖는 '사회
혁명적' 성격을 적극적으로 평가하면서 다음과 같이 후진국가의 민족주의가
지향할 바와 그 의의를 평가하였다.

이와 같이 후진국의 동향이 중요한 것은 후진국이 다만 긴장된 세계정세를
좌우하는 인구수를 갖고 있는 것만이 아니다. 한걸음 나아가서 인류의 일보전진
을 위하여 후진국의 발전이 대단히 중요하다고 우리는 생각하는 것이다. 후진국
가의 민족주의가 제국주의의 정치 경제적 압박과 공산주의의 정치 경제적 예속
을 극복한다면 이는 다만 후진국의 문제만 아니라 도리어 세계사를 전환시키는
문제로 되는 것이다. 이러한 후진국의 발전이 자본주의와 공산주의의 정치경제
체제에 심각한 체제의 전환을 일으킬 수 있는 것이다. 자본주의의 발전에 따라
일어난 노동자와 노동조합의 결성이 자본주의 자체를 수정시킨 상쇄력으로 되
었다. 이와 같은 후진민족의 올바른 민족주의 상쇄력으로 되어 세계사를 올바르
게 발전시키는 힘이 될 수 있다. 그러나 이러한 힘은 반드시 대중의 이익을 민족

---

**30**  최문환, 「후진국 경제의 정체성과 개발의 문제」, 『문리대학보』 6권 1호, 서울대학교 문리과대
학, 1958.

적 토대 위에 세운 민족국가만이 행사할 수 있다. 강대국의 괴뢰로 되어 있는 위성국가나 또는 외국의 매판자본에 기생하여 자본주의 잔재를 향수하는 국가는 세계사에 공헌을 할 자격이 없는 것이다. 이와 같이 후진민족은 후진이기 때문에 도리어 유리한 입장에 있는 것이다.[31]

위의 인용문에서 살펴볼 수 있듯이, "후진국가의 민족주의"를 냉전질서 하에서 자본주의(제국주의)와 공산주의 양 진영 모두에게 압박을 받고 있는 것으로 파악하고, 그러한 압박을 극복할 수 있는 "후진민족의 올바른 민족주의"가 '세계사에 공헌'할 수 있다고 주장하였다. 여기에서 그는 후진국가의 민족주의를 앞서 살펴보았던 '선진'-'후진'의 구도로 환원되지 않는 다른 차원을 내포한 것으로 위치 짓고, '민족적 토대' 위에서 '대중의 이익'을 결합시킨 '후진민족주의'의 발전은 자본주의, 공산주의 등 기성 정치경제 체제의 전환을 촉발시킬 수 있는 힘이라고 높이 평가했던 것이다.

나아가 그는 아시아 민족주의 운동의 혁명적 성격에 대해서 맥마흔 볼(W. Macmahon Ball)이 *Nationalism and Communism in East Asia*(1952)에서 주장한 "3중의 혁명(three-fold revolution)", 즉 "제국주의에 대한 반항", "빈곤과 비참에 대한 사회경제적 반항", 그리고 "서양에 대한 동양의 반항"을 인용하면서 아시아 민족주의에 내포된 복합적이고 중첩적인 혁명성을 지적하였다. 그런데 그는 맥마흔 볼의 분석에서는 "민족주의를 추진시킨 정치적 주체를 구명하지 않았다"고 하면서, "아세아의 민족운동의 추진력을 담당하는 계급 여하를 분석"함으로써 아시아 "민족주의의 특질을 밝혀야 비로소 내면적으로 이해할 수" 있을 것이라고 하였다. 그러면서 아시아 사회의 "시민계급"(자본가계급), "노동자 계

---

**31**  최문환, 「민족주의론」, 『사조』 1권 5호, 1958년 10월.

급", "농민계급"의 정치적, 사회적 성숙도과 위상, 역량에 대해 각각 고찰하고, 다음과 같이 결론을 내렸다.

이와 같은 정치적 주체 없는 무정부상태에 아세아는 놓여 있다. 국민의 산업 자본이 형성되지 않고 중산시민계급이 결여되어 있으므로 민족운동의 추진력 이 시민계급을 배제하고 직접적으로 노동자·농민계급의 해방운동과 결부될 경 향을 표시하고 있다. 이와 같이 시민계급의 무력과 미발달은 아세아의 민족운동 을 농민·노동자계급의 사회혁명운동에 연결시켜 민족혁명이 사회혁명적 성격 을 가지고 동시에 해결할 처지에 놓여 있다. 이러한 지난한 과제를 정치적으로 추진시킬 성숙된 계급층이 없이 수행하여야 할 처지에 있다. "밑으로" 정치적으 로 성숙된 계급층이 없다면 결국 "위에서" 이 과제를 수행할 성실, 능력, 능률 있 는 정부가 되어야 한다. 이러한 정부의 "위에서"의 혁명이 정치적, 경제적 후진 과 주형을 극복하고 올바른 정치교육을 통해 국민을 민주화(民主化), 국민화(國民 化)하는가의 문제는 대단히 중요한 의의를 갖는다.[32]

이러한 위에서의 혁명이 정치적 경제적 후진성을 극복하고 올바른 정치교 육을 통하여 민주화 국민화를 추진시키면 사태는 순조로히 진행된다. 그러나 "위에서의 혁명"은 과감, 유능, 성실한 정부를 전제로 하는 것이다. 이러한 "위에 서의 혁명"에 기대할 수 없다면 "옆에서의 혁명(Revolution von seiten)"에 기대하여야 하며 이를 담당 추진시키는 계급층은 민중의 토대 위에 선 지식계급층(知識階級 層)이라 할 수 있다. 민중을 계몽시키지 못하는 지식계급층은 무용 무력하며, 지

---

32　최문환, 「아세아민족주의의 성격」, 『신세계』 1권 2호, 창평사, 1957년 1월.

식계급층 없이는 민중은 그들의 사명을 자각할 수 없다.[33]

그의 '제3세계' 민족주의에 관한 입론의 최종적인 문제 영역은 해당 지역
에서 민족주의적 열망과 과제를 어떻게 실현할 것인가, 더 궁극적으로는 실
현 주체, '주도 세력' 문제였다. 상단의 인용문에서 볼 수 있듯이, 그는 '제3세
계' 민족주의의 혁명적 과제를 주도할 수 있는 "시민계급"을 비롯한 성숙된
계급층이 부재하다는 점을 부각시키고 농민·노동자계급에 의한 "밑으로"부
터의 길은 가능하지 않기 때문에, "위에서" 이 과제를 수행할 성실, 능력, 능률
있는 정부가 있어야 함을 주장하고 있다. 이러한 그의 주장은 이후 『민족주의
의 전개과정』(초판)에서 위의 하단 인용문과 같이 변화하였다.

이처럼 1950년대 후반 최문환이 제3세계 국가의 '위로부터의 혁명'에 대
해 유보하면서 단서를 달고 있는 것은 현실의 이승만 정권에 대한 그의 비판
적 입장과 무관치 않다고 판단된다. 그는 당시 한국 경제체제의 지배적 특성
을 "가산국가적(家産國家的) 관료제(官僚制)"와 그에 근거하여 정치적 권력을 활
용한 부(富)의 축적 등에서 찾았고, 이를 직접적으로 비판하였다.[34]

이와 같이 1950년대 말 최문환은 정치·경제적 후진성을 극복하기 위한 제
3세계 지역의 '민족주의'에 대해 그 혁명적 성격을 지적하며 그 의의를 적극
적으로 평가하고 있다는 점에서 민주당과 『사상계』를 주도했던 지식인들과
관점을 달리하였다. 또한 '근대화'를 누가 이끌어갈 것인가의 문제, 즉 '정치
적 주체' 문제에서도 그러하였다. 그는 제3세계 지역에서는 산업자본이 형성
되지 않고, '중산시민계급'이 결여되어 있기 때문에 민간과 시장의 자율에 입

---

33    최문환, 『민족주의의 전개과정』, 백영사, 1958, 441쪽.
34    최문환, 「경제윤리」, 『사상계』 1957년 2월호.

각한 성취는 기대하기 어렵다고 보았으며, 성실하고 능력·능률 있는 정부에 의한 '위로부터'의 길을 상정하면서도 그러한 조건이 충족되지 않는다면 근대화를 이끌 '정치적 주체'로서 민중과 결합한 '지식계급층'을 제기했던 것이다.

1950년대 후반 한국사회에서 표출된 '제3세계'에 대한 관심과 인식의 초점을 파악함에 있어서 지식인층의 집권 세력에 대한 평가를 포함한 한국사회 내적 조건에 관한 문제의식을 염두에 둘 필요가 있다.

1950년대 후반 제3세계 국가들의 동향을 다루는 텍스트들에서 제3세계 군부 세력의 집권이나 집권자의 독재적 경향 등을 불가피한 것으로 정당화하거나 민족혁명의 일환으로서 우호적 관점에서 다룬 글을 찾기 힘들다. 물론 경제 분야의 경우, '후진'국가의 경제개발 과정에서 국가(정부)와 시장(민간 자율)의 관계, 정부 정책의 위상 등에 대해서는 그 의견이 나뉘어 있었고, 정부의 역할이나 경제개발계획의 중요성을 강조하는 논자들도 적지 않았지만,[35] 그들 논의에서 경제개발을 위한 구체적인 정치적 동력과 권력 형태, 정치 체제, 즉 '발전 체제(developmental regime)'를 상론하고 있었던 것은 아니었다.

1950년대 말에 이르면 현실 정치적 측면에서 이승만-자유당의 장기집권, 정권교체 문제 등을 "후진국 독재", "정치적 후진성" 등과 결부시켜 비판하는 관점이 적극적으로 제기되었다.[36] 당시 야당 의원이었던 주요한(朱耀翰)은 신생국에서 "군부정치(軍部政治)", "교도민주주의(教導民主主義)" 등 "20세기의 독재주의(獨裁主義)"를 하나의 질병으로 "정치병리적(政治病理的)" 현상으로 파악

---

35  정진아, 「1950년대 후반~1960년대 초반 '사상계 경제팀'의 개발 담론」, 사상계 연구팀, 『냉전과 혁명의 시대 그리고 『思想界』』, 소명출판, 2012 참조.

36  주요한, 「껍질을 깨뜨리는 순간―부흥방략서론」, 『새벽』 1959년 11월호; 신상초, 「후진국의 독재」, 『새벽』 1959년 11월호. 이승만-자유당의 장기집권과 정권교체 문제를 후진국 정치 현상의 맥락에서 비판하는 글로는 주요한, 「후진국의 정권교체」, 『새벽』 1959년 10월호 참조.

하면서 태국, 인도네시아, 파키스탄, 인도, 아프리카 신생국들의 "실질적 독재 형태의 미청산 또는 독재로의 후퇴 현상이 일반화"되고 있다며 우려를 표했다. 그는 후진국 민주제도의 유산(流産)에 놓인 공통적 원인으로 "봉건유습(封建遺習)의 미청산", "정치적 훈련의 미완숙, 국민경제의 미성장" 등을 들고, 이러한 점은 "한국에도 적용되는 사실"이라고 토로하면서 이를 타개하기 위한 방도를 모색하였다. 예를 들어 경제 분야의 경우, "착취 없이" 빈곤의 악순환을 끊는 방법은 "후진국의 주권을 손상하지 않는" 조건에서 추진되는 외국 원조가 필요하며, 이와 함께 네루가 주도하는 인도의 사례를 언급하면서 "장기건설계획"과 일부 대기업의 국영을 포함하여 제반 사회·경제정책의 "행정적 실시"를 배합한 "혼합경제(混合經濟)"의 필요성에 수긍하였다.[37]

이와 같이 당시 야당의 핵심적 인물이었던 주요한의 한국사회 진로에 관한 모색은 1950년대 중반까지 '민족성 개조'의 관점에서 한국사회의 근대화를 역설했던 것과 비교해볼 때 1950년대 말에 이르러 한국사회의 현실과 그 극복 방안에 관한 자신의 관점을 일부 재조정했다고 평가할 수 있다.[38] 즉, 1950년대 중반까지 정치적으로 '자유민주주의'의 실현, 사회·경제적으로 원리적인 수준의 자유주의적 입장에서 '근대화'를 추구했던 야당 정치 세력이나 지식인들이 1950년대 말에 이르러 '제3세계' 국가들의 행보와 '한국사회의 현실'을 견주는 가운데 당시 한국사회에 확산되어 있던 후진국 경제개발이론과 정책 등에 관한 논의에 영향을 받아 일정한 정책적 지향의 재편이 나타났다고 할 수 있다.

---

37  주요한, 「껍질을 깨뜨리는 순간」, 앞의 책.

38  1950년대 중반까지 '민족성 개조'의 관점에서 한국사회의 근대화를 역설했던 주요한에 대해서는 홍정완, 「전후 재건과 지식인층의 '道義' 담론」, 『역사문제연구』 19, 역사문제연구소, 2008 참조.

## 3. 4월혁명과 근대화 주체론의 변화

### 1) 근대화의 '탈(脫)'정치화와 학생·지식인 계층

1960년 3, 4월 항쟁이 발발하고, 4월 26일 이승만 퇴진 직후만 하더라도, 이를 '민족주의' 운동으로 직결하여 파악하는 사람은 드물었고, 대체로 '민주주의'와 '민권'의 운동으로, '부정과 부패에 대한 항거'로 파악하는 것이 일반적이었다. 3·15부정선거에 대한 항쟁이 확산되자 장준하는 4월 초순 『사상계』 권두언을 통해 "한국의 민권운동도 이제 피를 흘리기 시작"했다고 하면서 항쟁에 대해 "자유와 민권을 위한 투쟁"으로 평가하였으며,[39] 주요한은 『새벽』 지면에서 4월혁명을 "민권혁명(民權革命)"으로 규정하였다.[40]

송건호는 4월혁명 이전의 "수많은 정치적 데모는 내셔널리즘의 운동이라는 하나의 정치적 후진현상(後進現象)"에서 벗어난 것이 아님을 지적하고, 3·15 이후의 데모는 "내셔널리즘의 시위가 아니요 근대의식에 자각한 시민적 데모"라고 구분하면서 적극적인 의미를 부여하였다.[41] 또한 양호민은 3·15부정선거 직후 쓴 글에서 아시아 아프리카 여러 나라의 민주주의 발전이 이룩되지 않고, 독재체제가 만연되어 있는 것에 대해 "반제투쟁 속에서 민족의식이 고도로 앙양"되었으나 "인민주권과 제도에 관한 정치의식"은 희박함을 지적

---

**39** 장준하, 「(권두언) 민권전선의 용사들이여 편히 쉬시라」, 『사상계』 1960년 5월호.

**40** 주요한, 「민권혁명의 의의」, 『새벽』 1960년 6월호.

**41** 송건호, 「민주혁명의 정치심리적 분석—제2공화국은 왜 학생의 힘으로 이루어졌나?」, 『세계』 2권 6호, 국제문화연구소, 1960년 6월. 송건호는 4월혁명에 대해 "현대 애국심과 봉건적 충성심", "민주주의와 반민주주의(反民主主義)", "유엔친선주의와 국제고립주의(國際孤立主義)"의 싸움이라고 보았다. 이 외에도 그동안 관권(官權)의 "수족같이 움직이는" 것으로 보였던 민중의 "면종복배(面從腹背)", 그리고 '관(官)'에 의해 반공교육(反共教育)—민주주의 선전(宣傳)—을 받는 십대학생(十代學生)이 4월혁명의 선봉에 섰던 "정치적 파라독스" 등을 지적했다.

하고 있듯이, 민족주의와 민주주의를 직접적으로 연관시켜 파악하지는 않고 있었다.[42]

그런데 4월혁명은 '독재'를 거꾸러뜨리고 '자유', '민주주의'를 쟁취했다는 자긍심을 고무시키면서 국가와 사회에 대한 태도와 관점에도 큰 변화를 가져왔다. 혁명 직후 한 대학생은 4월혁명으로 한국사회의 "무기력(無氣力)의 표식"은 "피의 위력(威力)"으로 물러서게 되었으며, 자부심과 사명감을 앙양했다고 표현했다.[43] 당시 서울대학교 법대 교수였던 김증한(金曾漢)은 다음과 같이 4월혁명의 의의를 평가했다.

즉 이번의 혁명은 학생을 전위대로 하는 우리 국민이 집권자의 힘보다 강하다는 것을, 따라서 진정한 민주정치를 누릴 수 있는 기본적 역량을 우리 국민은 확실히 가지고 있다는 것을 세계만방(世界萬邦)에 과시한 것이다. 아세아의 다른 모든 나라들은 민주주의라는 제도를 외국으로부터 하나의 기성제품(旣成製品)으로서 수입(輸入)하였지만, 그 수입품은 그 나라의 사회에 뿌리를 박지 못하고 물과 기름처럼 유리(遊離)되어 있는 감이 있다. 마치 사·일구 이전의 우리 사회도 그랬던 것과 같이. 그러나 우리는 우리에게 자유를 우리의 힘으로 전취한 것이다. 민주주의는 이제는 외래의 수입품이 아니라 우리 사회에 태어난 제도로 된 것이다. 환언(換言)하면 우리 사회는 전근대적 사회로부터 근대사회로의 전환을 우리 스스로의 힘으로 이룩한 것이다. 그리고 이것은 아세아에서는 최초의 일이

---

42 양호민, 「정치적 후진성의 본질」, 『새벽』 1960년 6월호. 그가 양자를 전혀 무관하다고 간주한 것은 아니었고, 민족적 과제로서 민주주의의 성취를 제기했던 것이다. 이에 대해서는 양호민, 「한국민족주의의 회고와 전망」, 『현대정치의 고찰』, 사상계사출판부, 1962 참조.

43 서문원, 「종속의 극복·개체의 완성—우리는 계속 전진해야 한다」, 『대학신문』 1960. 5. 9, 5면.

다. 어찌 우리가 자랑하지 않을 수 있겠는가.[44]

위의 인용문에서 표현하고 있듯이, 4월혁명은 '자유'와 '민주주의'를 스스로의 역량으로 쟁취함으로써 "우리 사회에 태어난 제도"로 만들었던 사건이자, 그것을 누릴 수 있는 '국민'임을 자각게 했다. "민중의 민주주의적 성장을 볼 때 우리는 실로 용기와 고무(鼓舞)를 받는다"[45]는 송건호의 표현에서 볼 수 있듯이 4월혁명은 시민, 학생층을 비롯한 일반 대중의 정치적 각성과 진출을 불러일으켰던 것이다.

이러한 사회적 분위기 속에서 '주체'의 관점에서 '혁명'을 규정하고 평가하는 언설이 나타나기 시작했다. 이러한 언설은 혁명의 원인과 지향을 어떻게 볼 것이며, 나아가 혁명 이후 국면을 어떻게 전치(轉置)할 것인가의 문제가 내포된 것이었기에 중요한 의미를 갖는 것이었다. 기존 연구에서 지적된 바와 같이 4월혁명에서 도시 하층 대중의 역할이 지대했음에도 불구하고 그들은 혁명 직후 대다수 신문, 잡지 등 언론매체의 지면에서 주변화, 배제되었고, 혁명의 주체로서 '학생', 특히 '대학생', '지식인' 등이 치켜세워졌다.[46] 4월혁명 직후 장준하는 『사상계』 「권두언」에서 다음과 같이 썼다.

---

44  김중한, 「학생운동의 새로운 방향」, 『대학신문』 1960. 5. 9, 3면.

45  송건호, 「민주혁명의 정치심리적 분석―제2공화국은 왜 학생의 힘으로 이루어졌나?」, 『세계』 2권 6호, 국제문화연구소, 1960년 6월, 83쪽.

46  이승원, 「'하위 주체'와 4월혁명―'하위주체'의 참여형태를 통해 본 민주화에 대한 반성」, 『기억과 전망』 20, 민주화운동기념사업회, 2009; 권보드래, 「4·19와 5·16, 자유와 빵의 토포스」, 『상허학보』 30, 상허학회, 2010; 오제연, 「4월혁명의 기억에서 사라진 사람들―고학생과 도시 하층민」, 『역사비평』 106, 역사비평사, 2014; 장숙경, 「4월혁명, 주권재민의 첫 승리」, 민주화운동기념사업회 한국민주주의연구소 엮음, 『한국민주주의, 100년의 혁명』, 한울아카데미, 2019.

사월혁명은 자유와 민권의 선각자(先覺者)인 이 땅의 지식인(知識人)들의 손에 의한 혁명이다. 그 기반을 닦아온 것은 정객(政客)들보다는 양심 있는 이 나라의 교수(教授)들과 교사(教師)들을 포함한 지식인들이오, 이에 박차를 가해준 것은 신문이나 잡지들을 포함한 매스콤의 힘이요, 그 불길이 되어 탄 것은 가장 감수성(感受性)이 강하고 정의감(正義感)이 가장 두터운 학도(學徒)들이었음이 분명하다. (…) 혁명의 과업은 아직도 그 전도(前途)에 낙관을 불허한다. 여기에서 절실히 요망되는 것은 전국의 지성인(知性人)이 과업을 수행하는 모든 부면(部面)에서 활발히 움직여주는 일이다.[47]

위 인용문에서 볼 수 있듯이 장준하는 4월혁명을 '지식인' 혁명으로 규정하였다. 그는 혁명의 불길이 되어 타오른 '학도들'을 중심에 두고, 그들을 가르친 교수와 교사, 그들을 자극하여 인도한 신문·잡지 등 언론매체의 생산자 등 지식인이 이루어낸 혁명으로 평가했던 것이다.

당시 대학교수나 대학생층에서도 대체로 4월혁명의 주도 세력을 학생층, 그중에서도 대학생층을 중심으로 하는 도시 지식인 계층으로 해석하는 경향이 강했다. 최문환은 4월혁명 발발 직후 이승만 정권을 "소수의 독점자본(獨占資本)과 경찰전제(警察專制)의 결합"으로 규정했고, 4월혁명을 "혁명의 주체가 민중의 호응에 입각한 대학생, 인텔리겐챠"였다는 점에서 『민족주의의 전개과정』에서 자신이 주장한 바와 같은 "옆에서의 혁명(革命)"으로 평가하였다.[48] 그러면서도 혁명의 주도 세력이 정치권력을 획득하는 형태로 귀결되지 않은 특수성을 지적하면서, 대학생층과 교수·지식인층이 앞으로 취해야 할 태도

---

47  장준하, 「(권두언) 또다시 우리의 향방을 천명하면서」, 『사상계』 1960년 6월호, 36~37쪽.
48  최문환, 「사월혁명의 사회사적 성격」, 『사상계』 1960년 7월호.

는 현실정치에 대한 직접적 개입이 아닌 '정치적 중립'을 견지하는 가운데 민주주의의 발전을 감독, 견인하는 것이 되어야 한다고 보았다.

이러한 최문환의 주장과 유사하게 혁명 직후 주요 신문에서는 혁명의 주인공으로 대학생층을 부각시키면서도 대학생들의 현실 정치 참여를 우려하면서 정치적 중립을 주문하거나 '학원으로의 복귀'를 종용하였다.[49] 당시 『경향신문』의 〈학도논단(學徒論壇)〉 코너에 실린 대학생들의 기고 또한 크게 다르지 않았다. 혁명 직후 "현 국회의 해산과 과도정부의 사퇴" 등을 주장했던 일부 정치 세력과 대학생층의 움직임에 대해 "권력투쟁에 여념이 없는 정상모리배들"이 "순진한 학도를 정치적인 도구로 이용"하려는 것이라 비난하고, 위대한 "사적(史蹟)을 남긴 우리 청년학도"는 "몰지각한 정치인의 감언이설"과 "권모술수책"에 넘어가서는 안 되며, "학원으로 돌아가서 현 정국에 대한 건설적이고 선의적인 태도와 안목으로서 감시"할 것을 주장하였다.[50] 또한 각 대학 신문에서도 대학생들의 "정치활동"을 "학생신분"에 배치된 행위이자 "혁명정신의 순수성"을 저버리는 것이며, 일부 정치 세력이 대학생층과 결합하려는 것에 대해 "사일구(四一九)의 의혈(義血)을 더럽히는 가증(可憎)한 행위"라고 비난하였다.[51]

이와 같이 5월, 6월을 거치면서 혁명의 '주인공'으로 부각된 '대학생'층은

---

**49** 이희승, 「역사를 창조한 학생들에게」, 『동아일보』 1960. 4. 29, 조간 4면.

**50** 조동렬(연세대 정치외교과), 「(학도논단) 본연의 자세로 돌아가자—사·일구와 우리의 각오」, 『경향신문』 1960. 5. 1, 조간4면; 조남조(고대 정외과), 「(학도논단) 양심적인 대도에서—정치 학도가 본 정국수습책」, 『경향신문』 1960. 5. 10, 조간4면; 이순권(동대 정치과), 「(학도논단) 혁명 이후 젊은 세대의 사명—그 정신은 정치에 리용될 것이 아니다」, 『경향신문』 1960. 6. 2, 조간 4면; 안중기(연세대 법학과 삼년), 「(학도논단) 선혈에 보답하는 길—지성으로 자중해야 할 데모」, 『경향신문』 1960. 6. 8, 조간4면.

**51** 「(사설) 신질서를 이룩하자」, 『주간성대(週刊成大)』 1960. 5. 1; 「(사설) 최근의 학생 동향」, 『동대시보(東大時報)』 1960. 6. 4; 편집부, 「정치세력의 학원침투, 학도는 국가존망 최후의 보루, 정상배의 유혹에 부화뇌동말자」, 『대학신문』 1960. 6. 13.

'혁명정신의 순수성'과 '의혈'의 정치적 자원을 얻었지만, 현실 제도정치에 대한 집단적 참여로 이어지지 못하고 이격(離隔)의 지점에서 자신들의 활동을 본격화했다. 이러한 상황 속에서 대학생층은 6월 중순부터 방학과 총선거를 앞두고 '계몽운동'을 내세우기 시작하였다. 도시에서 신생활운동과 농촌계몽운동이 그것이었다. 계몽운동에 나선 대학생층은 "구질서의 타도와 신질서의 수립을 절규하였던 혁명정신"을 자각치 못한 정치인, 언론인, 일부 학생·국민들의 무지, 보수성, 반혁명성의 강화로 인해 혁명이 '사산(死産)'될 수 있다고 경계하면서 단기적으로는 "선거계몽", 장기적으로 "신생활, 신도덕의 수립"을 통해 "건설하는 국민의 생활계몽"을 향해 전진할 것이라고 하였다.[52]

이와 같이 4월혁명 직후 대학생층의 주도로 시작된 신생활운동을 비롯한 계몽운동에 대해 이만갑은 계급, 계층적 관점에서 다음과 같이 평가, 전망하기도 하였다.

4·26혁명이 성취되었다는 소식을 듣고 중년 부인들이 하는 말이 "제발 이제는 사치가 없어졌으면" 하는 것이었다. 그들에게는 관의 탄압에 못지않게 사회에 비만하고 있는 사치가 무척 눈꼴사나운 것으로 보였던 모양이다. 요사이 서울대 학생들은 국민계몽대를 조직하고 (…) 이러한 움직임은 비단 서울대학교 학생들에 국한한 것이 아니고 다른 학생들에 의해서도 일어나고 있다. (…) 신생활운동을 전개하는 층은 주로 학생, 지식인, 문화인들이고 좀 더 넓게 말한다면 중산계급의 이익에 입각하면서 국가와 사회의 복지를 명분으로 하고 있다고 생각한다. 그들은 생활이 곤란하고 지식이 없어서 생활을 합리화하지 못하는 사람들을 딱하게 생각하는 동시에 관권이나 금권을 가지고 한국인 대다수가 놓여 있

---

52 「서울대학교 국민계몽대 선언문」, 『대학신문』 1960. 7. 11.

는 수준과는 엄청나게 높은 생활수준을 유지하면서 물질적인 것으로 위세를 부리는 행위에 참을 수 없는 반발을 느끼는 모양이다. 더우기 상류계급의 사치에 대해서는 그것이 사회적 부패의 조성과 밀접히 관련되어 있을 뿐만 아니라 직접 국민대중에 정신적 물질적 압박을 가하는 일이 많다는 점에서 반감이 날카로워지는 듯하다. (…) 그러나 중산계급이 지식인과 저널리스트들과 깊은 유대를 맺고 신생활운동을 한낱 양담배니 커피니 외래품 등의 사용을 억제하는 데 초점을 두지 않고 보다 근본적으로 정치적 참여를 과감히 하여 자기들의 이익을 대변할 수 있는 인물을 선출하는 운동으로 발전시킨다면 그것은 일소되지는 않더라도 어느 정도 감소되지 않을까 생각하는 것이다.[53]

이만갑은 '신생활운동'을 '상류계급'과 '중산계급', 그리고 '생활이 곤란하고 지식이 없어 비합리적인 생활을 하는 사람들' 사이의 관계에 놓고, 사치와 부패에 찌든 상류계급에 대항하여 "국가와 사회의 복지를 명분"으로 "중간계급의 이익"에 입각한 운동으로 바라보았다. 이러한 그의 관점은 '신생활운동'을 "중산계급"의 이익과 연결 짓고 있을 뿐 아니라 정치적으로 대의 체계를 통해 중산계급의 이익이 대변되는 경로를 전망했다는 점에서 이채를 띠는 것이었다.

하지만 4월혁명 이후 계몽운동을 전개했던 대학생들은 '정치'와 '계몽운동'을 분리시키고, 계몽운동을 민족과 조국의 발전, 후진성 극복, 근대화 등과 결부시켰다. 이러한 관점과 태도에 근거하여 대학생층은 '불편부당의 역사적 사명감'을 고취하고, 이승만 독재의 근저에 놓인 기성 "가치 체제와 사회

---

**53** 이만갑,「신생활운동과 중산계급의 정치적 역할—꼭 실천할 수 있는 인물을 대변자로 뽑자」,『민국일보(民國日報)』1960. 7. 10, 조간 2면.

**국민계몽대 학생들** 출처: 민주화운동기념사업회 오픈아카이브즈 00732787, 원출처: 경향신문사.

질서" 변혁의 열망을 표출하였다. "새 역사의 출발"을 위한 민족과 사회의 "정신혁명"을 일으켜야 한다고 역설하고 농민과 대중의 "흉중에 우리의 존재를 인식시킬 때"가 왔다고 하면서 계몽운동에 임하는 포부를 밝혔다.

> 그리고 민족의 본질적 비극인 빈곤과 무지에서 민중을 구제하고 근대적 시민사회의 건설을 위한 통일된 가치 체계와 이념을 확립하여 그들을 계몽 선도할 민족적 사명감을 인식하여야 한다. (…) 고역에서 행복을 찾고 노동과 근면을 최고 도덕률로 이해하여 <u>내핍과 절제에 의한 합리적 생활방식을 통한 경제의 자립과 성장이 무엇보다 선결조건</u>이라는 것을 깨달아야 한다. 우리의 최후의 승리가 높은 지위와 권력의 획득, 방일에 있지 않는 한, 생활과 직업 관념이 서민화(庶民化)를 통하여 민족의 비극을 걸머지고 시지푸스의 고역을 담당해야 한다.

(…) 암담한 현실에의 염증을 이상이란 안식처를 찾음으로써 합리화해서는 안 된다. 아직 우리 사회에는 개체의 이익과 행복 증진이 그대로 전체 사회의 복지 증진을 가져올 수 없다. 누적된 실업과 자원의 부족에서 오는 빈곤(貧困)의 악순환(惡循環)과 수세기(數世紀)를 긍(亘)하는 이질적 사회 요소의 혼성(混成)은 사회정의의 실현과 국민경제의 성장을 구조적으로 저해한다는 것을 알아야 한다. 정체된 사회계급 즉 농촌의 도시 식민지(植民地) 노릇을 방치하는 한 다른 계급의 비약은 그 실질적인 실현성이 불가능하다. 세계사의 조류는 바야흐로 민족주의적 시민사회의 육성에 분망하고 있다.[54]

인용문을 통해 계몽운동에 나선 대학생층에게 앞서 살펴본 혁명 이전 한국사회의 '후진성' 극복과 근대화에 관한 논의가 영향을 미치고 있음을 엿볼 수 있다. 동시에 "개체의 이익과 행복 증진이 그대로 전체 사회의 복지 증진"으로 이어지지 않는다는 점을 지적하여 '시장'과 민간의 자율에 기댄 자유주의적 근대화의 길에 대한 비판적인 입장을 나타내고 있다. 또한 '도시의 식민지' 노릇을 하고 있는 '농촌'을 방치하는 한 구조적으로 국민경제의 성장을 가로막고 있는 '빈곤의 악순환'과 '이질적 사회의 혼성' 상태를 극복할 수 없다고 보았다. 강렬한 민족의식과 역사의식을 가진 주체만이 민중을 선도하고 계몽함으로써 민족의 비극을 극복하고 근대적 시민사회를 열어나갈 수 있다는 주장이었다. 이러한 태도 속에서 농민은 "병이 들면 의사보다는 무당"을 찾고, "쌀술을 마시면서 초근목피 아니면 보리밥"을 먹으며, 자신들의 불행에 대해 "그들의 선조와 그 묘자리"를 탓하는 미신과 비합리적인 생활양식, 운명에 대한 체념에 빠진 존재들이었던 반면, 대학생·지식인층은 이들을 치

---

**54**  이대근(상대 상과), 「방학, 농촌, 의식혁명」, 『대학신문』 1960. 7. 4, 6면.

『대학신문』에 게재된 「계몽에 대한 앙케이트」 기사 출처: 『대학신문』 1960. 7. 4, 4면
(https://ap01-a.alma.exlibrisgroup.com/view/UniversalViewer/82SNU_INST/127393246
70002591#?c=0&m=0&s=0&cv=0&xywh=-4902%2C-2%2C13739%2C5550).

료할 의사(醫師)이자 합리적인 세계로 인도할 전도사였다.

앞서 언급한 바와 같이 농촌계몽운동에 뛰어들었던 대학생층은 7·29총선
거를 앞두고 '선거계몽'에 힘을 실었다. 그럼에도 이들 대학생층은 7·29총선
거의 결과에 대해 만족스러워 하지 않았던 것으로 보이며, 오히려 '선거계몽'
의 경험을 토대로 자신들의 '계몽운동'에 대해 현실의 제도정치 차원을 넘어
민족적, 역사적 지평에서 새롭게 의미를 부여하기도 했다. 한 대학생은 4월혁
명을 독재자를 몰아낸 '외곽적인 혁명'으로 평가하면서 자신들이 추진한 '계
몽운동'의 정신은 민주주의 혁명으로서 4월혁명을 완성시키는 '내면혁명'으

로 통하는 길이라고 하면서 다음과 같이 주장했다.

따라서 사월혁명은 대내적인 견지에서 본다면 새로운 자유민주주의를 이룩할 수 있는 굳건한 터전을 만들어주는 하나의 역사적 계기임에 틀림없지만, 민주주의발전사적(民主主義發展史的) 입각지(立脚地)에서 본다면 얼마간 역사를 소급해 올라갔을 때 비로소 수긍되는 성격을 지니고 있는 것이다. 이처럼 현재 우리의 안전에 전개되는 현실적인 현상을, 역사의 소급이라는 과정을 거쳐야만 인지되고 수락될 수 있다는 사실은 우리 민족의 숙명적인 후락성(後落性)을 시사하는 것이요, 뼈가 녹아내리듯 슬픈 일이긴 하지만 우리가 수긍치 않으면 안 될 현실이다. 우리의 육신(肉身)은 근대(近代)라는 역사적 영역에 속해 있으면서도 정신(精神)은 아직도 전근대(前近代)의 범주에 머물러 있는 것이 오늘 우리의 정신사적(精神史的) 풍속도(風俗圖)이다. 다시 말하면 우리의 육신은 근대와 보조를 맞추어 투표의 흉내도 내고, 외국의 유행을 좇기도 하며 남의 지성(知性)이나 사상(思想)을 피상적으로 도습(蹈襲)하기도 하지만, 정신은 아직도 전근대의 암흑 속에서 잠들고 있기 때문에 광명을 투시하기에는 그 생리가 너무나도 병리적(病理的)인 것이다.[55]

위 필자는 4월혁명의 성격을 '역사적 소급'을 통해서만 비로소 인지되고, 수긍될 수 있는 것이라고 주장하고 있다. 다시 말해 4월혁명을 '전근대'와 '근대'의 사이에 배치하여 자신들의 계몽운동이 갖는 의미를 새롭게 부여했던 것이다. 당시 한국사회의 정신적 상황은 '민족의 숙명적인 후락성'으로 인해

---

55  최병덕(서울대학교 문리대 4년), 「(학도논단) 국민복지와 계몽정신」, 『경향신문』 1960. 8. 11, 조간 4면.

'전근대'에 머물러 있기 때문에 '근대'와 호흡하기에는 '너무나 질병적'이라는 것이다. 또한 같은 글에서 해방 이후 "도시는 부패의 진열장", "농촌은 무지와 궁핍의 전시장"을 이루었으나 "대학의 상아탑과 도서관에서는 순결하면서도 싸늘한 지성(知性)"이 발아하였으며, "시대의 최고(最高)의 심판자(審判者)"인 그 지성의 저항정신이 독재자를 쓰러뜨린 후 이제 "무지의 화석처럼 굳어가는" 대중의 저급한 정신을 고양하려고 나섰다고 했다. 이와 같이 "이웃을 사랑하고 아끼는 휴매니즘"을 기초로 하는 "계몽정신"이야말로 "가장 진격한 '애족'이요 '애국'하는 정신"이라고 주장하였다.

민족주의적인 정서를 바탕으로 한 엘리트적 계몽의식과 근대사회로의 개혁에 대한 열망, 그리고 그것을 기반으로 한 민주주의 육성이라는 관점은 당시 남한 지식인층 사이에서 널리 공유되고 있었다. 이는 당시 『사상계』 주도 지식인층이나 민주사회주의를 지향하는 일부 혁신계 정치세력, 지식인들한테서도 공통적으로 찾아볼 수 있다.[56] 근대사회로의 개혁을 이끌어갈 지도세력의 범위 설정이나 그 실천 과정에서 '정치적 통합'을 어떻게 구성해나갈 것인가에 대한 입장의 차이는 있었지만, 민중·대중의 역능(力能)을 적극적으로 평가하는 지식인층은 드물었다.

4월혁명 직후 전개된 대학생층의 신생활운동, 계몽운동은 현실 제도'정치'로부터 이격(離隔)을 내세우며 시작했지만 '후진성 극복', '근대화'를 '민족'의 역사적 과업으로 내세우며 자신의 자리를 찾음으로써 '민족'을 기치로 대학생층이 정치화되는 '도입부'이기도 했다. 1960년 여름방학 계몽운동을 전

---

56  4월혁명 이후 일부 혁신계 정치 세력 내지 민주사회주의적 성향의 지식인들에 나타난 '농민층'에 대한 계몽주의적 태도와 산업화에 대한 지향은 다음의 좌담회에 잘 드러나 있다. 신일철(사회, 본사주간)·이동화(사회대중당)·김철(한국사회당)·조규택(혁신동지총연맹)·한왕균(사회혁신당)·조일문(교원노조위원장), 「(토론) 민주사회주의를 말한다」, 『세계』 1960년 7월호 참조.

개한 후 가을로 접어들면서 대학생층의 통일운동이 촉발되는 가운데 '민족'
은 뜨겁게 '정치화'되었던 것이다.

## 2) 근대화의 '초(超)'정치화와 국가권력

잘 알려져 있듯이 4월혁명은 이승만 정권에 의해 억압되었던 수많은 사
회적 모순과 부조리에 대한 항의와 비판을 열었다. 혁명 이후 민주적 입법조
치에 의해 정당·사회단체 결성이 등록제로 바뀜에 따라 '진보당 사건'으로
위축되어 있던 '혁신세력' 등 다양한 정치, 사회운동단체들이 자신들의 지향
을 합법적인 공간에서 전개할 수 있게 되었다. 나아가 대외적으로도 1960년
아프리카 17개국이 일제히 새롭게 독립함으로써 제3세계 국가들의 민족해방
운동은 더욱 고조되었고, 특히 1960년 9월부터 개최된 제15차 UN총회는 제3
세계 국가들이 제도적 차원에서도 세계정치에 무시할 수 없는 흐름을 형성
하게 되었다는 사실을 뚜렷이 보여주었다.[57]

대중적인 정치적 각성과 실천이 고조, 확산되고, 7·29총선을 거치면서 '통
일' 문제가 주요 이슈로 논의되면서 '이념'이자 '운동'으로써 '민족주의'가 새
롭게 대두하게 되는데, 크게 보아 두 가지 흐름으로 대별해볼 수 있다. 하나는
대학교수 등 제도권 지식인층과 대학생층을 중심으로 주로 대내적인 정치·
경제 변혁을 지향하는 흐름이고, 다른 하나는 혁신계 정치 세력의 통일운동
과 그에 결합했던 대학생층의 민족주의 운동이라고 할 수 있다. 두 흐름이 서
로 무관한 채 독립적으로 진행되었다고는 할 수 없고, 당시 한국사회가 처한

---

57   1960년을 "식민지주의 패퇴의 해"라고 규정할 정도로 당시 고조되었던 아프리카 반(反)제
     국주의, 반(反)식민주의 운동의 동향에 대해서는 이원우, 「검은 민족주의의 제삼뿔력 형성」,
     『사상계』 1960년 10월호; 「콩고의 루뭄바는 살아 있다―후진약소국가가 지향하는 길」, 『민족
     일보』 1961. 2. 16, 2면 참조.

대내외적 여건에 대한 비판적인 인식이 적지 않게 겹쳐지면서도 그 주된 이념적, 실천적 방향이 변별된다고 할 수 있다. 특히 후자는 당시 남한의 지배체제를 제국주의적 지배 질서와 그에 연이은 동·서 냉전에 의해 짓눌린 예속적 체제로 파악하는 가운데, 이를 변혁하기 위한 민족해방운동, 민족혁명의 이념과 운동으로 전개된 것이기에 '후진성 극복', '근대화'를 향한 사상이자 운동의 차원으로 규정하기는 곤란하다고 할 것이다. 따라서 본고에서는 주로 전지의 흐름을 중심으로 살펴보려 한다.

7·29총선 이후 민주당의 분열과 혁명을 계승하는 과업의 수행이 지지부진하자, 민주당과 제도정치권에 대한 실망이 커져갔다. 특히 1960년 하반기를 거치면서 당시 한국사회의 급격한 변혁을 열망하던 대학생층 내부에서는 민족주의적 정서가 비등하는 가운데 '자유민주주의'는 한국의 현실에 적합하지 않다는 인식이 확산되기 시작했던 것으로 보인다. '자유민주주의'를 미국이 약소국에 영향력을 행사하기 위한 이데올로기적 방편으로 치부하거나 급속한 '경제발전'을 방해하는 장애물로 인식하는 주장들이 제기되었던 것이다.

누가 뭐라 해도 오늘날의 국제정치사(國際政治史)는 민주주의, 민족주의, 공산주의라고 하는 삼대(三大) 이데올로기가 예리하게 교착되는 가운데서 미묘하게 짜여가고 있다. 그러나 무엇보다도 '민족(民族)'이라는 것은 이미 파괴할 수 없는 인간생활의 '성(城)'으로서, 마치 현대의 자유라고 하는 개념이 이제는 단순한 사상이 아니라 이미 불식(拂拭)할 수 없는 인간의 생활 체제가 되어버린 것과 같다 하여도 과언이 아닐지니 왜냐하면 비록 민주주의라고 하더라도 인민(人民)의, 인민(人民)에 의한, 인민(人民)을 위한 정치 체제임을 부인할 수 없는 한, 이는 민주형(民主型)으로 변용된 민족주의(民族主義)인 것이며, 또한 공산주의라 하는 것도 오늘날 우리가 소련이나 중공에서 보아 알고 있는 것과 마찬가지로 그때그때 민족적 고려에 좇아 빈용(變容)되는 민족 중심의 지배 체제임은 말할 것도 없는 것이다.[58]

더욱이 민주당이 오늘날 실현하고 있는 내각책임제가 오히려 정국의 혼란만 조장할 뿐 아무런 실익도 찾아 볼 수 없다는 것을 발견하게 됨으로써 한국의 자유민주주의는 이제 막다른 위기에 직면하게 된 것이며, (…) 사실 인민에 의한 정치라고 하는 자유민주주의의 형식논리가 그 실질적 내용이며 이상인 인민을 위한 결과로 나타나지 않을 때 이에 대하여 부정적인 방향으로 치닫게 됨은 오히려 당연한 것이다. 오늘의 이 난국을 하루빨리 극복하기 위하여는 '강력한 젊은 지도자'라든가 심지어 '선의의 독재자'까지도 나와야 한다는 국민의 소리가 기대를 넘은 절박감에서 우러나오고 있는 것이다. (…) 한마디로 북한의 김일성 정권이 민족을 떠난 소련의 괴뢰라면 남한의 보수정객은 자유민주주의에 중독된 미국적 맹신자들이 아니고 무엇이냐! (…) 그러므로 민족의 장래를 우려하는 혜안 지사들 간에는 공산주의와 싸워 이길 수 있는, 풍전등화의 위기에 처한 조국의 자존을 보전하기 위하여는 강력한 파시즘 체제를 구축해야 한다는 신념이 점차로 굳어져가고 있는 것이다. 이미 낡은 자유민주주의를 우리가 더 이상 옹호할 이유는 없다. 우리는 새로운 사회의 건설을 위하여 진정한 의미의 민주주의를 창조하는 이 거창한 작업에 과감히 착수하자. 그리하여 비극적인 피압박자의 지위로부터 새로운 민족국가의 주인공으로 하루바삐 전환하자. 위대한 결단자여! 어서 나오라.[59]

---

58 「(사설) 민족자존의 기풍을 시급히 진작하자」, 『고대신문』 1960. 9. 17.
59 박찬세, 「(우리세대의 발언 ②) 자유민주주의냐 '패시즘'이냐」, 『고대신문』 1961. 5. 6.

**박찬세가 『고대신문』에 기고한 논설 기사** 출처: 『고대신문』 1960. 5. 6, 4면.

위 인용문은 4월혁명 직전 『고대신문』의 편집국장이 되어 「4·18고대선언문(高大宣言文)」을 기초하기도 했으며, 혁명을 전후하여 『고대신문』 사설 집필, 교내외 잡지에 다양한 논고를 발표하면서 당시 활발한 활동을 전개했던 박찬세(朴贊世)[60]가 학내 신문의 사설과 시론으로 발표한 것이다.

전자의 사설을 보면 당시 냉전 질서의 양대 이데올로기인 '민주주의'와

---

60  4월혁명을 전후한 시기부터 1970년대까지 박찬세가 발표한 논고와 함께 1966년 민중당(民衆黨) 대통령 후보이자 1967년 신민당(新民黨) 총재 유진오(兪鎭五)의 비서로 출발하여, 유신체제기 대통령 공보비서관을 거쳐, 1980년대 국토통일원 간부로 활동했던 그의 경력에 대해서는 석악 박찬세 선생 고희기념문집간행위원회, 『안암과 북악의 하늘—석악 박찬세선생 고희기념문집』, 열화당, 2005; 고려대 한국사연구소 기획, 허은 편, 『정의와 행동 그리고 4월혁명의 기억』, 선인, 2012, 제4부에 수록된 '박찬세'의 구술 참조.

'공산주의'가 모두 '민족', '민족주의'를 토대로 작동하고 있음을 지적하여, '민족'을 기준으로 냉전 이데올로기를 상대화시키고 있다. 5·16쿠데타 직전 작성된 후자의 칼럼에서는 북한 김일성 정권이 "소련의 괴뢰"라면, 남한의 보수정객, 즉 민주당 정권을 포함한 기성 정치 세력을 '자유민주주의'에 중독된 '미국적 맹신자들'이라고 규정하고 있다. 이 또한 '민족'의 관점에서 냉전 이데올로기를 파악하면서 '자유민주주의'를 미국의 대외적 지배이데올로기로 직접 연결시키고, 그것을 다시 '기성 정치권력'에 대한 불만과 결합시키고 있다는 점에서 현실 정치 체제에 대한 비판과 부정적 태도가 고조되었음을 보여준다.

그와 동시에 '자유민주주의'의 위상이 급격히 침식되고 있음을 알 수 있는데, 특히 원리적 측면에서 '인민에 의한'을 자유민주주의의 '형식논리'로서 배치하고, "인민을 위한"을 그것의 "실질적 내용이며 이상(理想)"으로 규정하면서, 후자를 중시하고, 후자(실질적 내용, 이상)를 산출하지 못하는 '전자(형식논리)'를 정치적 '위기'의 원인으로 지목하였다.[61] 박찬세는 이와 같은 '위기'의 극복을 '강력한 젊은 지도자'나 '선의의 독재자'의 출현, 나아가 "강력한 파시즘 체제의 구축"에서 찾았던 것이다. 여기에서 말하는 '파시즘'은 과거 독일과 이탈리아의 제국주의, 군국주의적인 폭력 독재로서 '파시즘'을 지칭하는 것이 아니라, "강력하고 양심적인 지도자원리에 입각한 민족사회주의로서의 파시즘"을 지칭한다고 하면서 그에 대한 "커다란 매력과 기대를 갖게 되었

---

61 당시 고려대 학생운동을 주도했던 이세기(李世基) 또한 "인민에 의한 정치만이 민주주의로 알고 있던 시대는 이미 지나갔다. 요컨대 우리는 인민을 위한 정치가 무엇보다도 민주주의의 근본이념과 더불어 일치한다는 것을 알아야 한다. 더욱이 한국의 현실은 서구식(西歐式)의 그것보다 오히려 한국의 특수사정(特殊事情)을 기반으로 하는 한국적 민주주의(韓國的 民主主義)가 더욱더 요청되고 있는 것이다"라고 하여 유사한 주장을 전개했다. 이세기, 「젊은 피는 통일전선으로」, 『고대신문』, 1961. 4. 15, 3면.

다"는 사실을 "획기적인 민족적 자각"이라고 평가하였다.

1960년 하반기부터 민족주의가 대두하면서, 미국과 민주당 정권으로 이어진 지배 이데올로기와 집권 세력에 대한 비판적 태도가 형성되었고, '민족적' 변혁의 열망이 부상하고 있었으나, 민주당 정권에 대한 실망과 대중·민중의 정치적 역능에 대한 회의와 불신에 뿌리박은 엘리트주의적인 계몽적 태도 때문에 변혁을 실현할 방도를 찾지 못하고, '강력하고 양심적인 지도자원리'와 '독재 권력'의 출현에 의지하는 무책임한 태도를 보였다.

1960년 11월 21일 서울대학교 상과대학 학생연구회에서 "후진국 개발과 경제체제"라는 주제로 개최한 심포지엄은 당시 대학생층의 정치적, 사상적 분위기를 잘 보여준다. 심포지엄에서 상과대학 학생연구회 대표 논설위원이었던 안병직(安秉直)은 다음과 같이 발언하였다.[62]

　　현재 국민들은 지금의 이익을 투자해가지고 백년 후에 우리 자손이 잘 살 수 있는 경제발전보다도, 이 단계에 있어서 좀 더 잘 먹고 잘 사는 것이 좋지 않겠느냐 하는 이러한 사고방식을 가지고 있기 때문에 그러한 발전을 유지하기 위한 정치 체제를 후진국의 국민들은 찬성하고 받아들이지 않기 때문에 첫째 이 선거제도에 의한 정치 체제라는 것, 발전에 있어서 어떠한 의존성, 이런 면에

---

**62** 「(심포지움) 후진국개발과 경제체제」, 『상대평론』 18호, 서울대학교 상과대학 학예부, 1961년 2월, 103쪽. 아래의 심포지엄 참가자 구성을 보면, '경제발전'과 '경제체제' 문제를 둘러싼 당시 한국사회의 이념적 스펙트럼을 고려했다는 것을 엿볼 수 있다. 그리고 심포지엄 내용 전문이 수록되어 심포지엄의 현장 분위기가 비교적 잘 담겨 있다. 사회: 박승(朴昇, 서울 상대 4년), 이하 참가자: 고승제(高承濟, 서울대 상대 교수) / 송방용(宋邦鏞, 참의원) / 민병기(閔丙岐, 고대 교수) / 이동욱(李東旭, 동아일보 논설위원) / 박희범(朴喜範, 서울대 상대 교수) / 이동화(李東華, 동국대 교수) / 김교은(金敎殷, 서울대 문리대 3년) / 안병직(安秉直, 서울대 상대 4년) / 김규상(金奎尙, 동아대 3년, 경제정책토론대회 3위 입상) / 장은순(張殷順, 이대 4년) / 신은숙(申銀淑, 이대 3년) / 김성호(金聖昊, 서울대 농대 4년, 경제정책토론대회 1위 입상).

있어서 저는 적극적으로 반대를 합니다. 그러면 과연 공산주의를 해야 되겠느냐 거기까지는 가고 싶지 않습니다만, 다만 강력한 추진력을 가진 선의의 현명한 독재자가 나타나기를 후진국에서는 얼마든지 기대할 수가 있다고 보고 있습니다. 이러한 독재자 밑에서는 강력하게 계획화된 명령 체제를 운영할 수가 있을 것입니다. (…) 미약한 경공업이라고 하는 것은 개인기업에 돌리고 중공업에 있어서는 국영화하는 이러한 독재적 정치 체제와 계획화된 경제 체제를 저는 원합니다. (박수)

민주주의 발전사를 볼 것 같으면 한국 같은 이러한 투표 제도, 각인에 한 표씩의 투표 제도는 19세기 말에 와서야 있었던 것입니다. 그러면 19세기 말의 선진국가의 경제생활은 어떻게 되어 있느냐 하면, 영국에서는 벌써 19세기 후반에 있어서 산업혁명을 거쳤기 때문에 민주주의 제도라는 것이 들어맞는 것이 되었던 것입니다. 그러나 산업혁명도 거치지 않은 우리나라와 같은 데에서는 민주주의 제도라는 것은 들어맞지 않는다고 생각합니다. 한국에서 민주주의가 좋다고 그렇게 신봉하는 사람은 선진국가에 아부하기를 좋아하는 사람이지 우리가 살려고 하면 민주주의만 가지고는 안 될 것입니다.

앞의 박찬세와 유사하게 안병직은 '보통선거'의 형식을 "민주주의"로 규정하는 가운데 그것은 "산업혁명도 거치지 않는" 한국의 현실에는 맞지 않는 것으로 주장하고 있으며, "선진국가에 아부"하는 것과 연결시키고 있다. 나아가 "국가계획"에 의한 "중공업" 건설, 국영화 정책을 추진·유지할 수 있기 위해서는 "국민의 자유가 상당히 속박" 당하지 않을 수 없는데, 이를 "후진국의 국민들은 찬성"하지 않기 때문에 민주주의적 "선거제도"에 의한 정치 체제를 반대하고 있다. 요컨대, 그는 국가계획에 의한 중공업 육성을 지향하는 후진국의 '발전 체제'로서 "독재적 정치 체제와 계획화된 경제 체제"를 열망하고 있었던 것이다.

다른 논고에서도 "우리의 가장 긴급한 문제인 경제적 침체성을 타개"할 수 있기 위해서는 "국민의 도각(倒閣)의 위협으로부터 자유로울 수 있는 정책결의체(政策決意體)를 수립할 수밖에" 없으며, "이것은 독재(獨裁)로밖에 될 수 없다"고 하였다.[63] 안병직의 발언과 유사하게 심포지엄에서 서울대 문리대생 김교은은 "국민을 위한, 국민에 의한, 국민의 정치"는 "하나의 '부르죠아'적인 민주주의"일 뿐이며, "참다운 민주주의"는 "전체(全體)에 의한, 전체를 위한, 전체의 정치"라고 하였다. 이어서 후진국의 '개발'은 "강력한 독재자에 의한 명령적인 계획"에 의해 이루어질 수 있는데 후진국 개발이 없는 한 '선거권'의 참다운 행사는 있을 수 없다고 하였다.[64]

이러한 안병직, 김교은의 주장에 대해 심포지엄 현장에서는 "박수"가 터져 나왔지만, 여타의 학생 참가자들이 적지 않게 반발했기 때문에, 그들의 주장이나 태도를 당시 대학생층의 지배적인 의견이라고는 간주할 수 없을 것이다. 그런데도 심포지엄의 전반적인 분위기는 안병직처럼 제도로서의 민주주의적 절차 자체를 불필요, 부적합한 것으로까지는 인식하지 않았다 하더라도, 자유주의적 원리보다는 '중공업의 국영화' 등 '계획화된 경제 체제'로의 개조에 대해 우호적인 분위기였던 것만은 분명해 보인다.[65]

---

63  안병직, 「빈곤의 악순환을 타개하기 위하여」, 『상대평론』 18, 서울대학교 상과대학 학예부, 1961년 2월, 78쪽.

64  「(심포지움) 후진국 개발과 경제체제」, 『상대평론』 18호, 서울대학교 상과대학 학예부, 1961년 2월, 107쪽.

65  「학생층 과감한 '계획경제' 주장」, 『대학신문』 1960. 11. 28, 1면.

## 4. 맺음말

1950년대 후반 한국 지식인층이 산출한 '후진성' 담론의 지배적 흐름은 한국사회의 제반 영역에서 나타나고 있던 현상을 '제3세계' 국가들의 '후진성'과 동일한 수준, 범주로서 인식하였다. 당시 한국 지식인층의 '후진성'에 대한 관점은 서구와 대비된 '아시아', '동양'의 역사적 정체성에 다름 아닌 것으로, '서구 근대'를 보편화하는 가운데 그 음각으로서의 내용과 성격을 갖는 것이었다. 따라서 '후진성'의 극복은 '서구의 근대사회로의 발전' 과정을 어떻게 인식하는가의 문제로 귀결되었다. 그런데 1950년대 후반 제3세계 군부 세력의 집권이나 집권 세력의 독재적, 권위주의적 경향 등을 불가피한 것으로 정당화하거나 또는 민족혁명의 일환으로 우호적 관점에서 다룬 글은 찾아보기 어렵다. 한국 지식인층은 '후진성' 극복을 위해 정부의 효과적인 계획과 정책 추진력은 필요하다고 공감했지만, 그것은 민주적인 정부에 의한 것이어야 했다.

4월혁명 직후 대학생층의 계몽운동에 대한 한국사회의 일반적인 태도는 '정치'와 분리시켜 민족·조국의 발전, 후진성 극복, 근대화 등과 결부시키는 것이었다. 이와 같은 지배적인 관점은 당시 대학생층에게 현실정치가 아닌 민족과 조국의 발전이라는 관점에 설 것을 고취하는 배경이 되었고, 이승만 독재의 근저에 놓인 기성의 가치 체제와 사회질서의 개혁에 대한 열망을 실천하는 형태로 나타났다. 당시 대학생층은 신생활운동, 농촌계몽운동을 전개하는 가운데 빈곤과 무지에서 민중을 구제하고, 근대적 시민사회의 건설을 위해 그들을 계몽·선도할 존재로서 자신들을 자리매김하였다.

한편 7·29총선 이후 민주당의 정치적 분열과 혁명 과업의 실천이 지지부진하자, 당시 한국사회의 급격한 변혁을 열망하던 대학생층 내부에서는 민족주의적 정서가 비등하는 가운데 '자유민주주의'는 한국의 현실에 적합하지 않다는 인식이 확산되기 시작했던 것으로 보인다. '자유민주주의'를 미국이 약소국에 영향력을 행사하기 위한 이데올로기적 방편으로 치부하거나 급속한 '경제발전'을 방해하는 장애물로 인식하는 등, 기존 지배 이데올로기와 정치·경제 체제에 대한 비판 속에서 급속한 '후진성'의 탈피, 산업화를 위해 정치적 독재 체제와 경제적 계획이 결합된 민족주의적 '발전 체제(developmental regime)'를 수립해야 한다는 생각으로 기울어졌다.

4월혁명과 쿠데타를 거치면서 한국사회 지식인층은 '제3세계' 지역에서 부패하고 비능률적인 후진국 민주정치로는 근대화 과정을 단축하기 힘들다는 인식이 점차 퍼져나갔다. 역사적 정체로 인한 사회구조의 중첩성, 중간계급의 결여로 인한 정치적 혼란과 빈곤의 악순환 등 후진성을 극복하고 민주적 기반을 급속히 확대하기 위해서는 독재적인 수단이 불가피하다고 보는 경우가 적지 않았다. 1950년대 후반에 비해 부패하지 않는 정부의 능률성을 강조하기보다는 근대화를 향한 '민족혁명'을 위해 독재적, 권위주의적 국가권력이 불가피한 것으로 주장하는 형태로 바뀐 것이다.

# 05
## 4월혁명의 담론과 주체

황병주 (역사문제연구소)

## 1. 머리말

1960년 2월부터 1961년 5·16 군사 쿠데타 이전까지 진행된 일련의 사태를 어떻게 불러야 할 것인가는 오래된 화두다. 당시부터 혁명이란 발언이 나왔지만 또한 이를 부정하고 항쟁이라 주장하는 입장도 있었다. 지금까지 이에 관련된 용어는 혁명과 항쟁을 비롯해 운동, 의거, 사건, 4·19 등 무수히 많다. 민중혁명론과 시민혁명론 등 혁명론을 비판하면서 정치적 봉기라는 주장도 있다.[01] 최근에는 '진달래 정치혁명'이라는 독특한 명칭도 제기되었다.[02]

혁명, 항쟁, 운동 등 기본 개념뿐만 아니라 그 성격을 규정하는 용어도 매우 다양하다. 학생혁명, 지식인혁명, 민족혁명, 민중혁명, 시민혁명, 민주혁명, 정치혁명 등이 사용되었고 항쟁의 경우에도 비슷했다. '학생'이나 '지식인'이 주체를 규정한 것이라면 '민주'나 '정치'는 그 성격을 규정지은 것이다. 양자를 결합해 '민주주의 민족혁명'이라는 명칭도 나타났다.[03]

사실 한국 근현대사를 통틀어 혁명으로 불리는 사건은 별로 없다. 해방 이후 1959년까지 혁명으로 불린 사건은 3·1운동이 압도적이다. 갑신정변이나 동학농민운동도 몇 건 검색되나 대부분은 3·1운동이다. 그 다음은 광주학

---

01 김영명, 「4·19의 성격」, 『한국정치외교사논총』 제39집 1호, 2017.

02 이완범, 「4·19에서 86세대·촛불로 이어진 장기혁명—세대를 넘은 단속적 계승혁명」, 『한국학』 158호, 2020, 92쪽.

03 다양한 용어에 대해서는 서중석, 「1960년 4월혁명 개념 소고」, 『성대사림』 121·13 합집, 1997 참조.

생운동이 혁명으로 표기되었다.[04] 주지하듯이 동학농민운동이나 3·1운동을 혁명으로 부르는 것은 논쟁의 대상이며 4·19도 마찬가지이다. 그런데도 당시 가장 널리 사용되고 강력한 영향력을 끼친 용어는 혁명이다.

'4월혁명'은 서구의 고전적 시민혁명이나 사회주의 혁명론에 비추어보건 대 상당한 차이가 있는 것이 사실이다. 사회경제적 또는 정치적 체제 변화가 혁명에 걸맞을 정도로 뚜렷하다고 보기 힘들다는 게 중론이다. 생산양식의 변화는 고사하고 정치적 변화조차 내각제 개헌에 그쳤다. 신상초의 비유처럼 자유당과 민주당이 사랑방과 안방을 번갈아 사용하는 정도에 그친 것이 '4월혁명'의 결과인 셈이다. 그렇기에 '미완의 혁명'이 상당한 호소력을 가지면서 사용되기도 한다.

그런데도 당시부터 '혁명'이라는 말이 널리 사용된 연유는 무엇일까. 혁명은 근대 이후 가장 강력한 변화의 상징이다. 근대사는 흔히 프랑스 대혁명으로부터 시작되는 것으로 여겨지며 획기적인 단절과 비약을 상징한다. 즉시민혁명과 산업혁명이라는 이중의 혁명을 통하는 것이 세계사의 보편적 발전법칙으로 이해된 것이 당시의 지배적 인식이었다고 하겠다. 동학과 3·1운동이 있기는 했지만, 당시 한국은 시민혁명이 부재하다는 인식이 강했고, 그것이 후진성의 움직일 수 없는 증거처럼 여겨졌다.

시민혁명의 부재 속에서 이미 기정사실화된 민주주의는 그 역사적 실체를 확인하기 곤란했다. 미국에 의해 주어진 것으로 여겨진 한국의 민주주의는 '쓰레기통 속의 장미'라는 조롱의 대상처럼 여겨졌다. 민주주의는 피를 먹고 자란다는 언명처럼 민주주의의 자기화가 긴요했다. 다시 말해 세계사

---

04  변성호, 「혁명 이전의 혁명 관념—해방 이후부터 4·19 이전까지」, 『한국동양정치사상사학회 학술대회 발표논문집』 2018, 68쪽.

의 보편적 발전법칙에 걸맞은 서사가 강렬한 욕망의 대상이지 않았을까 한다. 혁명을 통한 민주화야말로 후진에서 선진으로 가는 비약의 확실한 노선으로 여겨졌다.

기존 논의는 주로 혁명의 실증적 검토였다고 보인다. 벌어진 사태가 무엇이었고 그 명칭으로 무엇이 적합하냐가 주된 쟁점이었다. 그런데 '개라는 개념은 짖지 않는다'는 말처럼 원론적 수준에서 실재와 언어는 동일한 것이 아니다. 그러나 또한 실재와 무관한 언어도 생각하기 곤란하다. 비유하자면 실재와 언어는 뫼비우스의 띠처럼 연결된 채 끊임없이 단락하는 관계이지 않을까 한다. 더욱이 실재와 언어는 접속된 순간에서조차 기표와 기의가 미끄러지는 상황의 연속이기도 하다. 민주주의는 하나의 기표이지만 숱한 기의로 분산된다. 혁명 역시 이와 유사하다. 동일한 기표를 사용하지만 그 지시하는 의미는 서로 다를 수밖에 없다.

이러한 맥락에서 벌어진 사태를 혁명으로 지칭하는 것의 옳고 그름을 떠나 그러한 호명의 담론 구조를 드러내는 것이 필요하다. 즉 실증상의 논란에도 불구하고 왜 혁명이란 개념이 사용되었고 또 그 효과는 무엇이었는가를 논의해볼 필요가 있다. 달리 말하자면 당대인들이 4·19를 혁명으로 호명했던 것은 사실의 문제이며 중요한 것은 그 맥락을 이해하는 것이다. 근대 이후 역사와 현실에 대한 호명 체계는 서구 근대의 개념, 인식틀에 크게 의존한다. 혁명이란 개념이 통용되고 어떤 효과를 산출할 수 있어야 비로소 혁명이란 호명도 가능할 것이다.

'4월혁명'은 주체 문제에 있어서도 복잡하다. 학생, 지식인과 같은 계층 개념과 함께 민중, 시민, 민족 등의 집합주체가 다양하게 등장했다. 주체 역시 실제 항쟁에 참여한 사람들과 그들을 호명하는 언어 사이에는 일정한 단락 관계가 형성된다. 마산시위 부상자 통계는 노동자 항목 외에도 공장 직원, 재단사, 직공, 운전사 등이 별도의 항목으로 구분되어 있다. 호명 체계에 따라 동일한 존재의 사회적 명칭이 달라질 수 있음을 잘 보여준다.

학생, 노동자와 같은 구분은 직업, 계층, 계급에 따른 분류라고 할 수 있는데, 사회적 분석의 기초일 것이다. 주체와 관련된 기존 논의는 사회 계층별 분석에 초점을 맞춘 것이 대부분이었다. 학생층이 주도하고 서발턴과 같은 하층민이 대거 유입된 사실을 주목하는 논의들이 진행되어왔다. 그러나 집합주체에 대한 설명은 그리 많지 않다. 개별 계층이나 특정 집단을 넘어 보다 큰 상위의 집합주체 설정은 다수결의 정치에서 매우 중요하다. 근대 대중정치는 다수자 혁명의 문법을 통해 작동한다.

당시 거명되었던 집합주체는 민중, 시민, 국민, 민족 등이었다. 이 중에서 특히 민중이 주목된다. 해방 이후 인민이 좌파의 용어로 전유되면서 우파 정치의 집합주체 명칭으로 민중이 부각되었다. 1950년대 경찰서에 내걸린 '민중의 지팡이'라는 용어에서 알 수 있듯이 민중은 지배계급의 호명 기호였다. 그러나 4월혁명을 거치면서 민중이 저항의 집단주체로 새롭게 재구성된다고 보인다. 이것이 1965년 민중당 창당으로 이어진다고 하겠다.

아울러 당시 격문이나 성명서 등을 보면 '민족'이 대거 호출되고 있음이 눈에 띈다. 국가(민족) 내부의 부정과 불의에 항거한 투쟁이었는데도 민족이 운동의 주체처럼 호명되었던 사실을 어떻게 이해해야 할까. 주지하듯이 민족은 상상된 공동체로 그 실체가 사회적으로 확인되는 것은 매우 곤란하다. 구체성을 결여한 추상적 집합으로서 민족은 상징 기호 체계에 가깝다. 그런데도 항쟁의 주역들은 '민족'을 호출하여 투쟁의 정당성을 확보하고자 했다. 부정부패를 넘어서는 것은 곧 민족정기를 수호·회복하는 것이라고 주장했다. 이러한 흐름은 학생운동권과 혁신계의 통일운동에서 더욱 두드러진다.

## 2. 혁명 담론의 추이

### 1) 1950년대 민주주의 담론

4월혁명의 담론 지형을 기초한 것은 1950년대다. 특히 민주주의에 관한한 50년대 구성된 담론 지형을 빼놓을 수 없다. 1950년대 한국의 국가 형성 과정은 미국 주도의 반공 진영에 깊숙이 편입되면서 진행되었고 그 과정에서 미국의 영향력은 정치·군사적인 면을 넘어 사회·문화·사상적 차원으로까지 확장되었다.

한국에서 미국식 자유민주주의는 분명 지배담론으로 출발했다. 그것은 무엇보다도 먼저 세계 체제적 수준에서 구조화된 냉전 체제에 규정되어 공산주의에 대한 안티테제로 부과된 것이었다. 냉전 체제 효과는 외적 조건으로 그친 것이 아니라 한국 내부의 주요한 정치적 정당화 담론으로 작동하게 되었다. 50년대 내내 야당의 핵심 인물로 활동한 신익희의 인식은 이 점을 잘 보여준다. 그는 한국전쟁 무렵 "우리의 잘 살아가는 길, 인간의 목적을 달성하는 길"이 "다른 것 없이 민주주의"라고 단언하고 전쟁을 지원하고 있는 국가들을 열거한 다음 "우리의 살길인 민주주의라는 것이 국내에만 한정되는 것이 아니라, 국제적으로 또한 절대 규정"이라고 했다.

> 이 세상은 민주주의와 공산주의가 서로 다투고 서로 싸워서 누가 죽느냐 사느냐 하는 문제를 결정하는 세계이니만큼 한국은 민주주의 국가로 민주주의를 실행한다는 하나의 단순한 사실로 세계 모든 나라의 원조를 받고 있다고 생각할 때 국제적으로는 우리의 살 길이 민주주의가 아니고 무엇이냐.[05]

---

**05** 신창현, 『해공 신익희』, 해공신익희선생기념회, 1992, 340~341쪽.

**이승만 대통령의 사임 소식에 기뻐하며 탱크를 잡아타고 거리를 누비는 학생들** 출처: 민주화운동기념사업회 오픈아카이브즈 00732785, 원출처: 경향신문사.

신익희는 1956년 한국전쟁을 동족상잔이라고 하는 규정을 '부당한 소견'이라고 일축하고 "한국전쟁은 곧 민주와 공산 두 진영의 시전장(試戰場)이었고 전위적인 열전"이었다고 주장했다.[06] 그는 '민주우방'의 지원을 받기 위해서라도 '민주주의적 국가 형성'은 절대적 과제가 아닐 수 없다고 했다.

이러한 원리에 따라 자유민주주의는 헌법을 통해 국가의 기본 운영 원리를 규정하고 있었고 이승만은 국가권력의 정점에서 민주주의가 국가 공식 지배담론임을 천명했다. 즉 "민주국가에서는 민중이 주인"이라는 인민주권에 대한 인식을 보여줌과 함께[07] 정치적·법적 평등, 삼권분립, 소수파 보호, 다

---

**06** 신익희, 「통일과 안정은 민주적 자유선거에서」, 김석영 편, 『나는 대통령선거를 이렇게 본다』, 남광문화사, 1956, 14쪽(백운선, 「민주당과 자유당의 정치이념 논쟁」, 『1950년대의 인식』, 한길사, 1981, 110쪽에서 재인용).

**07** 공보처, 『이승만 담화집』 2, 14쪽.

당제, 정치 세력 간 자유경쟁 등 자유민주주의의 핵심적인 정치 이론과 정치 제도들을 수용해야 한다고 천명했다.[08] 또한 선거는 대통령과 국회의원뿐만 아니라 지방자치제를 통해 면의원까지 선출하게 되었고 여타 사회 부문으로도 확산되었다. 이러한 과정을 통해 민주주의는 사회 구성원 누구도 부정하기 힘든 '보편적 원리'처럼 기능하게 되었다.

민주주의의 극적인 확산을 잘 보여주는 것은 저항담론으로의 전화였다. 애초 자유민주주의의 저항담론화를 주도했던 것은 제도정치권의 보수 야당이었다. 부산정치파동과 발췌 개헌(1952), 사사오입 개헌(1954), 보안법 파동(1958), 3·15부정선거(1960) 등을 거치면서 민국당-민주당으로 이어지는 보수 야당은 이승만-자유당 체제에 맞선 정치투쟁을 주도하였고 그 이념적, 담론적 기반으로 자유민주주의가 적극적으로 이용되었다.

50년대 한국에서 지배적이었던 민주주의는 자유주의적 입장에서 해석된 것, 다시 말해 미국식 '자유민주주의'였다. 공산주의라는 강력한 저항담론 체계의 경험과 현존으로 말미암아 민주주의는 더욱 혼란스러운 것이었다.[09] 사회민주주의, 민주사회주의, 프롤레타리아 민주주의, 인민민주주의, 진보적 민주주의 등 민주주의는 이미 공산주의/사회주의와 강렬한 결합 관계를 노정했었기에 반공=민주주의는 매우 중요한 담론적 설득 과제였다. 요컨대 민주주의는 일종의 담론적, 이데올로기적, 정치적 헤게모니 대상이었으며 이로부터 민주주의의 역설적 기능, 이중적 효과가 나타날 수 있게 되었다. 즉 민주주의는 지배담론이자 저항담론으로 나타났으며 지배계급의 공준이자 피지배

---

08  손호철, 「1950년대 한국사회의 이데올로기—한국전쟁 이후 시기를 중심으로」, 『한국정치연구』5호, 1996, 48쪽.

09  강력한 반공은 역설적으로 공산주의의 강력한 반증이었다. 특히 분단 상황에서 북한이 공산주의의 실체로 현존하고 있었음이 중요했다.

**계엄군의 탱크 위에 올라가 환호하는 시민군** 출처: 민주화운동기념사업회 오픈아카이브즈 00700219, 원출처: 경향신문사.

계급의 반란 구호가 되기도 했던 것이다. 이렇게 불확정적이고 비결정적인, 민주주의의 텅 빈 내부는 민주주의 자체의 고유한 모순이자 그 모순으로 인해 가능한 역동적인 정치적 활력의 근원이기도 했다.

　1950년대 민주주의 담론의 확산 과정에서 보수 정치인 및 엘리트 지식인의 역할은 결정적이었다. 그 구체적 예를 조병옥과 유진오를 통해 살펴볼 수 있다. 조병옥은 1960년 대통령선거를 앞두고 1959년에 출판한 저서 제목을 『민주주의와 나』라고 정함으로써 자신의 정치적 정체성을 분명히 했다. 나아가 그는 "우리는 민주주의의 국민이며 민주주의를 선택한 국민"이라고 단언했다.[10]

---

10　조병옥, 「민주주의적 지도자론―土耳其 國父 小傳을 시범삼아」, 『동아일보』 1954. 12. 16.

인간이 공기를 호흡하지 못하면 질식하여 죽는 것과 마찬가지로, 현대 자유민에게 있어서 민주주의가 아니면 사회생활을 영위할 수 없는 것이다. 즉 오늘날 민주주의의 위치는 우리에게 있어서 공기와 같은 것이다.[11]

조병옥은 민주주의를 공기에 비유하여 그 절대성을 강조하고 있다. 절대적 민주주의의 기본 전제는 '자유민' 즉 근대적 개인 개념이었다. 그에게 인간의 자유는 '영원불변의 천부의 권리'였다.[12] 조병옥은 자유주의 및 개인주의 등 근대 서구의 원리를 비교적 충실하게 따르는 것으로 보인다. 이성적 근대 주체를 상정한 다음 조병옥은 민주주의의 정치적 원리를 대의제와 정당정치로 요약한다.[13]

민주주의에 대한 조병옥의 인식을 현실적으로 증명해줄 대상은 미국이었다. 당대 대부분의 자유주의 엘리트들처럼 조병옥도 미국을 최고의 선진국이자 민주주의 국가로 파악하였다.[14] 그렇지만 '덮어놓고 미국식 민주주의를 본받아 헌법을 개정한다는 것은 마치 참새가 황새걸음을 걷다가 다리가 찢어지는 격'이라고 하여 한국의 역사적 맥락이 다름을 강조하였다.[15] 여기서 조병옥은 민주주의를 선진-후진 구도로 이해하고 있음이 분명했다. 그런데 여기서 후진성의 주요한 지표는 '민도(民度)'였다.

터키의 케말 파샤를 논하면서 조병옥은 "민도가 얕은 민족일수록 민주주의는 밑으로부터 실행하기보다, 위로부터 실행해야 될 것"이며 '유럽의 환

---

11  조병옥, 「서문」, 『민주주의와 나』, 영신문화사, 1959(이하 저자명 생략).
12  「자유세계의 방어와 그 의의」, 『민주주의와 나』, 17쪽.
13  「민주주의와 정당정치의 의의」, 『민주주의와 나』, 167~170쪽.
14  「민주주의적 지도자론—土耳其 國父 小傳을 시범삼아」, 『동아일보』 1954. 12. 16.
15  「민주주의는 역행할 것인가—주로 개헌안 시비를 중심하여」, 『동아일보』 1954. 8. 10~8. 11.

**시민들에 의해 거리로 끌려다니는 이승만 동상** 출처: 민주화운동기념사업회 오픈아카이브즈 00700224, 원출처: 3·15의거기념사업회.

자라고 불렸던 터키의 발전은 케말 파샤가 「민주화한 독재정치」를 감행한 까닭'이라고 주장했다.[16] 조병옥은 정부에 민주주의 교육 보급에 치중할 것을 강조하면서 "민주주의의 발달은 일 국민의 민지민도(民知民度)로 좌우되는 것"이라고 하였다.[17] 나아가 1954년 사사오입 개헌 파동 당시에는 국민투표 주장을 비판하면서 '효과적인 국사 처리'를 위해서는 주권을 위임받은 국회에서 처리해야 한다고 주장했다. 나아가 "국회조차도 무식하고 무능하다는 혹평을 받고 있는 형편인데, 하물며 지적 수준과 판단력이 국회의원보다 저하하다고 할 수 있는 몽매한 무식 대중이 어찌 그 책임을 감당할 수 있겠는

---

16 「민주주의적 지도자론—土耳其 國父 小傳을 시범삼아」, 『동아일보』 1954. 12. 16.
17 「민주주의와 정당정치의 의의」, 『민주주의와 나』, 173쪽.

가"라며 노골적인 엘리트주의를 보여주었다.[18]

　민도는 주로 식민지 시기 식민자들의 시선으로 피식민자의 열등성을 강조하기 위해 사용된 용어라고 보이는데, 조병옥의 용법은 바로 식민자의 위치에 엘리트를 대입하고 피식민자의 자리에 대중을 배치하는 것이었다. 이에 따라 식민-피식민 구도에 입각한 식민담론은 선진-후진 구도로 연속되면서 엘리트-대중 구도에 근거한 엘리트 담론으로 전화된다. 나아가 후진-대중 계열은 선진-엘리트의 지도 또는 지배의 대상으로 배치됨으로써 내부 식민-피식민 구도를 형성하게 된다. 다시 말해 대외적 선진-후진 구도가 대내적 엘리트-대중 구도로 연결되면서 이중의 식민화를 초래하게 되는 것이다.

　그러나 이러한 조병옥의 민주주의 인식은 반독재 활동의 유력한 배경이 되기도 했다. 1957년 「이대통령께 드리는 공개장」이란 제목으로 5월 31일부터 6월 4일까지 『동아일보』에 게재된 글에서 조병옥은 "철권정치에 대항하여 자유를 부르짖고, 혁명을 일으키고 폭동과 파업을 감행하는 것도 주권자의 자유쟁취"를 위한 "인권옹호의 정당방위"라고 선언하고 현대 민주정치 확립의 역사는 "인간의 자유를 전취하기 위한 피비린내 나는 투쟁의 기록"임을 강조했다.[19]

　조병옥은 4월혁명 이전에 이미 혁명의 정당성을 선언한 셈이다. 혁명과 폭동을 통한 피비린내 나는 투쟁이 곧 민주주의를 위한 것으로 정당화된다. 물론 그의 언설은 이승만 정권을 공격하기 위한 정치적 수사에 가까운 것으로 보인다. 그가 실제로 혁명과 폭동을 선동했다고 보기는 힘들다. 하지만 그 의도와 상관없이 혁명과 폭동이 민주주의를 위한 정당한 행동이라는 인식을

---

18　「민주주의는 역행할 것인가―주로 개헌안 시비를 중심하여」, 『동아일보』 1954. 8. 10~8. 11.

19　「피 묻은 민주역사―특히 2·4변란을 중심으로 하여」, 『민주주의와 나』, 257쪽.

확산시키는 효과를 냈음도 부정할 수 없다. 야당 대통령 후보까지 역임하게 되는 그의 정치적 비중을 생각하면 그 효과를 과소평가하기 힘들다.

다음으로 1950~60년대 대표적 지식인이자 야당 정치인으로 활동했던 유진오의 민주주의 인식을 살펴보자. 특히 그는 4·19 당시 고대 총장으로 학생들에게 상당한 영향을 미쳤다고 보인다. 유진오는 자신의 주요 논설을 엮은 책 제목을 『민주정치에의 길』이라고 하여 민주주의가 정치적 인식의 핵심임을 보여주었고 "반공과 자유민주주의는 우리나라가 현재 놓여 있는 역사적·정치적 조건 하에서는 어떠한 정권도 그 테두리를 벗어날 수 없는 일종의 아프리오리적 제약"이라고 하여 조병옥의 '공기'론과 유사한 입장을 피력했다.[20]

게다가 민주주의의 역사성을 이해하는 부분도 유사했다. 즉 근대 민주주의가 "서방의 산물"임을 인정하고 주로 미국, 미군정을 통해 수입된 것으로부터 한국의 민주주의를 설명했다.[21] '엘리트 민주주의'의 입장에서 내각책임제를 강조한 것도 조병옥과 유사했다. 일종의 '엘리트 과두제'라고 불릴 만한 정치를 구상한 것으로 보이는데, 대중에 대한 불신과 자각된 존재로서의 엘리트에 대한 기대 등은 당시 핵심 지식인층에 상당히 넓게 퍼진 인식이었다고 보인다.

유진오의 민주주의 인식에서 흥미로운 점은 그가 민주주의의 외래성을 극히 예민하게 인식하고 그것을 선진-후진 담론의 틀로 이해하고 있었다는 점이다. 1955년 유진오는 "우리는 역시 틀림없는 민주정치의 초년생"일 뿐이며 심지어 "조숙의 조짐조차 보일 줄 모르는 참으로 천진난만한 초년생"이라

---

20  「민정의 사상적 거점」, 『서울신문』 1963. 1(유진오, 『민주정치에의 길』, 일조각, 1963, 10쪽, 이하 저자명 생략).
21  「서방화와 민주화」, 『조선일보』 1959. 1(『민주정치에의 길』, 일조각, 1963, 49~53쪽).

고까지 했다. 이러한 인식은 곧 한국 민주정치의 위약성을 자인하는 것이었으며 "위로부터의 혁명도 거개 실패로 돌아갔거늘, 하물며 외부로부터의 혁명이 그렇게 순조로울 리는 천만에 없는 것"이라는 인식으로 이어졌다.[22]

이와 관련해 유진오의 민주주의 인식의 특징은 그것을 정치적 개념으로 국한하지 않고 생활양식으로까지 확장했다는 점이다. 조병옥이 민주주의는 '정치학상의 한 개념'이라고 한 데 비해 유진오는 "민주주의는 모든 사람의 자유와 평등을 기본으로 하여 성립되는 사상, 제도 내지 생활양식"이라고 규정했다.[23] 민주주의를 생활양식으로까지 확대한 이상 생활양식의 서구화와 민주주의의 발전과의 관계가 문제가 될 수밖에 없다.[24]

그러나 유진오는 서방화가 곧 한국의 민주화를 의미하는가에 대해서는 회의적이었다. 그 이유는 민주주의의 외형만 받아들였지 "민주주의의 정신"을 받아들이지 못했다는 판단 때문이었다. 다시 말해 '법률제도의 민주화'는 되었지만 '운영하는 사람, 적용받는 사람'의 사고방식은 아직 민주화되지 않았다는 것이다.

토스트를 먹고 커피를 마시고 양서를 들고 땐스를 즐긴다. 그러나 그의 내면 생활은 과연 자주자율·독립불기(獨立不羈)의 정신에 투철하여 있는가. (…) 서방세계가 민주로써 오늘의 강대와 번영을 이룩한 것은 (…) 자신의 운명을 자신이 결정할 줄 알고, 남의 인격도 나의 인격과 마찬가지로 알뜰한 것을 알고 (…) 그런데 우리의 서방화는 본말을 전도하고 있는 것 (…) 서방화는 되었다. 그러나 민주화는 안 되었다 하는 것이 현하의 우리 생활과 문화에 대한 나의 진단 (…) 링컨

22 「헌정 7년의 회고」, 『동아일보』 1955. 7. 17.
23 「헌정 11년의 교훈」, 『조선일보』 1959. 7. 17. 제헌절(『민주정치에의 길』, 205쪽).
24 「서방화와 민주화」, 『조선일보』 1959. 1(『민주정치에의 길』, 49~50쪽).

대통령의 그러한 말(인민의 인민에 의한 인민을 위한—인용자)이 한 교리로서가 아니라, 우리의 일상생활 속에 침투되어 습속화하고, 우리의 사고방식의 기본을 지배하여 생리화·본능화하게 될 때 비로소 그것은 우리의 것이 되었다 할 수 있는 것이다.[25]

유진오는 이렇게 서방의 문화, 생활양식을 습속화해야만 진정한 민주화가 될 수 있다는 생각을 가지고 있었다. 이러한 인식 하에서 대중에 대한 계몽과 교육은 불가피한 것이었다. 유진오에게 한국은 "누구에게 숨길 필요도 없이 (…) 민주주의의 후진국"이었으므로 "민주주의를 의식적·계획적으로 육성하여야 하는 것"이었다. 이러한 인식은 심지어 "민주주의는 「되는」 것이지 「만드는」 것이 아니라고 믿고 있는 영·미의 학자"들과 충돌도 불사하는 것이었다. 그만큼 유진오에게 "민주제도를 세운다는 것은 우리에게 있어서 선택의 여지가 없는 민족적·역사적인 지상명령"이었다.[26]

1950년대 이승만 정권은 자유민주주의를 기본적 지배담론으로 내세웠다. 정부수립 직후 잠시 일민주의를 주창하여 파시즘적 경향이라는 내외의 비판을 사기도 했지만 곧바로 폐기하고 자유민주주의를 공식적으로 내걸기 시작했다. 한편 신익희, 조병옥, 유진오 등 야당 정치인과 엘리트 지식인들 역시 자유민주주의에 근거하여 자신들의 정치적 입장을 드러냈다. 특히 이들은 민주주의 담론을 저항담론으로 확장하는 데 큰 역할을 했다. 반정부 투쟁이나 현실의 부조리와 부정부패를 민주주의에 의거해 비판하고 나아가 혁명을 정당화할 수 있는 근거로까지 여겨졌다.

---

25  위의 책, 51~52쪽.
26  「헌정 11년의 교훈」, 『조선일보』 1959. 7. 17, 제헌절(『민주정치에의 길』, 207쪽).

## 2) 4월혁명의 담론 구조

4혁혁명의 담론 구조를 이해하기 위해서는 당시의 정세를 설명할 필요가 있다. 담론은 논리정연한 이론 체계라기보다 특정 정세 하에서 여러 인식론적 요소들의 필연적이고 우연적인 접합으로 구성되는 측면이 강하다. 특히 4월혁명이 일종의 돌발사태였다는 점에서 더욱 그러하다. 혁명, 민주주의, 정의, 민족, 후진성 등의 개념과 가치들이 혼효되어 있는 4월혁명의 담론은 기존의 사회화된 가치와 개념들이 혁명적 상황 속에서 새롭게 배열되고 접합됨으로써 현실을 재현하는 독특한 담론으로 구성되어갔다고 할 수 있다.

4월혁명의 시공간은 해방공간을 방불케 했다. 한국전쟁 휴전 후 불과 7년이 채 안 된 시점에서 발발한 4월혁명은 기존의 금지와 억압을 넘어서 다양한 담론과 실천이 난무하게 만들었다. 물론 그 한계 역시 분명했다. 기존 질서가 완전히 해체된 것이 아니라는 점이 중요한 조건이었다. 실질적으로 치안을 책임진 것은 군대였고 그 배후에는 UN군 사령부로 대표되는 미국이 있었다.

홍이섭은 혁명이면 당연히 혁명위원회가 구성되어야 했지만 치안 문제가 있는 상황에서 "한국군의 발포 없는 경비로서 사태 진전을 감시함과 이와 불가분의 관계에 있는 UN군이 있는 한 혁명위원이(sic) 객관적으로 구성될 수 없었"다고 했다.[27] 요컨대 이승만 정부의 붕괴는 기존 질서의 몰락으로 연결되지 않았으며 이것이 4월혁명으로 열린 공간의 특이성을 근본적으로 규정지었다. 해방과 분단, 전쟁을 겪으면서 조성된 냉전과 반공 질서가 거의 흔들리지 않은 채 4월혁명이 전개된 셈이었다.

또한 4월혁명은 돌발적 사태 전개를 보여주었다. 혁명을 기획하고 준비

---

27  洪以燮, 「(특집) 혁명 후 1년: 4月革命의 再評價」, 『사상계』 1961년 4월호, 55쪽.

한 세력이 전혀 없는 상태에서 혁명적 상황이 전개되었고 그 와중에 이 상황을 주도할 수 있는 정치 세력 역시 나타나지 않았다. 다시 말해 혁명적 정세를 주도할 주체 세력은 분명치 않았고 여러 세력들이 길항하는 정세가 연출되었다. 크게 보아 당시 정치 세력은 두 갈래로 나뉜다. 하나는 민주당 중심의 보수적 자유주의 세력이었고, 다른 하나는 혁신계로 불린 사민주의 계열이었다.

두 세력은 해방공간의 좌우 대립을 연상케 하지만 후자의 급진성은 남로당 계열의 그것과 확연하게 구분된다고 하겠다. 두 세력의 내부 정세 또한 복잡했다. 전자는 신파와 구파의 대립이 치열했고, 후자 역시 여러 세력의 합종연횡이 반복되었다. 그러나 큰 흐름에 있어 전자가 자유시장 경제 체제에 기반한 자유주의를 강조했다면 후자는 사민주의에 방점을 찍는다고 보인다.

한편 4월혁명은 4월 26일 이승만의 하야를 계기로 두 개로 시기구분이 가능하다. 4월혁명 담론 역시 시기별로 구분해 살펴볼 필요가 있다. 이승만 정권에 대한 대중의 직접 행동이 고양되면서 시위가 격화되던 당시 다양한 격문, 성명서, 결의문, 전단, 벽보 등이 나타났다. 이 자료들은 시위가 한창인 와중에 급박하게 작성된 것들이고 지역과 계층 등 작성 주체들도 매우 다양하기에 논리정연한 일관성이 있다고 보기는 힘들다. 그러나 사후 정제된 글들에서는 찾아보기 힘든 4월혁명의 생생한 목소리가 그대로 담겨 있다. 대표적인 선언문을 살펴보자.[28]

---

28   여기서는 4월혁명연구소 편, 『한국사회변혁운동과 4월혁명』 ②, 한길사, 1990에 실린 134건의 선언문, 성명서, 전단, 벽보와 학민사 편집실 편, 『4·19의 민중사』, 1983에 실린 자료를 이용했다. 두 책의 자료들은 서로 겹치는 것이 많다. 이 두 책의 자료들만으로 4·19 정세의 담론 지형을 완벽하게 설명할 수는 없겠지만 대체적으로 그 특징을 설명하는 데는 큰 무리가 없을 것이다.

〈1960년 3월 14일 문경고등학교 전교생 일동 명의의 '지방유지 여러분에게
드림' 선언문〉

세계의 전모가 민주주의 최대 이상을 실현코자 지향하고 있는 이때에, 어째
서 우리의 조국 대한에서는 백성들의 비가(悲歌)가 높습니까? 민주주의의 두드러
진 심볼이요 국민 참정권의 가장 존귀한 것이 선거인데 (…) 민주주의의 성스러
운 표제에 좀먹고 있는 악의 씨에 (…) 저희들은 어디까지나 양심의 진지한 명령
과 정의에 입각한 정도를 (…) 도시 학생들을 무의(無意)하게 모방하는 의미는 추
호도 없으며, 비록 시골에 치우쳐 있는 저희들이나 국가를 사랑하고 민주주의의
선봉이 되어야 한다는 굳은 결의로써 이 고장 순진한 농민에게 이런 수단을 써
서라도 계몽해야겠습니다.


〈고대 4·18 선언문〉

대학은 반항과 자유의 표상이다. (…) 우리 고대는 과거 일제하에서는 항일투
쟁의 보루였으며, 해방 후에는 인간의 자유와 존경을 사수하기 위하여 멸공성전
의 전위 대열에 섰으나, 오늘은 진정한 민주 이념의 쟁취를 위한 반항의 봉화를
(…)


〈서울대 4·19 선언문〉

이성과 진리, 그리고 자유의 대학정신을 현실의 참담한 박토에 뿌리려 하는
바 (…) 지성과 양심의 명령으로 사악과 잔학의 현상을 규탄광정 (…) 우리의 지성
은 암담한 이 거리의 현상이 민주와 자유를 위장한 전제주의의 표독한 전횡 (…)
모든 민주주의의 정치사는 자유의 투쟁사 (…) 민족주의를 위장한 백색전제에의
항의 (…) 근대적 민주주의의 기간은 자유 (…) 민주주의와 민중의 공복이며 중립
적 권력체인 관료와 경찰은 민주를 위장한 가부장적 전제 권력의 하수인 (…) 민

주주의 이념의 최저의 공리인 선거권마저 권력의 마수 앞에 농단 (…) 우리는 캄캄한 밤의 침묵에 자유의 종을 난타하는 타수의 일익임을 자랑한다. (…)

〈4월 19일 서울대 문리대, 법대 게시판의 격문〉

우리는 보다 안타까이 조국을 사랑하기에 보다 조국의 운명을 염려한다. 우리는 공산당과의 투쟁에서 피를 흘려온 것처럼 우리는 또한 사이비 민주주의 독재를 배격한다. (…) 보라! 갖가지의 부정과 사회악이 민족적 정기의 심판을 받을 때는 왔다.

〈연세대 4·19 선언문〉

발작적 방종이 아닌 민주주의라는 것, 그것은 각인의 의사를 자유로이 표시할 수 있을 뿐 아니라, 집회·언론·결사의 자유가 엄연히 보장 (…) 보다 나은 앞날의 발전을 위하여 헌법 전문에 기록된 바 사회적 폐습을 타파하고 진정한 민주주의 대한민국을 건설해야 하는 것 (…) 나라를 바로잡고자 혈관에 맥동치는 정의의 양식, 불사조의 진리를 견지하려는 (…) 권력에 아부하는 간신배를 축출하라.

〈4·26 대학교수단의 시국선언문〉

데모는 순수한 정의감의 발로이며 (…) 민족정기의 표현 (…) 경찰은 자유와 민주를 기본으로 한 대한민국의 국립경찰이 아니라 (…) 일부 정치집단의 사병 (…) 학생 제군은 38 이북에서 호시탐탐하는 공산괴뢰들이 제군들의 의거를 백퍼센트 선전에 이용하고 있다는 사실을 경계하라.[29]

---

29　위의 책, 227~247쪽.

선언문별로 약간의 차이는 있지만 주요 개념어들을 보면 대체적으로 네 부분으로 구분됨을 알 수 있다. 첫째, 자유, 권리, 이성, 양심 등과 같은 근대 자유주의의 영향을 받은 용어들이 있고 둘째, 민족, 애국, 애족과 같은 국가-민족주의 계열의 용어, 셋째, 민주주의, 국민주권 같은 민주주의 계열의 용어들이 등장하고 있으며 마지막으로 반공이 등장한다. 이러한 개념, 용어들은 엘리트 지식인, 보수 야당 정치인들의 그것과 일맥상통한다고 할 수 있다. 이는 엘리트 지식인들로부터 시작된 민주주의 담론이 고등학교 및 대학생층에게까지 광범위하게 확산되었다는 의미일 것이다.[30]

네 가지 가치는 단순 병렬관계가 아니었다. 특히 반공은 앞의 세 가치에 비해 독특한 역할을 하고 있음이 눈에 띈다. 즉 반공은 저항의 적극적 역할을 담당하고 있다기보다 주로 자신들의 정치적 행위가 공산주의에 근거한 것이 아님을 증명하고자 하는 수동적이고 방어적인 가치로 기능하고 있다. 민족주의 또한 저항의 중심 담론은 아니었고, 다만 민주주의와 자유, 양심 등에 실체성을 부여하고 윤리적 정당화를 위한 기제로 배치되었다고 할 수 있다.

4·19 정세의 핵심 저항담론은 민주주의였다. 그러나 민주주의는 단독으로 등장하여 기능한 것이 아니라 1차적으로 자유주의와 결합하여 자유민주주의로 현상하였고 다시 민족주의와 접합되어 실체성과 집단적 윤리성을 획득한 다음 마지막으로 반공주의에 의해 엄호되는 양상을 보여주었다. 요컨대 민주주의는 구체적 정세 속에서 구체적 효과를 낼 수 있는 일련의 담론적 접합의 결과였다. 이 시기 민족주의, 반공 그리고 자유민주주의는 상호 밀착

---

30  4·19 당시 시위에 나선 청주공고에는 "공석회"라는 모임이 시위를 주도했는데 그 이름은 신익희의 호 해공과 조병옥의 호 유석에서 한 글자씩 취해서 만든 것이었다고 한다. 오성섭, 「청주의 봉기행진곡」, 『4·19의 민중사』, 122쪽. 보수 야당의 정치적, 담론적 역할이 고등학생에까지 일정한 영향을 미치고 있었으며 그 의미를 과소평가할 수 없음을 알 수 있다.

되어 어느 하나라도 탈락하게 되면 그 기능과 효과에 상당한 제약이 따르게 되는 관계였다.[31]

그러나 이러한 공식적 가치, 담론과 함께 민주주의의 저항담론 효과를 산출하는 데 중요한 역할을 한 것은 "정의"였다. 부정선거가 핵심 이슈가 되던 상황의 결과라고도 할 수 있을 정의 개념의 빈발 현상은 사실 4·19 담론의 핵심적인 행동 윤리를 제공해주고 있었다고 보인다. 선언문, 격문에 흔하게 나오는 "정의–불의" 개념 쌍은 사실상 그 담론의 실체가 애매하고 정세 속에서 극히 유동적일 수밖에 없었다.

그렇다면 4·19 정세 속에서 정의–불의의 구체적 지시 대상을 결정하는 담론의 가치는 무엇이었는가. 그것은 민주주의와 자유주의적 가치였다. 민주주의가 정의–불의를 가르는 기준이 됨으로써 사회적 모순과 부조리 전반이 민주주의에 의해 부정 당하는 현상도 나타났다. 즉 일체의 모든 사회적 악을 "비민주적"인 것으로 단죄하게 되는 것이다. 4·19 이후 한 대학생은 4·19의 원인을 3·15부정선거가 직접적 원인이기는 하지만 "12년 동안이나 누적된 비민주적 독소들이 이보다 더 근본적인 원인"이라고 규정했다.[32]

그러면 4·19 정세 속에 나타난 민주주의는 어떤 모습이었는가. 먼저 민주주의를 세계사적 차원으로 이해하면서 반공과의 대립 구도를 분명히 하는 점을 들 수 있다. 심지어 고등학생들조차 이러한 인식에 기반하고 있었다.[33]

---

31 민주주의 중에서도 인민주권은 가장 기본적이면서 동시에 가장 중요한 역할을 담당하고 있었다. 고등학생조차도 "우리는 국가의 주인"이라고 당당히 선언하고 '주인이 가져야 할 귀중한 열쇠들을 우리에게 고용당한 차인들에게 빼앗기고' 있다는 인식을 보여줌으로써 자신들의 정치적 행동의 정당성을 인민주권에서 구하고 있었다. 「1960년 3월 24일 부산고등학교 학생 일동 명의의 '동포에게 호소하는 글'」, 『한국사회변혁운동과 4월혁명』 ②, 239쪽.

32 조화영, 『4월혁명 투쟁사』, 국제출판사, 1960, 75쪽.

33 "세계의 전모가 민주주의 최대 이상을 실현코자 지향하고 있는 이때에, 어째서 우리의 조국 대한에서는 백성들의 悲歌가 높습니까?" 「1960년 3월 14일 문경고등학교 전교생 일동 명의

둘째, 강렬한 계몽 의식을 내포한 민주주의 인식을 보여주었다. 민주주의는 정의로운 것이자 첨단의 선진적 제도, 관습, 가치이기에 먼저 자각한 자들에 의해 계몽되어야 할 것으로 나타났다. 앞의 문경고 학생들의 선언문에도 나오듯이 이러한 계몽주의적 시선으로 파악된 민주주의는 상당히 광범위한 범위에까지 확장된 것으로 보인다.[34]

셋째, 민주주의는 실현된 가치, 즉 현실이라기보다는 미래에 실현해야 될 가치, 지향으로 나타났다. 민주주의는 현실을 재단하는 중요한 가치였지만 그것은 그만큼 현실이 민주주의 원리에 부합하지 않는다는 인식의 결과이기도 했다. 즉 민주주의는 선험적으로 그 정당성이 인정된 것이었을 뿐 경험적 평가 대상일 수는 없었다. 민주주의는 서구의 선진적 가치로서 그 주체적 평가 과정이 생략된 채 한국사회의 지배적 가치로 기능하고 있었다. 그렇기에 "교실에서 배우고 책으로 읽혀온 「민주주의」와는 엄청나게 빗나간 이 땅의 정치적 현실"이란 인식이 중요한 저항의 동력이 될 수 있었다.[35]

이 장면이 한국 현대사의 결정적 순간 중 하나가 된다. 민주주의가 비로소 한국사회의 핵심적 정치문법으로 등장한 순간이기 때문이다. 민주주의는 개항기 이래 유입된 서구 개념이기는 했지만 정치적 중심 개념으로 쓰이는 경우는 거의 없었다. 해방공간의 격렬한 좌우 대립 구도에서 민주주의는 양쪽 모두 전유하고자 하는 가치이기는 했지만 중심 대립축은 아니었다. 민족주의와 통일, 사회주의와 공산주의 등이 훨씬 더 중요한 의미를 갖고 있었다.

---

의 '지방유지 여러분에게 드림' 선언문」, 『한국사회변혁운동과 4월혁명』 ②, 236쪽; "공산적 수로부터 강토를 구해준 민주 우방에 부끄러운 이 추태를 (…)", 「1960년 3월 24일 부산고등학교 학생 일동 명의의 '동포에게 호소하는 글」, 『한국사회변혁운동과 4월혁명』 ②, 239쪽.

**34** 「1960년 3월 24일 부산고등학교 학생 일동 명의의 '동포에게 호소하는 글」. "동포여 잠을 깨라! 일어나라!"

**35** 조화영, 앞의 책, 1960, 54쪽.

그러나 전쟁을 거치고 냉전 체제가 강화되던 국면에서 좌우 대결 구도는 사라졌고 그 이데올로기 역시 금기의 대상이 되었다. 이승만 정권은 집권 초기 일민주의를 잠시 강조하기도 했지만 곧 자유민주주의를 공식 통치담론으로 내세웠다. 보수 야당 역시 자유민주주의를 금과옥조로 여겼다. 요컨대 열전과 냉전을 통과하면서 한국의 지배 엘리트들은 미국의 보편주의 전략의 핵심 가치 중 하나였던 자유민주주의를 적극적으로 받아들여 자신들의 통치담론으로 활용하고자 했다.

앞서 보았듯이 보수적 야당 정치가들은 민주주의를 저항담론으로 전화시키는 데 상당한 역할을 했다. 4·19 당시 거리에 나선 대중들이 자신들의 행위를 정당화할 수 있는 정치언어는 사실상 별로 없었다. 민주주의는 정권의 지배 이데올로기로 사용되고 있을 뿐만 아니라 헌법에 명기된 공인된 가치였다. 마침 3·15부정선거는 절차적 민주주의의 핵심인 선거의 공정성을 훼손한 사건이었다. 거리의 대중이 민주주의를 통해 정당성을 확보하고 또 스스로를 보호하고자 한 것은 매우 자연스러운 일이었다.

어쨌든 중요한 것은 한국에서 민주주의가 처음으로 거리의 대중 행동을 통해 그 정치적 가치가 증명된 최초의 순간이 4월혁명이었다는 사실이다. 이승만 정권이나 보수 야당, 엘리트 지식인이 아무리 민주주의의 가치와 중요성을 강조했다 하더라도 그것이 대중의 정치적 실천으로 연결되지 못한다면 그 현실적 함의는 매우 제한적일 수밖에 없다. 4월혁명 국면에서 거의 모든 세력이 동의할 수 있는 정치언어가 곧 민주주의였다. 이러한 맥락에서 민주주의를 통해 4·19가 가능했다기보다 역으로 4월혁명을 통해 민주주의가 비로소 실체화된 것이라고 볼 수 있다.

그런데 문제는 민주주의가 자명한 듯하지만 그 구체적 내용은 천차만별이라는 사실이었다. 즉 민주주의라는 기표는 동일하게 사용했지만 그것이

의미하는 바는 사람마다 다르고 정치 세력마다 다를 수 있었다. 도대체 민주주의란 무엇인가라는 근본적 질문이 나올 수 있는 상황이었다. 링컨의 유명한 '인민에 의한 인민을 위한 인민의 정부'라는 문구가 널리 유행했지만 도대체 인민이란 무엇인가라는 질문으로 이어질 수밖에 없는 상황이기도 했다. 요컨대 누구를 위한 누구의 민주주의인가라는 의문이 나오게 된다.

인민의 자기통치라는 의미에서 인민주권이 민주주의의 핵심이라면 결국 인민을 어떻게 대표하고 재현할 것인가가 문제가 된다. 인민의 집합적 이익을 재현하는 것도 핵심적 문제가 된다. 상충하는 현실의 정치적, 경제적 이해관계를 넘어 보편적 정치주체로 인민을 구성해내고 또한 국가와 민족의 보편적 이익을 구성해낼 수 있는 정치적 능력, 담론적 설득력이 불가결하게 요구된다. 요컨대 민주주의를 전유할 수 있는 새로운 정치적 실천이 본격적으로 등장하게 된 것이 4월 이후의 혁명적 시공간이었다.

이 과정에서 눈에 띄는 주체들은 일차적으로 민주당과 『사상계』, 『동아일보』, 『경향신문』 등 야당 성향의 언론들이었다. 1960년 4월 26일 이승만 하야가 발표되고 바로 그 다음 날 『동아일보』는 4·19를 '역사적 시민혁명'이라고 못박았다.[36] 또한 4·19 민주혁명이란 용어도 사용했다.[37] 시위가 한창 진행 중이던 상황에서도 사태를 혁명으로 지칭한 기사는 보이지 않았던 것에 비추어볼 때 이승만 하야 직후 『동아일보』가 시민혁명과 민주혁명이란 용어를 사용한 것은 상당히 주목된다.

같은 날 지면에서 『동아일보』는 혁명이란 규정과 함께 학생의 도의적 책임을 거론했다. 학생들을 "새 국가의 주인"으로 추켜세우며 "공백상태를 과

---

36  『동아일보』 1960. 4. 27.
37  「(사설) 政局收拾의 基本的順序」, 『동아일보』 1960. 4. 27.

도적으로 극복해줄 도의적 책임"이 있다고 강조했다.[38] 같은 날 다른 기사를 통해서는 노골적으로 냉정과 질서를 주문했다.

감격의 4·26. 이날의 과감한 시민혁명이 성공적으로 막을 내리자 용광로와 도 같이 뒤끓던 시민들의 가슴은 차츰 냉정을 다시 찾아 우리의 요구는 관철되 었으니 이제는 질서를 유지하여 건설로 나아가는 소리가 높아가고 있다.[39]

이승만 하야 불과 하루 만에 『동아일보』는 혁명의 성격을 규정짓고 냉정과 질서를 주문하면서 학생들을 비롯한 대중을 설득하고자 한다. 이러한 모습은 『경향신문』도 유사했다. 『경향신문』은 "학생들의 의로운 피"를 거론하며 학생들을 찬양하면서도 정치에 관여하거나 이용당할 수 있어 불안하다는 입장을 피력했다. 학생은 미래의 일꾼이지 현재의 일꾼은 아니라는 주장이었다.[40] 이러한 입장은 이승만 하야를 정점으로 더 이상의 사태 진전을 바라지 않는 모습이 역력하다. 『사상계』 역시 4월혁명을 시민혁명으로 높이 평가하면서도 이후 전개된 사태에 대해 방종과 무질서가 혼란과 파괴로 이어질 수 있음을 강력하게 우려했다.[41]

4월 19일 일부 시위대가 총기를 탈취하고 경찰과 총격전까지 벌인 상황은 기존 지배 질서에 적잖이 부담이 되었을 것이다. 계엄 선포로 급한 불을 껐다고도 할 수 있겠지만 사태가 어떻게 될지는 아무도 장담할 수 없는 상황이었다. 이들의 입장에서는 교수단 시위와 이승만 하야는 사태의 클라이맥

---

38 「(사설) 學生은 治安確保에 적극 協力하라」, 『동아일보』 1960. 4. 27.
39 「民權鬪爭은 끝났다」, 『동아일보』 1960. 4. 27.
40 「(사설) 學生과 敎育界에 부친다」, 『경향신문』 1960. 4. 30.
41 이상록, 『한국의 자유민주주의와 『사상계』』, 고려대 민족문화연구원, 2020 참조.

스가 되어야 했고, 더 이상 거리정치가 활성화되는 것은 바람직하지 않았다. 거리의 안정과 함께 이들이 공을 들인 것은 혁명의 급진화를 차단하는 것이었다.

> 일부 경망한 정치인들은 금번의 반독재 정치혁명이 시민혁명이라는 기본 성격을 이해하지 못하고 마치 사회주의혁명으로 오인한 것 같은 무책임하고 무원칙한 감정론을 방언(放言)하는 데 기업가의 제반 약점을 악용하고 있다. (…) 일부 노동자가 실력으로 공장과 기계를 파괴하고 자기의 소임을 다하지 않는 경향이 있다 함은 심히 유감이라 아니할 수 없다. 노동자 제위는 우리가 처해 있는 경제적 위기를 정시하고 빈약한 우리나라의 생산 시설을 다시 파괴한다는 것이 얼마나 죄악이 되는가를 재고해서 그대들의 원한을 법과 정부에게 일임해주기를 바란다.[42]

『경향신문』은 『동아일보』와 마찬가지로 4·19를 시민혁명으로 규정짓고 사회주의혁명이 아님을 강력하게 주장했다. 이에 따라 기업가에 대한 핍박을 중단하고 노동자들은 생산 시설 파괴를 중지해야 함을 강조했다. 『동아일보』 역시 혁신계의 등장에 예민하게 반응했다. 『동아일보』는 한편으로 "4·19 시민혁명"을 통해 "정치적 자유 및 사상의 자유가 확장"되었음을 인정하면서도 그것은 "반공의 테두리 내에서의 정치적인 자유와 사상의 자유는 사실상 쟁취"된 것임을 분명히 했다. 그렇기에 "혁신 세력은 어떤 방향으로 집결하여 어떻게 활동을 하건 간에 공산당과 완전히 절연해야 하고 그 내부에 공산분

---

42 「(사설) 一部政客과 謀利輩에게 警告한다」, 『경향신문』 1960. 5. 3.

자가 침입치 않도록 최대한의 주의를 기울여야 한다"는 것이 결론이었다.[43]

이들이 예민하게 반응한 사건은 사회대중당을 위시한 혁신정당의 창당 움직임이었다. 1960년 5월 중순 사대당이 중요 기업을 국유화 또는 공영화를 계획하고 평화적인 방법으로 남북통일을 이룩해야 한다는 주장을 펴고 있다고 보도했다.[44] 사회대중당 창당이 전 국민적 주시의 대상이라고 밝힌 『동아일보』는 공산주의를 어떻게 다루느냐 하는 것과 경제정책을 어떻게 이끌고 나가느냐가 핵심적 관심 대상이라고 했다. 또한 독일 사회민주당과 영국 노동당이 100년 동안 이어져온 국유화 정책을 포기 내지 수정하였음을 강조하면서 국유화 정책이 실패에 실패를 거듭해왔다고 비판했다.[45]

이승만 하야 직후부터 벌써 보수파는 혁신계 움직임에 민감하게 반응하면서 혁명의 급진화와 좌파적 경향을 차단하고자 했다. 그러나 혁신계의 방침은 사실상 매우 온건한 편이었다. 사회주의를 전면에 내세우지도 않았으며, 한 연구에 따르면 자립경제를 지향하는 수정자본주의 또는 사회국가적인 혼합자본주의 정책이었다. 즉 국가의 경제 개입을 인정하는 사회민주주의에 기초한 혼합 경제 체제를 지향했다.[46]

이러한 흐름은 해방공간 이래 대부분의 정치세력이 공유하던 내용이기도 했다. 제헌헌법에도 중요 산업의 국유화와 국가의 시장개입이 명문화되었다. 비록 1954년 사사오입 개헌을 통해 자유시장 경제 체제로의 전환이 시도되기는 했지만 그것이 하루아침에 이루어질 수 있는 것은 아니었다. 보수

---

43  「(사설) 保守對革新의 問題」, 『동아일보』 1960. 5. 7.

44  『경향신문』 1960. 5. 16.

45  「(사설) 韓國서의 社會民主主義問題」, 『동아일보』 1960. 5. 15.

46  조석곤, 「4월혁명 직후 진행된 각 정파의 경제발전 지향을 둘러싼 제논의」, 『4월혁명과 한국민주주의』, 2010, 334~338쪽.

세력의 위기의식은 이념적인 것이라기보다 4·19가 만들어낸 정세로부터 기인한 것으로 보인다. 아래로부터의 거대한 군중 행동, 경찰과의 총격전까지 불사하는 대중들의 전투적 양상 등은 기존 지배 질서의 기득권층인 보수 세력의 위기의식을 크게 자극했다.

이들의 즉자적 반응은 혁신계를 대상으로 반공 이데올로기를 다시 한번 자극하는 것이었지만 그것만으로는 부족했다. 보다 능동적이고 적극적인 대항담론이 필요했고 그것은 세계사의 보편적 발전 법칙에 걸맞은 역사상을 제시하는 것으로부터 출발했다.

> 근대국가를 완수함에 있어서는 두 개의 기본조건이 선행 충족되어야 한다. 그것은 민족의 독립과 시민적 자유의 보장이다. 민족주의란 그 고유한 의미에서는 민족의 통일과 독립의 완성에 있으며 민주주의는 곧 이 시민적 자유의 보장을 지상목표로 한다. 자유주의가 근대국가의 기반이라면 민족주의와 민주주의는 실로 이 자유주의의 쌍생아라고 할 것이다. 불란서 혁명에서 막을 연 서구의 근대사는 이 민족의 독립과 시민적 자유를 쟁취하기 위한 피투성이의 싸움으로써 점철된 역사이다. 우리도 이 역사의 궤도에서 벗어날 수 없다. 우리나라가 참으로 근대화하고 우리들도 진정한 공민적 자유를 향유하기 위하여는 우리도 이 역사의 관문을 거쳐야 하며 예정된 시련을 겪어야 했다.[47]

인용문은 근대국가 완수의 세계사적 보편 경로를 제시하면서 4월혁명이 그 연장선에 있음을 논증하고자 한다. "일제의 식민지화로 민족의 독립은 무참히도 유린되고 민족의 자유가 없는 위에 고질적인 봉건성과 경제적 후진

---

47  김성근, 「自力民主革命에의 巨步」, 『동아일보』 1960. 5. 5.

성으로 인해 민주적 자유는 더구나 바라볼 여지조차 없"었다는 것이 위 인용문 필자의 주장이다. 8·15해방으로 민족의 독립과 민주적 자유 두 개의 혁명을 한몫에 성취했지만 그것은 일종의 횡재에 불과했기에 타력혁명에 불과했다고 한다. 4월혁명으로 비로소 대가를 지불하게 되었다는 것이 그의 결론이다.

이러한 담론은 근대적 과제를 제시함으로써 사회주의로 나아가는 것을 차단하고 자유주의와 민주주의로 4월혁명을 전유하려는 시도로 이해된다. 이러한 논의를 이어받은 것은 『사상계』가 대표적이다. 사상계는 월간 잡지라는 속성상 신문보다 뒤늦게 반응을 보였는데, 대신 논의의 양과 질은 신문 지면을 능가했다. 사상계는 6월호 거의 전 지면을 할애해 4월혁명에 대한 담론들을 쏟아냈는데, 시민혁명과 자유주의가 기본 주제라고 보인다.[48]

특히 근대 시민혁명을 수행할 주체로 부르주아를 모델로 한 시민계급을 강조하는 것이 특징적이었다. 이러한 입장을 잘 보여주고 있는 것이 민주당의 김영선이다. 그는 "민주당이 수립하고 보수하려는 것은 근대 시민사회 질서"임을 분명히 했다. 시민사회 질서는 곧 "법치주의와 자유경제 원칙"이라고 설명한다. 김영선은 "사유사영 확대" 등 자유주의적 전망을 강조했지만 19세기 고전적 자유방임 정책 대신 "계획성 있는 자유경제"를 주장했다. 이러한 입장에서 김영선은 "일부 소아병적 정객들은 생산수단에 대한 광범한 국유화"를 주장한다고 격렬하게 비판했다. 그가 보기에 "계획경제는 공산 진영과 팟쇼 진영의 독재를 초래"하는 것에 불과했다.[49]

---

48  『사상계』가 자유주의적 기조로 4월혁명을 전유하고자 한 내용에 대한 자세한 설명은 이 책에 실린 윤상현, 「4월혁명의 자유주의적 전유」 참조(279~330쪽). 여기서는 소유권과 민주주의를 관련시키는 내용에 국한하고자 한다.

49  김영선, 「民主黨 腹案의 骨子」, 『사상계』 1960년 6월호, 144~148쪽.

그런데 여기서 주목되는 지점은 소유권 문제가 불거졌다는 것이다. 김영선도 그러했지만 김상협은 좀 더 구체적이고 직접적으로 이 문제를 다룬다. 그는 고려대, 동아일보, 삼양사 등으로 구성된 김성수·김연수 집안의 핵심 인물이었다. 그의 말을 들어보자.

> 개인의 사유재산권은 정치권력의 절대화를 방지하는 민주 보루이다. 만일 사유재산권이 없다고 가정한다면 국가 관헌은 하고 싶은 짓을 제멋대로 행할 수 있고 그렇게 되는 날이면 개인의 자유는 없어지고 만다. 사유재산권을 소유하므로 말미암아 안정된 생활을 누릴 수 있는 남녀의 수가 많아지면 많아질수록 관헌 독재로부터 독립자활할 수 있는 자유시민의 민주 보루가 강화되고 이 민주 보루를 기지 삼아 많은 사람의 자유 보장은 용이해질 것이다. 소유권을 가진 사람의 수가 많아지면 독재자에 대해서 코웃음을 치는 자유시민층이 생기게 된다. 소유권이야말로 폭정에 대한 가장 효과적인 대비책인 것이다.[50]

인용문은 영국 보수당 이든 수상의 말이다. 그는 이것이 "영국 보수당의 '소유권 있는 민주주의'의 이론인데 우리나라에서도 이것을 실현하도록 해야 할 것"이라고 주장했다. 즉 "선진 각국의 민주주의는 소유권 있는 중산계급의 투쟁으로 이루어졌으며 또 팟쇼 독재, 공산당 독재에 반항해서 용감히 싸워온 것도 소유권 있는 중산계급이었다"라고 강조하면서 우리 역시 "하루바삐 산업 개발을 하는 동시에 이를 '많은 사람이 소유권을 가지는 민주주의'의 방향을 이끌어 나가야 할 것"임을 주장했다.

그가 보기에 소유권 있는 민주주의는 경제개발을 촉진하는 역할까지를

---

**50** 김상협, 「韓國의 新保守主義」, 『사상계』 1960년 6월호, 126쪽.

담당한다. 그는 요한복음의 '고용된 목동은 자기 소유의 양이 아니기 때문에 늑대가 습격해오면 양떼를 돌보지 않고 도망친다'는 말까지 인용해가면서 "사유재산권을 가진 사람만이 자기 책임 하에 창의를 발휘하고 생산 의욕을 강화하며 따라서 여기에서만 경제발전이 이룩될 수 있는 것"이라고 주장했다. 더 나아가 사유재산권은 자식의 교육, 부모 봉양을 가능케 하기에 가장 훌륭한 사회보장제가 된다는 주장도 이어졌다.

마지막으로 김상협은 소유권 있는 민주주의가 절대적으로 빈약한 한국에서 실현하기 곤란한 것이 사실이라고 인정하면서도 그가 믿는 구석은 미국이었다. 즉 "우리나라는 미국으로부터 매년 수억 불에 달하는 경제원조를 받고 있으니 이 원조만 유효적절하게 이용하기만 하면 전연 불가능한 일은 아니"라는 게 그의 판단이었다. 이를 위해 "자유를 위한 반공을 계속하자"가 그의 최종 결론이었다.[51]

김상협의 입장은 당시 한국의 자산계층의 입장을 대변한 것으로 보인다. 식민지 시기 이래 대표적인 기득권층인 김성수-김연수 집안의 입장을 대표하면서 동시에 당대 한국의 자본가계급의 이해관계를 반영한 것으로 읽힌다. 그리고 이러한 입장이 도출된 배경은 4·19로 조성된 혁명적 정세일 것이다. 해방공간의 좌우 대립을 방불케 하는 정세처럼 여겨진 4월혁명의 한 단면이 드러나는 장면이지 않을 수 없다.

소유권 문제에 대한 또 다른 입장도 나타났다. 예컨대 부완혁은 "자본주의는 대자본가로부터 경영가의 수중으로 기업체의 경영권을 옮겨놓은 소위 인민자본주의로 전환"되었음을 강조했다.[52] 그가 '인민자본주의'로 번역한 것

---

51  위의 글, 126쪽.
52  부완혁, 「革命의 現段階와 今後」, 『사상계』 1960년 6월호, 135쪽.

은 1950년대 미국에서 한때 활발하게 논의된 public capitalism을 말한다. 간단히 말해 광범위한 대중으로 하여금 주식을 보유하게 하여 전 국민의 자산가화를 추동해내겠다는 게 골자인 public capitalism은 소유와 경영의 분리를 포함한다. 거대 자본의 전횡을 막고 대중의 자산가화를 동시에 추구하여 자본주의가 노정하고 있는 사적 소유권의 문제를 해결해보겠다는 것이 이 논의의 핵심이다.

이 논의는 1950년대 중반 한국에도 유입되어 일정한 반향을 불러일으켰다. 특히 김대중이 이에 큰 관심을 기울여 1967년 9월에는 연내에 '대중자본주의'란 책을 발간하겠다는 의욕을 보였다고도 한다.[53] 이것이 대중경제론의 출발점이 된다. 어쨌든 4·19 국면은 해방공간의 좌우 대립과 함께 소유권 논쟁을 다시 불러내기도 했다는 점이 주목된다.

생산수단의 국유화 문제에 대해 좀 다른 입장도 나타난다. 생산성본부 이사장을 맡고 있었던 이은복이 대표적이다. 그는 해방공간 이래의 역사성 검토로부터 글을 시작했다. 그는 8·15 이후 해방공간은 "극우로부터 극좌에 이르기까지 생산수단의 국유화, 국영기업의 존립을 토지개혁과 아울러 유일한 경제정책의 2대 지주"로 하던 시대였다고 규정했다. 따라서 당시 "국영화야말로 전 국민의 경제 구호와도 같았다"고 한다. 그렇기에 이러한 사회적 분위기를 벗어난 헌법의 제정 또한 있을 수 없게 되었고 제헌헌법의 국유국영과 관련된 제 조항이 나타나게 된 배경이 된다.

이은복은 이러한 역사적 현실적 맥락을 전면 부정하지 않았다. 그는 루스벨트를 인용해 국영기업이 "정부가 권리를 갖는 동시에 사기업과(의) 창의성을 가질 수 있게 하는 여유"가 있어야 함을 강조했다. 국유국영을 반대하는

---

논리에 대해서는 "자유주의 국가의 표본이 되는 미국을 보더라도 TVA 사업은 물론이고 1947년 기준 정부기업이 150개이고 자산액이 200억 달러라는 사실을 보건대 말이 안 된다"고 질타했다. 그는 "일부 산업의 국영화야말로 공공성을 띠운 일부 산업을 독점자본가의 수중에서 빼앗는 유일한 길이 될 뿐 아니라 헌법에 반영된 경제균점 정신을 그대로 발휘할 수 있는 방법이 될 것이며 한국 경제의 앞날에 번영의 영광을 가져올 것"이라고 결론지었다.[54]

생산성본부는 1950년대 말에 만들어진 대표적인 미국통 기관이다. 2차대전 이후 전 세계적으로 미국식 경영, 노무 기법이 확산되는데, 그 첨병 역할을 한 것이 생산성본부다. 그러한 생산성본부의 이사장을 맡고 있던 이은복이 국영기업의 가능성을 적극적으로 개진한 것이 특이하다. 미국의 진보적 성격을 대표했던 뉴딜정책의 영향이 긴 그림자를 드리우고 있다고도 보인다.

미국은 긍정적이든 부정적이든 현대 한국의 빼놓을 수 없는 상수다. 미국은 여러 모습으로 다가왔는데, 기존 권력과 기성세대에 대한 격렬한 분노와 부정 의식이 팽배했던 4·19 정세 속에서 특별한 존경과 경외의 대상이 있었다면 그것은 미국이었다. 미국은 최고 권력부터 시위대에 이르기까지 거의 모든 사회 영역으로부터 일종의 치외법권적 지위를 누렸다. 4월 26일 이승만 하야 의사 발표시 중앙청 앞 군중들은 '국군 만세, 국민의 군인 환영'이라는 외침과 함께, "미국 만세, 매카나기 대사 만세"라는 함성을 질러댔다고 한다.[55] 4월 20일 이승만의 담화문은 '법과 질서 회복'과 함께 많은 인명 희생을 언급하면서 특별히 "부상자들 가운데 두 사람의 미국인이 끼어 있었음을 심히 유감"으로 생각한다고 했다.[56] 1960년 5월 7일자 『타임』지는 UPI 기사를 인용해

54   이은복, 「企業國營化의 苦悶」, 『사상계』 1960년 8월호, 239~243쪽.
55   『4·19의 민중사』, 46~47쪽.
56   위의 책, 83쪽.

"현재 이곳의 소요에서 가장 안전한 사람은 외국 기자, 특히 미국 기자이다. 외국 기자들이 가는 곳마다 행동의 자유가 보장될 뿐만 아니라 시위대와 군인들로부터 보호되고 있다"고 보도할 정도였다.[57]

사실 미국은 그럴 만한 이유가 있었다. 1960년 4월 28일자 『워싱턴포스트』의 월터 립프맨은 「한국이라는 우리의 두통거리—끝까지 돌보아야 한다」라는 제하의 기사에서 "한국은 미국 무기를 가지고 창건된 나라이며 미국의 힘으로 보호되고 미국의 보조로써 유지되고 있는 나라"임을 노골적으로 명기하면서 "우리는 한국이 중공의 위성국이 되도록 방치할 의사가 없고 또한 한국은 그 자신의 독립과 자유를 스스로 유지할 능력이 없기 때문에 한국은 계속 미국의 피보호국이며 피후견국의 지위에 남아 있어야 될 것"임을 천명하는데 주저치 않았다.[58]

당시 미국 및 서구의 언론은 남한의 정세를 예의주시하면서 신속하게 사태에 대한 기사를 내보내면서, 또한 상황이 어떻게 진행되어야 할 것인가에 대해 자신들의 바람을 노골적으로 주문하고 있었다. 4월 20일자 『뉴욕타임스』는 「남한의 소란」이란 제하의 사설을 통해 "대부분의 폭도들은 결코 공산주의자가 아니다. 그러나 공산주의의 앞잡이들은 그들을 선동"할 우려가 있다고 보도함으로써 4·19가 벗어나서는 안 되는 한계를 분명하게 규정해주었다. 이어서 "나라의 존속 그 자체를 위협하는 반역적인 폭동이 부정선거를 치유하는 최선의 방책이 아니라는 것은 확실"하다고 함으로써 대중 봉기의 한계 또한 설정해주었다. 그러고는 "이제 한국을 위한 한국인들 자신 및 자유국가들의 희생이 헛되지 않도록 야당인 민주당은 물론이고 이 대통령과 그의

**57**  위의 책, 368쪽.
**58**  조화영, 앞의 책, 1960, 448~449쪽.

정부는 합심하여 보다 건실한 민주주의를 고양하게 되기를" 바란다고 마무리하여 4·19가 '미국의 범위'를 벗어나지 말 것을 노골적으로 주문했다.[59]

4월 21일자 『뉴욕 헤럴드 트리뷴』도 사설 「이승만은 시련에 직면하고 있다」를 통해 "반공만으로는 불충분"하며 "전적으로 우리의 산물인 대한민국은 아시아에 있어서 우리의 전시품이 아닐 수 없는 것"이고 "실제로 운영되고 운영될 수 있는 민주주의는 우리가 기대할 수 있는 권리를 가진 전시품의 하나인 것"이라고 하여 '자신들의 작품'인 남한이 반드시 '민주주의'로 포장된 전시품이 되어야 함을 강조했다.[60] 언론의 주장은 곧 실제로 미국의 개입으로 연결되었다. 1960년 4월 15일 미 국무부는 한국 상황에 직접 개입하는 예방혁명정책을 결정하였고 그 압력은 한국의 군부, 기정 정치권으로 확장되었다.[61]

미국을 정점으로 한 근대사회로의 진입이 4월혁명의 과제라는 설정은 곧 선진-후진성 담론으로 연결된다. 한 학생은 4·19의 근본 원인을 "사대주의 사상에 젖어온 타성에 의한 민족의 궁핍성과 정신적인 국민성의 저조에서 온 자승자박의 결과"라고 규정하고 "민족의 현재 내지 미래의 생활에 대한 개선"은 "국민성의 발전에 좌우"된다고 하여 "국민 전체의 각성과 반성을 촉구"했다. '외국의 원조를 받아가며 겨우 궁핍을 면하고 있는 상태'에 놓여 있는 상황에서 "약소국가의 설움"을 일소하고 "지상의 낙원 서전(瑞典)과 같은 이상국가 건설"을 위해서는 "진정한 민주주의의 발전"이 필요하다는 인식도 나

---

59  『4·19의 민중사』, 331~332쪽.

60  위의 책, 337쪽.

61  홍석률, 「4월혁명과 이승만 정권의 붕괴 과정—민주항쟁과 민주당, 미국, 한국군의 대응」, 『역사문화연구』 36, 2010, 158, 183쪽.

타났다.[62] 4월 18일 국회의사당 앞에 집결한 고려대 데모대의 결의 사항 중에는 대학자유 보장, 민주정치 실시와 함께 네 번째는 바로 "행정부는 이 이상 우리나라를 세계적 후진국가로 만들지 말라"는 것이었다.[63]

고영복 역시 한국의 민주주의가 외국에서 빌린 것임을 지적하면서 한국의 민주주의는 가부장적인 존재로서 하나의 권위를 합법화시키기 위한 수단으로 이용되었을 뿐 하등의 제대로 된 구실을 행사하지 못했다고 주장했다.[64] 이처럼 한국의 민주주의는 선진국으로부터 수입된 것으로 후진국 한국에서 제대로 정착하지 못했다는 주장이 거의 모든 엘리트 지식인들의 공통된 인식이었다. 선진-후진 구도가 4월혁명 담론을 전유하기 시작했고 그것은 경제를 넘어 정치와 사회, 문화 등 거의 모든 부분에 걸쳐 있었다.

4월혁명의 민주주의는 정치적 측면에서 이러한 후진성을 극복하는 결정적 계기처럼 여겨졌다. 결국 4월혁명은 근대화된 선진국으로의 발전 도상에 배치된 셈이었는데, 그 과정에 빠질 수 없는 것이 반공주의였다. 반공주의 역시 거의 모든 엘리트 지식인들의 단골 메뉴였다. 흥미로운 것은 반공주의와 발전주의가 접합되는 부분이다. 당대의 대표적 철학자 가운데 하나였던 조가경의 글은 이러한 점을 잘 보여준다. 그는 먼저 "자유를 목적시하는 데에 민주주의 국가의 생명이 있"음을 분명히 하여 자유주의로 민주주의를 전유하는 입장을 견지했다. 이어서 자유와 민주주의의 실질은 경제적 번영임을 분명히 하면서 이것이 반공의 핵심이라고 주장했다.

공산주의는 반대한다고 해서 멈추는 세력이 아니다. 스스로 자립하며 자족

---

62    안경훈(한양대 3년), 「나의 기원」, 조화영, 앞의 책, 1960, 465~467쪽.
63    『한국사회변혁운동과 4월혁명』 ②, 242쪽.
64    고영복, 「革命과 世代의 交替」(上), 『동아일보』 1960. 6. 29.

하는 경제적 지반을 닦는 곳에서만 그 침투력은 마비된다. 반대로 빈곤과 부패된 자본주의가 득세하는 곳에서는 강권과 법으로 아무리 막더라도 재빨리 뿌리 박고 만연하는 것이 공산주의이다. 그 이론이 별달라서가 아니다. 인간의 가장 기본적인 요구가 만족되지 못할 때에 자유마저 포기하고 물질에 예속케 하는, 즉 인간으로 하여금 비인간적으로 변하게 하는 원시적인 힘이 공산주의이다. (…) 해방으로서의 자유가 적극적인 자유, 즉 경제부흥의 실속을 겸한 자유로 발전해야 한다.[65]

이러한 맥락에서 그에게 혁명 과업은 국토개발계획을 박력 있게 추진하는 것이 된다. 경제개발만이 공산주의를 막을 수 있는 근본적인 처방이 되는 것이다. 요컨대 발전주의와 접합된 반공주의의 한 유형이다. 이러한 담론은 4·19를 계기로 활성화된 새로운 사회운동과 담론들에 대한 대응의 성격이 짙었다. 4·19를 계기로 열린 공간을 통해 교원노조 등을 위시한 다양한 사회운동들이 활성화되었다. 해방공간에 비할 바는 아니었지만 이승만 정권하에서라면 생각하기 힘들었던 운동들이 새롭게 출현하게 된다. 여기에 혁신계의 정치활동이 본격화되면서 보수 세력의 경계심이 고양되기 시작한 것이다.

4·19 담론 지형의 극적인 분화를 상징적으로 보여준 것은 학생운동권이었다. 학생운동권은 크게 신생활운동, 국민계몽운동 등의 흐름과 통일운동으로 양분되어 진행되었다. 먼저 신생활운동은 노골적인 계몽운동의 성격을 띠었다.[66] 이들은 4·19 이후 상황을 혼란과 무질서로 규정하고 빈곤과 무지에

---

65  조가경, 「革命主體의 精神的 昏迷―主體性 確立의 目標는 積極的 自由와 經濟富强」, 『사상계』 1961년 4월호, 76~77쪽.
66  이 당시 학생운동의 국민계몽운동에 대해서는 정계정, 「'4월혁명기' 학생운동의 배경과 전개」, 성균관대 사학과 석사논문, 1996 참조.

서 벗어나기 위한 국민 계몽이 절실한 문제임을 주장했다. 즉 "편파 선동적인 분별없는 일부 학생들의 파괴적인 폭력 행위"와 이에 따른 '사회적 혼란'을 안정화할 필요성이 있다는 것이며 "조국과 민족의 복지 달성의 근본은 신생활, 신도덕의 수립에 있음"을 주장했다.[67]

정치 분야에 대해서는 '당쟁과 부패의 고질'에 빠진 모든 정치인의 "대오일철(大悟一轍)하여 '살신구국의 정치도의' 확립"을 촉구했다. 그리고 "오늘의 비극이 바로 민족성의 타락과 그 주체의식의 결핍"과 "아시아적 정체성에서 탈피하지 못한 사회구조"로부터 초래되었다고 규정하고 "전 국민의 '민주교육과 자성'만이 사회적 역량을 기르고 정신혁명 내지 사회혁명을 수행하는 유일한 길"이라고 강조했다.[68]

경희대 학생자치위원회도 비슷한 맥락에서 민주주의의 진수를 '법치'로 규정하고 국가 명맥을 위한 '법과 질서의 확립'을 촉구했다. 그렇기에 이들이 보기에 "데모의 남발"은 크게 우려스러운 것이었고 특히 이러한 혼란 속에 "개인의 사유재산제도를 무시하는 과격 행위 및 정당한 이유 없이 공익 기관을 파괴하는 집단 난동이 자행"되는 현실은 매우 위험한 상황이었다.[69] 결국 이러한 우려는 "반공 노선을 위협하는 위장된 혁신 군소단체들의 정체를 식별 경계"할 필요성을 제기하는 것이자 "질서를 사료하는 로고스의 냉철을 잃지 않고 혁명 과업의 완수를 선배들에게 의탁"하는 대안으로 연결되었다.[70] 엘리트주의에 입각한 계몽주의, 근대의 이성적이고 합리적인 생활 등을 근거로 한 이들의 입장은 엘리트 지식인과 보수 야당의 태도와 거의 다를 바가

---

**67** 「서울대 국민계몽대 선언문」, 『한국사회변혁운동과 4월혁명』②, 284~285쪽.

**68** 위의 책, 336~338쪽.

**69** 위의 책, 369쪽.

**70** 「1960년 6월 전국학생자치총연맹 발기인 일동 명의의 취지문」, 위의 책, 371쪽.

없었다.

한편 이와는 다른 차원으로 민족주의 담론을 전면화하는 흐름은 학생운동권과 혁신계의 통일운동이었다. 이 흐름의 주요 담론은 반제국주의, 민족주의였다. 이들은 "현시대는 민족해방의 시기요 식민주의의 완전철폐시대"라고 규정하고 민족적 억압은 "지나간 시대의 식민주의 인종주의 제국주의"의 산물임을 강조했다. 이들은 스스로를 "민족의 아들"로 불렀고 "육친적 맥박으로 민족을 포옹하고 포기하지 않을 것"임을 자부했다.[71] 이러한 흐름은 1961년 5월 5일 민족통일전국학생연맹 공동 선언문에 집약되어 나타난다.

① 세계사적 현 단계의 기본적 특징은 식민지 반식민지에 있어서의 민족해방투쟁의 승리이다. 우주과학 분야와 경제성장면에 있어서의 사회주의 진영의 비약적인 발전 (…) 아아(亞阿)·중남미 제 후진 지역에 있어서의 민주·민족적 해방투쟁의 고양으로 (…) 평화적 공존이라는 새로운 국면으로 돌입 (…).

② 이조와 일제 통치로부터의 유산인 사회구조의 식민지적 반식민지적 반봉건성의 요소 [잔존] (…) 여기에 군사기지적 예속성이 부가되고 비합리적인 원조정책이 가중되어 더욱더 매판성과 예속성을 띠게 되었으며, 이러한 하부구조를 대중 수탈의 도구로 사용하면서 반민족적 사대주의자 매판관료들은 가부장적 전제정치를 연장 (…) 후진국에 대한 경제원조는 고도 자본주의의 변용된 자본수출 (…) 이러한 구조적 여건을 반영하는 하나의 모순현상 (…) 매판관료 세력과 대중 간의 모순 (…) 현실적으로 통일 세력 대 반통일 세력 간의 모순으로 나타나고 있으며 (…) 4월혁명은 (…) 모순의 대립이 그 극치점에 도달하였을 순간

---

**71** 「1961년 2월 14일 전국학생한미경제협정반대투쟁대회 대정부 및 국회건의문」, 위의 책, 289쪽.

폭발적으로 현상화된 역사의 객관적 운동법칙의 당연한 전개 (…) 동시에 그 순간은 민족해방과 자주독립이라는 평화공존의 세계사의 조류가 우리사회에도 적용되기 시작한 변혁의 순간 (…) 인간의 기본권을 쟁취하기 위하여 파쇼적 테러 통치를 타도한 이 땅의 대중 세력은 다시 목전의 빈곤을 탈피하기 위하여 통일을 갈망하게 되었고, 통일을 달성하기 위하여 그들의 무한한 잠재력을 이제는 반통일 세력으로서의 외세의존적 매판 세력의 타도에 집중하고 있는 순간 (…) 싸워서 전취할 건강한 조국의 얼굴 (…) 그것은 전근대성과 식민성과 예속성과 군사기지성을 깨끗이 청산한 자주·민주·평화·번영의 조국 (…).[72]

위 인용문은 4·19 정세가 도달할 수 있었던 급진성의 최고치를 잘 보여주고 있다. 세계정세 및 국내 상황에 대한 분석은 국민계몽·신생활운동류와는 차원을 달리하고 있으며 냉전 체제를 반공적인 입장이 아니라 민족주의적 시선으로 바라보고 있어 반공 이데올로기로부터도 벗어나고 있다. 더욱 주목되는 것은 4·19 정세를 규정했던 민주주의 담론의 지배적 효과를 거의 완벽하게 급진 민족주의적 담론으로 대체하고 있다는 점이다. 식민주의, 제국주의, 매판관료 세력 대 민족, 통일 세력의 기본 대립 구도를 상정하고 있다.

4·19 이후 모든 학생운동은 민족주의에 기반했다고 평가될 정도로 민족주의는 큰 영향을 미치게 되었고 그 연장선상에서 통일운동이 추구되었다.[73] 뿐만 아니라 민족주의 담론은 다양한 차원으로 확산될 조짐을 보였다. 4·19 이후 각 대학은 학원 문제로 몸살을 앓게 되는데 연세대에서도 세 명의 교수 파면 문제로 재단과 학생 간의 갈등이 고조되었다. 당시 학생들은 재단측

---

72  위의 책, 326~328쪽.
73  오제연, 「1960~1971년 대학 학생운동 연구」, 서울대 국사학과 박사논문, 2014, 99쪽.

의 외국인 선교사들에 대해 민족주의 담론을 동원해 비판하는 모습을 보였다. "한국이 아프리카의 원시 밀림지대의 선교 대상지처럼 왜곡 이해하고 망동하는 선교사로 하여금 민족기개를 흐리게 함에 우리는 민족감정이 허하지 않는다"는 것이 학생들의 기본 입장이었다. 따라서 "외국인에 의하여 한국대학의 참다운 민족교육이 성취될 수 없"고 "나라와 학원의 민주화는 달러가 보증해주지 않"는다는 인식을 보여주었다.[74]

또한 당시 후진성 극복이 핵심적인 과제로 제시되었고 그것이 자립경제 달성을 통해서만 가능하다는 인식이 나타났다. 자립경제는 곧 통일을 통해서 가능하다는 논리였다. 서울대 민통련 규약(초안)을 보면 "본 연맹은 민족통일과 후진성 극복과 평등사회의 실현을 위한 연구 및 활동을 목적으로 한다"고 명시했다.[75]

이상을 통해 보건대 4·19 시기 정치적 행위를 둘러싼 담론 지형이 나타난다. 그 핵심은 자유주의적 가치를 포함한 민주주의였고 민족주의가 민주주의의 실체성을 담보하는 것으로 기능했는가 하면 반공, 친미 담론이 그 엄폐 기능을 담당하고 있었다. 특히 민주주의는 지배담론으로 출발해 저항담론으로까지 확장됨으로써 4·19 정세 속에서 일종의 헤게모니적 지위를 획득했다고 보인다.[76]

---

74 그러나 학생들은 또한 "이 민족을 무지로부터 해방시키고 개화시키기 위하여 초대 선교사와 기독교인들의 공헌은 참으로 장하였다"고 하여 기독교를 매개로 한 선교사들의 문명화 효과 자체를 부정하지는 못했다. 「1960년 11월 3일 연세대 문과 이공 정법대학 학생회 명의의 삼교수 파면에 대한 성명서」, 조화영, 앞의 책, 1960, 378쪽.

75 「서울대 민통련 규약」, 14쪽(오제연, 앞의 논문, 2014, 123쪽에서 재인용).

76 트루만은 4·19를 평가하면서 "한국 국민은 이승만씨 통치 하에서 민주주의의 교훈을 잘 배웠기 때문에 그들의 민주주의를 수호하기 위해 이씨에게 항거할 수 있었다"고 함으로써 민주주의가 지배담론과 저항담론을 넘나들게 된 과정을 요약했다. 트루만, 「한국혁명의 교훈」, 『워싱턴포스트』 1960. 5. 5(『4·19의 민중사』, 396쪽).

민주주의가 저항담론으로까지 확장되어 '지배적 담론'이 되었다는 것은 민주주의를 둘러싼 경합이 시작되었음을 의미한다. 즉 민주주의는 각종의 수식어로 제한되기 시작했으며, 특히 저항 진영에서 두드러졌다. 이 당시 저항 진영에서 자주 쓰였던 수식어는 '진정한'이었다. 민주주의가 일반화된 조건은 그 누구도 배타적 독점적으로 민주주의를 전유할 수 없게 되었다는 것을 의미했으며 민주주의를 자신의 정치적 맥락에서 재규정, 재정의하지 않는다면 그 효과를 보기가 어렵게 된 것이다. 바야흐로 민주주의를 둘러싼 '진정성' 경쟁이 시작된 것이다. 4·19 이후 한국사회에서 민주주의는 지배와 저항을 넘나들면서 지배 이데올로기, 가치, 담론으로 기능했다.

민주주의는 어떤 측면에서 지배와 피지배 간 타협의 산물이었다. 지배자는 대중을 민주주의로 가둘 수 있을 것이라고 생각했고, 대중은 민주주의로 자신을 보호할 수 있을 것이라고 생각했다. 피지배자는 지배담론으로서의 민주주의를 인정하면 그 안에서 모든 행위와 사유가 허용되어야 한다고 생각했고, 지배자는 모든 위험하고 불온한 행위와 사상을 민주주의로 순화시키고자 했다. 지배자는 지배담론으로서의 민주주의를 강요했지만 피지배자는 민주주의를 압박해 들어가 결국 그것을 저항담론으로 재구성해 지배자들에게 되돌려주었다.

이에 대한 보수 야당, 엘리트 지식인들의 대응은 질서와 안정, 법치를 강조하는 것이었다. 이들의 성명서나 담화문 등에서 정당화를 위해 동원되는 가치들은 주로 국가 수준의 안정을 위한 법과 질서였다. 서울대 문리대학장으로 있던 이희승은 4·19를 의거로 규정한 다음 "의거는 의로운 자가 불의·부정에 대한 반항이요 약자가 강자에 대한 투쟁"이기에 "반드시 유혈의 참극이 수반"된다고 한 다음 모든 문제를 "적의한 방법으로 선출되는 정치인들에게

**〈표 5-1〉 4월혁명 희생자 직업별 통계**

(단위: 명, %)

| 4월혁명 사망자 | | 마산시위 부상자 | |
|---|---|---|---|
| 직업 | 사망자 수 | 직업 | 부상자 수 |
| 초중생 | 19(10.2) | 군인 공무원 | 3 |
| 고등학생 | 36(19.4) | 상업 | 3 |
| 대학생 | 22(11.8) | 학생 | 42(15.4) |
| 회사원 및 학원 | 10(5.4) | 무직 | 152(55.9) |
| 하층노동자 | 61(32.8) | 노동자 | 50(18.4) |
| 무직자 | 33(17.7) | 교사 | 2 |
| 미상 | 5(2.7) | 미상 | 20(7.3) |
| 계 | 186(100) | 계 | 272(100) |

* 출처: 정근식·이호룡 편, 『4월혁명과 한국민주주의』, 2010, 216쪽; 이승원, 「'하위주체'와 4월혁명」, 『기억과 전망』
20호, 2009, 195쪽에서 재구성.
* 마산시위 부상자 중 노동자는 점원, 직공, 급사, 재단사, 운전사, 적십자 역원 등 포함.
* 괄호 안은 백분율.

일임"할 것을 촉구했다.[77] 이희승은 잔인한 경찰-국가폭력을 의로운 일에 당
연히 수반되는 불가피한 피해 정도로 완화한 다음 정치인에게 모든 것을 일
임할 것을 주장함으로써 사태를 수습하고자 했다. 요컨대 대중 봉기로 와해
위기에 빠진 기존 질서의 복구를 주장한 것이며 인민의 직접 행동이 몰고올
위기를 직감하고 "적의한 방법"이란 제도화된 민주주의를 강조한 것이다.


## 3. 혁명 주체론

수많은 군중이 참여한 대중행동의 주체 문제를 밝히는 것은 쉬운 일이 아

---

77 이희승(서울대 문리대학장), 「역사를 창조한 학생들에게—학생제군에게 고한다」, 조화영, 앞
의 책, 1960, 451~456쪽.

니다. 더욱이 주체는 사실관계의 문제이자 재현의 문제이기도 하다는 데 더 큰 어려움이 있다. 즉 정치적 입장과 자신의 존재론적 규정에 따라 혁명에 참여한 사람들에 대한 생각과 판단이 다를 수밖에 없기 때문에 주체를 둘러싼 논란은 불가피하다. 결국 여타 문제와 마찬가지로 주체론 역시 일종의 기억의 전투 또는 재현의 정치 산물일 수밖에 없다.

먼저 4·19 참여 세력을 살펴보면 초기 주도 세력은 학생층이 분명했다. 특히 중고등학생의 역할이 두드러졌는데, 심지어 국민학생까지 참여했다. 초기에는 지탄의 대상이기도 했던 대학생은 뒤늦게 참여한다. 4월혁명으로 대학생이 새롭게 부각된 것도 주목할 만한 부분이다. 학생층을 제외한다면 4월혁명의 주체로 도시빈민 또는 하위주체(subaltern)가 있다. 초기 투쟁은 학생층이 주도했지만 투쟁이 점차 격화되면서 도시빈민층이 대거 참여하게 되었다.

〈표 5-1〉을 보면 4월혁명 사망자의 경우 무직자와 하층 노동자가 94명이나 되어 절반을 넘긴다. 그 다음이 학생으로 고등학생, 대학생, 초중생 순으로 나타난다. 회사원과 학원생은 5% 약간 넘는 정도로 매우 미미한 수준이다. 이 통계가 4월혁명 참여자들의 모든 것을 보여주는 것은 아니다. 그렇지만 사망자 통계는 투쟁의 가장 격렬한 부분을 반영한다고 생각되기에 적잖은 의미를 갖는다. 적어도 목숨을 걸고 싸웠던 사람들의 다수는 하층 노동자였음이 분명하다. 이들이 4월 19일 밤의 총격전과 새벽까지 이어진 격렬한 저항의 주인공이었을 것이다.

한해 삼백예순날 따뜻한 밥 한 그릇 먹어보지 못했고 어느 누구에게서도 인정어린 말 한마디 들어보지 못했던 고아들까지 일어섰다. 「양아치·깡패…」 이렇게 불리워지는 그들이었지만 오늘 혁명에의 인상을 더 한층 깊게 하였음은 그들의 힘이었다. 이들의 생활에는 안녕이 없기에 홍분에 찬 이들의 행동은 물불

을 몰랐다.[78]

　이들은 '생존 그 자체의 극한적 상황과 존재의 부동성' 등으로 "4월혁명 과정에서 가장 격렬하게, 그리고 능동적으로 참여"한 세력이었다.[79] 게다가 1960년 5월 11일에는 거창 학살사건의 유가족 600여 명이 학살 당시 면장이었던 박영보를 생화장시키는 사건이 일어나는 등 민주주의는 예상 못할 방향으로 사회적 갈등과 적대를 확산시킬 가능성을 보여주었다.[80] 가히 억압되었던 하위주체들의 귀환처럼 보일 수 있었다. 그러나 실제 투쟁에 참여한 사람들과 그 주체를 재현하여 호명하는 것은 다른 문제가 된다. 특정 사회계층 대신 압도적 다수의 집합주체가 호명되기 시작했다.

　　참으로 무서운 것은 공산당이 아니고 자연발생적인 민중의 항거, 민중의 봉기라는 것을 알아야 할 것 (…) 이승만 전제의 아성이 공산폭력으로 무너졌던 것이 결코 아니고 원성과 증오감으로 가득찼던 인민대중의 벌떼 같은 항쟁으로 타도된 사실이 바로 엊그제의 일이 아닌가? 이러한 4월항쟁은 주권자인 인민대중이 자기들의 정당한 의사에 배반하는 비민주정권은 언제든지 타도할 수 있다는 패기 늠름한 전초적 시범이요 예시인 것.[81]

---

78 조화영, 앞의 책, 1960, 222~223쪽.

79　정기영, 「4월혁명의 주도세력」, 『한국사회변혁운동과 4월혁명』 ①, 한길사, 126~127쪽. 김대환은 "어쨌든 민중봉기의 형태로 진행이 됐는데 (…) 사회경제적 배경을 무시할 수 없을 것 (…) 진행되는 과정 속에서는 학생들보다도 오히려 룸펜 프롤레타리아트로 표현되는 실업자 내지는 양아치와 같은 대중들이 상당히 동원되었고, 실제로 마지막 부분에서 힘을 행사하는 데는 결정적으로 작용했던 것 아닙니까? (…) 결국은 절망적인 빈곤—그것도 전부 못한다고 한다면 어느 정도 참을 수 있겠지만—에 도시 지역에서는 소수 특권층의 행태가 눈에 보였단 말이죠"라고 했다. 『한국사회변혁운동과 4월혁명』 ①, 401쪽.

80　『동아일보』 1960. 5. 12.

81　「1961년 2월 20일 2·8한미경제협정반대공동투쟁위원회 명의의 국회의원에게 보내는 한미

05 4월혁명의 담론과 주체　263

인용문에서 보이듯이 이제 봉기의 주체로 민중은 물론 심지어 인민대중까지 호명되고 있다. 민주주의로 무장한 인민대중은 비민주 정권의 심판자가 된다. 학생 또는 도시빈민이라는 제한된 주체가 아니라 절대다수의 민중과 인민대중은 일종의 보편적 주체가 되어 민주주의를 전유하고자 한다. 특히 인민대중의 소환이 눈에 띈다. 해방과 전쟁을 겪으면서 인민은 남한 법역에서는 거의 금기시된 개념이다. 유진오도 안타까워했듯이 people에 대당하는 유력한 개념이었지만 이데올로기 대립 속에 급속도로 위축되었다. 인민개념이 다시 등장했다는 것은 4월혁명의 정세가 자못 기존 질서에 파열구를내고 있었음을 반증해준다.

> 4·19 시민혁명을 일으킨 민중 (…) 이승만 폭정에 종지부를 친 것은 끝내 민
> 중이었지 민주당은 아니었다. 그러한 민주당이 민주 반역자들과 합작하여 내각
> 책임제 개헌을 하겠다는 것은 스스로의 명예를 더럽히는 일일뿐더러 부패세력
> 의 온존을 조장하여 시민혁명의 열매를 민중이 따먹을 수 있는 기회를 박탈하
> 는 죄과를 범하는 것이다.[82]

운동단체뿐만 아니라 주류 언론에서도 혁명의 주체로 민중이 호명되었다. "청사에 길이 남을 시민혁명"과 같이 시민도 자주 등장했다.[83] 그러나 시민개념은 하위주체를 포괄하기에는 좀 곤란했기에 민중이 더 광범위한 용어였다고 하겠다. 개별 계층을 넘어 전체 대중을 포괄할 용어가 필요했던 것은 다수자 혁명을 기본으로 하는 근대정치의 문법을 충실히 따른 것으로 보인다.

---

경제협정 비준거부촉구 공개장」,『한국사회변혁운동과 4월혁명』②, 294쪽.

**82** 「(사설) 민의원 총사퇴와 신속 과감한 조각이 선결문제」,『동아일보』1960. 4. 28.

**83** 『동아일보』1960. 4. 27.

**시위하는 학생들을 강제로 진압하는 경찰들**  출처: 민주화운동기념사업회 오픈아카이브
즈 00721895, 원출처: 경향신문사.

이러한 집합주체에 근거한 다수자 혁명 담론에 대해 지배층은 민감하게 반
응했다.

　이승만 정권은 공산주의자들의 선동을 강조했다.[84] 계엄군 역시 법과 질
서를 회복하자는 설득에 나섰다. 4월 26일 이승만 사임발표 후 송요찬 계엄사
령관 명의의 '전국 학도에게 보내는 담화문'을 보면 "진정한 이 나라 민주주
의의 소생"을 위한 학생들의 투쟁이 성취된 것이니 자중할 것을 촉구하면서,
"일부 불량배"들의 약탈·방화·파괴 등을 우려하면서 "오열이 잠입·준동"할
위험성을 경고하고 있다.[85] 또한 학생을 가장하고 모금을 하는 자가 있는가

---

84　일례로 양유찬 주미대사는 이승만 사임 하루 전까지도 "공산주의자들은 우리 국민들에게
　　합법적인 한국정부에 반대하여 혁명을 일으켜 동 정부를 파괴하고 공산주의자들에게 우리
　　나라를 굴복시키도록 요구하고 있는 것"이라고 주장했다. 『동아일보』 1960. 4. 25.
85　송요찬 계엄사령관, 「전국 학도에게 보내는 담화문」, 『한국사회변혁운동과 4월혁명』 ②, 233
　　쪽.

하면 데모 대원을 빙자하여 돈을 거두다가 발각되어 체포된 자가 있다는 등의 언론보도도 나타났다.[86] 이러한 전략은 다수결의 정치를 정면으로 부정하지는 않되 집합주체의 오염 가능성을 제기함으로써 봉기 대중을 위축시키고자 한 것이다.

민중을 혁명의 주력으로 호명하는 것은 다수자 혁명을 위해 불가피한 것이었지만 또한 그 위험성도 다분했다. 4월 19일 밤 경찰서 무기고에서 습득한 총기로 경찰과 총격전까지 벌이다 고려대로 밀려들어간 군중의 수는 무려 1,500여 명에 달했다. 이들 중 200여 명은 다음 날 새벽 신설동 로터리 근처에서 계엄군 지프차 유리창을 모조리 부수는 등 격렬하게 저항했다.[87] 이들은 야간 중고등학교나 공민학교에 재학 중인 고학생들을 비롯한 도시빈민들이었다고 한다. 그러나 스스로를 내세우기 어려웠던 이들 도시빈민들은 혁명의 주체에서 사라졌다. 여기에 고등학생들마저 학교로 복귀하면서 대학생들만 혁명의 주체로 남게 되었다.[88]

사실 하위주체들은 통상적 시기에 자신의 몫을 주장하기 곤란하다. 정치적, 사회적 사안에 대해 자신의 언어로 발언하는 것이 극히 제한된 존재가 하위주체이다. 민중과 인민대중은 한편으로는 다수결의 정치를 실천하는 담론 전략이자 다른 한편으로는 하위주체들을 대리하는 어법이기도 하다. 그들은 직접 등장할 수 없기에 상위의 추상적 집합명사 속에 스며들 수밖에 없다. 넝마주이, 구두닦이, 양아치, 뽀이 등 사회적으로 존중되기 힘든 직업과 처지에 속해 있는 하위주체들은 통상적으로 유의미한 정치적 실천의 주체화가 곤란하다. 그렇기에 이들은 자신의 집단 계층적 정체성 대신 상위의 유의미한 집

---

86  『동아일보』 1960. 4. 28.

87  강인섭, 「4월혁명 후기」, 『신동아』 1965년 4월호, 87~89쪽.

88  오제연, 앞의 논문, 2014, 86~87쪽.

**군용 장갑차에 올라가 군인들과 함께 환호하는 시민들** 출처: 민주화운동기념사업회 오픈 아카이브즈 00733343, 원출처: 경향신문사.

단주체로 추상화되어 등장해야만 했다.

> 이번 학생운동은 민중의 대변운동으로 평가되어야 한다. 우리 민중은 지금 까지 전제정치와 제국주의 및 독재정치에 오랫동안 인종의 생활을 하여왔기 때 문에 혁명에 무기력하고 현실에 무감각하였다. 그러나 학생들은 민중의 대변자 로 인종의 생활을 박차고 자유와 민권운동에 선봉이 되었던 것이다.[89]

결국 하위주체들은 민중에 수렴된 다음 다시 학생들에 의해 대리 표상되 어야 하는 존재가 된다. 또한 이들은 지식인들에 의해 계몽되어야 할 존재이 기도 하다. 장준하는 『사상계』 1960년 7월호에 벌써 혁명에 대한 환멸을 드러 낸다. "오늘의 눈으로 본다면 4월혁명은 혁명이란 이름조차 붙이기 어려울

---

89  김성식, 「學生運動의 今後」 下, 『동아일보』 1960. 5. 5.

정도로 불철저한 것"이라는 게 그의 판단이었는데, 그 주된 원인은 "4월혁명이 무계획적인 것이기도 했지만 우리 국민 대중의 지성 수준이 낮은 탓"이라고 주장했다. 그 수준을 보여주는 것은 "데파아트에 밀수품이 즐비하고 골목골목에 일본 가요가 유행을 이루고 있으니 우리의 민족적 긍지는 자취를 감추"게 된 상황이었다. 이어 4월혁명 후 데모의 과잉, 남발에 따른 데모 만능 사상이 사태의 근본 원인이라고 했다.[90]

사실 하위주체 또는 민중에 대한 당시 지식인들의 태도는 그리 우호적이지만은 않았다. 강한 엘리트주의와 계몽적 태도가 당대 지식인들의 일반적 모습에 가까웠다. 장준하의 태도는 예외적인 것이 아니라 일반적 모습으로 보인다. 대신 장준하가 강조한 것은 민족이다. 거리의 봉기 군중은 그 자체로 안정성을 담보하기 곤란하다. 유동적이고 잠정적인 봉기 대중에 안정성을 부여할 수 있는 집합주체로 민중과 함께 민족이 등장했다.

민족주의는 저항주체를 호명하는 과정에서 주된 역할을 하였다. 4월 18일 국회의사당 앞에서 연좌농성하던 고대생들이 채택한 결의문을 보면 "궐기하라 애국동포여, 36년을 두고 피 흘려 전취한 우리 민주주의가 지금 몽둥이와 총검 앞에서 피 흘리며 애소하는 (…) 같은 핏줄기의 단군의 자손이기에 동포여 어서 일어나…" 등 투쟁의 주체로서 민족이 상정되었다.[91]

4·19 정세 속에서도 국민/민족은 중첩되면서 혼용되고 교차하는 모습을 보여주지만, 국민보다 오히려 민족이란 개념이 더욱 강렬한 효과를 냈다고 보인다. 국민이 '대한민국'으로 국한되는 반면 민족은 초역사적 실체로 등장해 역사적 중압감을 담보한 집단주체였기 때문이다. 요컨대 '부정과 불의에

90    장준하, 「(권두언) 4·26 이후의 사회상을 보고」, 『사상계』 1960년 7월호, 28~29쪽.
91    『한국사회변혁운동과 4월혁명』 ②, 243쪽.

맞서 민주주의를 지키는 것'은 곧 "민족정기"를 수호하는 것과 동일시된 것이다.[92] 이를 통해 민족은 강력한 윤리적 정당성의 근원이자 초월적인 윤리적 실체처럼 등장했다.

> 부상자들 중 혹자는 "나는 3천만을 위하여, 민족과 국가를 위하여 싸웠다"고 말하기도 하나 필자 자신은 그렇게 말하기보다도 나 자신을 위하여 싸웠다고 말하고 싶다. 그것은 민주주의란 남의 것이 아니라 내 자신의 것이기 때문이다. 나의 민주주의를 내가 사수하였으니 나를 위한 투쟁이다.[93]

위 인용문은 다양한 의미로 해석될 수 있다. 자유주의적 개인주의의 표현일 수도 있고, 민주주의의 주체적 이해일 수도 있으며, 민족-국가와 개인의 예리한 구분처럼 보이기도 하고, 민족-국가와 일체화된 주체를 강조하는 것일 수도 있다. 민족과 국가를 위한 행위임을 부정하지 않으면서 자신을 위한 투쟁임을 강조함으로써 결국 나의 투쟁은 민족과 국가를 위한 것임이 분명해진다. 대부분의 사람들이 민족과 국가를 위한 민주주의를 말하는 순간, 나 자신을 위한 투쟁임을 선언함으로써 인용문의 화자는 일종의 역설어법을 통해 민주주의의 극적인 효과와 민주주의를 통한 민족과 나의 결합을 보여준다. 즉 민주주의는 나의 것이자 민족과 국가의 것이기도 한 것이다.

민족주의에 근거한 4월혁명의 주체론은 강렬한 보편주의적 지향을 보여

---

92  「1960년 3월 24일 부산고등학교 학생 일동 명의의 '동포에게 호소하는 글'」, "우리가 단군의 자손인 이상 우리의 가슴은 죽지 않고 살아 있다." 『한국사회변혁운동과 4월혁명』 ②, 239쪽. 1960년 3·1절 기념식에서 살포된 공명선거추진전국학생위원회와 공명선거추진전국대학생투쟁회 명의의 전단에서도 "선거가 공명하게 이루어지지 않는다면 이는 곧 선열 앞에 죄 짓는 것"이란 인식이 나타난다. 『한국사회변혁운동과 4월혁명』 ②, 235쪽.

93  김면중(고대 철학과), 「고대 데모의 시발과 나의 소감」, 『4·19의 민중사』, 175쪽.

준다. 정의는 윤리적 코드화의 대표적 기표였는데, 누구도 이의를 제기하기 힘든 보편적 윤리 코드로 자신의 정당성을 확보하고자 했다. 민족주의 역시 보편적 주체화의 대표적 사례다. 적어도 국내 정치에 있어 민족 이상의 보편적 주체를 상정할 수는 없다. 민주주의 역시 당대의 보편적 정치문법이었음이 분명했다. 윤리적 보편성에 기대어 보편의 자리를 확보하고 집단적 보편성에 기대어 민족주의를 활용하면서 민주주의를 통해 정치적 보편성을 구성하고자 했다. 이 삼위일체의 보편적 위치를 확보함으로써 4월의 혁명 주체는 누구도 넘볼 수 없는 위력적인 행위 근거를 구성해냈다.

이것이 대학생들의 순수성에 대한 집착을 설명해준다. 순수라는 모호하기 그지없는 정체성은 상상된 공동체로서 민족에 걸맞은 기표다. 특정 당파와 세속적 이해관계로 갈라진 특수한 주체가 아니라 현실 속에서 그 실체를 확인하기 곤란한 민족이야말로 순수한 결정체이기 때문이다. 민족은 순진하며 무구하고 완벽한 존재여야 한다. 민족은 구성원들의 결함이나 타락에도 불구하고 그 자체는 윤리적으로 정당하고 역사적으로 명백한 존재가 되어야 한다. 이것이 정의로 시작된 4·19가 민족과 만나는 지점이 된다. 민족이 정의를 거쳐 민주주의의 주체로 거듭나는 과정은 이렇게 설명 가능하다.

이러한 과정은 주체 구성이라는 문제와 조우한다. 민족주의가 동질적인 집단주체 구성 전략이라면 자유주의는 개인주체를 구성한다. 집단과 개인의 갈등적 구성 과정에 자유민주주의는 양자의 접합 역할로 배치될 수 있다. 즉 개인의 자유와 집단적 동질성의 모순적 접합으로서의 자유민주주의는 이중적이고 역설적 효과를 산출한다.

민주주의가 보편적 정치 형식임이 강조되면 될수록 정치적 주체는 국민/민족적 동질화 속의 사회적 적대에 기반한 봉기적 주체로 전화될 수 있게 된다. 계급-주체 정치를 봉쇄한 부르주아 민주주의는 보편적 시민-인간, 즉 근대적 정치주체를 구성함으로써 현실의 사회적 모순과 갈등을 조율할 수 있는 '정치'를 작동시키고자 한다. 그러나 국민/민족적 동질화는 사회적 (불)평등과 대립하게 되고 민주주의의 보편화와 모순에 빠지게 되기에 보편적 정치주체의 봉기주체화가 가능해진다. 즉 부르주아 민주주의가 절대적 보편으로 고양되는 순간 억압과 차별의 정치주체가 그 보편성의 현실화를 요구하는 것은 불가피한 것이 될 것이며, 그 요구는 종종 대의제를 넘어 인민의 직접 행동으로 분출하기도 하는 것이다.

4월혁명의 주체를 민중으로 보는 시각과 대립되는 대표적인 입장이 학생과 지식층의 역할을 강조하는 것이다. 장준하도 지식인의 역할을 매우 강조한 바 있었는데, 당시 지식인 사회에 광범위하게 퍼져 있던 엘리트주의를 반영한 것으로 보인다. 4월혁명을 4·19학생혁명으로 명명하는 모습이 자주 등장할 정도로 이 입장의 영향력도 만만치 않았다. 이것을 잘 보여주는 것이 최문환이다.

그는 4·19 당시 거의 모든 주체들의 약점과 위약성을 강조한다. 지주는 몰락했고 부르주아는 특권과 독점에 집착해 합리성이 결여된 황금 욕망에 빠져 있고 노동자는 생존에 매몰되어 있고 농민은 분할지 농민의 속성만을 보여줄 뿐이다. 다만 어용적 성격의 일부를 제외한 지식인과 학생이 혁명의 주체로 상정된다. 따라서 4월혁명은 위와 아래로부터의 혁명이 아니라 옆으로부터의 혁명인데, 그 주도층은 곧 지식층이 된다.[94]

심지어 혁명을 일으켰던 학생과 민중은 제2단계부터는 전면에서 물러가야 한다는 주장까지 나왔다. 고병익은 그것이 당연한 일이라고 주장하면서 학생은 정치 정당에서 한 걸음 떨어져서 민주 쇄신을 위한 정신운동을 견지

---

**94**　최문환, 「4月革命의 社會史的 性格」, 『사상계』 1960년 7월호, 218~222쪽.

해나가야 한다고 강조했다.[95] 결국 이들은 혁명의 촉발자 역할을 했던 학생은 물론 실질적 동력이었던 민중의 역할을 격하시키고 지식인의 역할을 전면에 내세우고자 한다.

부완혁도 이러한 입장에서 학생의 역할을 재조정하고자 했다. 그는 학생이 주인공이라고 하나 두 가지 힘에 주목해야 한다고 역설했다. 하나는 미국의 정신적, 정치적 지원이고 다른 하나는 학생과 미국을 움직이게 한 원동력인 한국민 전체의 총의가 그것이다.[96] 그렇기에 4·19 당시 보여주었던 미국의 모습은 경탄의 대상처럼 여겨진다. 심지어 "미국 측의 이번 처사는 실로 한국민의 감정과 호흡을 시시각각으로 정확하게 파악 판단해서 적절한 행동을 취한 것이었으며 특히 한 걸음 한 걸음의 타이밍도 거의 천재적이었다고 할 만치 적절하였다"는 평가가 나오기도 했다.[97]

미국은 4월혁명을 가능케 한 주요 행위주체 중의 하나였음이 분명하다. 앞서 보았듯이 지식인들은 물론이고 거리의 군중조차 미국을 경외의 시선으로 바라보았던 것이 4월혁명의 시공간이었다. 이승만의 하야, 군의 정치적 중립 등 미국의 영향력을 빼놓고 설명하기 힘든 장면이 한두 개가 아니다. 4월혁명을 어떻게 명명하고 그 성격을 어떻게 이해하든 미국이라는 조건을 빼놓고 4월혁명의 전개를 온전히 설명하기는 힘들 것이다.

마지막으로 4월혁명의 또 다른 보조주체로 군이 있다. 이와 관련해 이만갑은 '군인=침묵의 데모대'라는 의미심장한 글을 남겼다. 그는 어느 농촌 지역 유지의 말을 전하면서 글을 시작했다. 그 말은 "우리가 믿는 것은 군인과 학생밖에 없는데 군인은 썩었다고 하고 학생들은 기력이 없다고 하니 누구

---

95    고병익, 「「革命」에서 「運動」으로」, 『사상계』 1960년 6월호, 119쪽.
96    부완혁, 앞의 글, 1960, 133쪽.
97    고병익, 앞의 글, 1960, 118쪽.

를 믿나?"였다. 이만갑은 농촌 유지가 학생에게 기대하는 것은 스트라이크나 시위가 아니었나 하며 군에 대해서는 무력에 의해서 쿠데타를 일으키는 것을 막연히 생각하는 점이 있었을지도 모른다고 조심스럽게 추정한다.

그러나 이만갑은 군대는 정치개입 불가라는 이상론도 있지만, 이승만의 군 장악력이나 유엔군 총사령관의 역할 등을 보건대 군의 정치개입은 쉽지 않았을 것이라는 판단을 내세운다. 어쨌든 이만갑은 "경찰이 지옥의 사도처럼 행동했다면 계엄 하 군은 천국의 사도처럼 행동"했음을 강조했다. 그는 "군이 전혀 인명살상을 하지 않고 사태를 수습하였다는 사실에 무한한 감사와 찬탄을 금할 수가 없"다고 토로했다. 요컨대 농촌 유지가 학생과 군인에 대해서 기대하였던 것은 그대로 실천되었다는 것이다.

이만갑은 민중들이 스스로 정치에 참여하는 것이 민주주의라고 규정하면서도 "민중의 수준" 문제를 제기한다. 즉 민중은 당면 이익에 매몰되는 중우가 될 수도 있는 존재로 여겨진다. 따라서 그의 결론은 후진사회는 선진민주사회보다 선의의 강력한 지도자를 더 필요로 한다는 것이다.

> 불행하게도 한국에서는 아직 그러한 선의의 강력한 민주적 지도자를 발견하고 있지 못하다. 그러한 훌륭한 지도자들이 없이 중우가 날뛰고 혼란만이 조성된다면 민중은 민주주의 자체에 대해서 회의를 갖게 되기 쉬울 것이며 강력한 지도자에 의한 통제를 원하게 될는지 모른다.[98]

이만갑은 의미심장하게 그러한 지도자가 군인 중에서 나오기 쉬울 것이라고 예측했다. 그는 군과 민주주의가 양립하기 힘든 모순관계에 있다고 덧

---

**98** 이만갑, 「군인=침묵의 데모대」, 『사상계』 1960년 6월호, 73~81쪽.

붙이기는 했지만, 어쨌든 그의 글은 4·19 국면에서 군의 존재감을 뚜렷하게 부각시킨 것은 물론이고 향후 그 역할에 대한 암시조차 느껴진다.

## 4. 맺음말

4·19는 한국전쟁 이후 한국사회의 향방을 결정짓는 중요한 순간이었다. 4·19를 통해 한국사회의 기본적 가치이자 제도, 관습으로 관철된 민주주의가 대중의 정치적 실천의 준거로 자리 잡게 되었다. 4·19 이후 한국의 거의 모든 정치 행위는 민주주의를 포함하지 않을 수 없었다. 특히 4·19는 민주주의를 저항운동의 담론적 자원으로 확장시켰다는 특징이 있다. 애초 미국의 자유민주주의는 이승만 정권의 공식 지배담론으로 수용되었다. 그렇지만 민주주의는 4·19를 거치면서 저항운동의 중심적 가치와 담론적 자원으로 관철되었다.

기존 질서와의 급격한 단절, 지배자가 아니라 지배계급의 교체, 사회경제적 체제 전환 등 일반적으로 혁명으로 평가될 수 있는 변화와는 거리가 멀다는 점에서 4·19를 혁명으로 볼 수 있는가는 논쟁의 대상이다. 이러한 문제제기는 4·19 당시부터 제기되었다. 그런데도 당시에는 4·19를 혁명으로 부르는 것이 일반적이었다. 민주혁명, 시민혁명, 학생혁명, 민중혁명 등 여러 수식어가 붙기는 했지만 혁명이라는 명칭 자체는 변함이 없었다.

혁명이란 명칭이 가장 널리 회자된 이유 중의 하나는 그것이 급격하고 단절적인 변화와 발전을 의미하기 때문이다. 이는 서구 근대의 경험을 세계사적 표준으로 수용하여 보편적 역사 발전의 경로로 이해하고 있던 당대의 맥락 속에서 이해하는 것이 필요하다. 즉 프랑스 대혁명, 영국 혁명 등이 근대의 기점으로 이해되었기에 근대사회를 지향하는 국가라면 이러한 혁명을 거치는 것이 불가결하다는 인식이 팽배해 있었다.

이는 곧 세계적 표준에 걸맞은 자기 역사 기술의 욕망 문제를 제기한다. 세계사의 보편적 흐름 속에 자기를 위치시키는 것, 보편의 언어로 자기를 기술하고자 하는 욕망이 곧 혁명의 호명 속에 담겨진 맥락이라고 보인다. 당시 지식인들은 시민혁명의 부재가 한국의 후진성을 상징한다고 보는 이가 많았다. 시민혁명이 누락되었기에 근대적 변화와 발전이 심각하게 지체되고 있다는 인식이었다.

시민혁명과 근대성의 결핍이 당대 한국의 후진성, 빈곤, 부정부패 등의 기본적 원인이라는 현실 인식은 스스로를 세계사의 정상적 주체로 재현하고자 하는 욕망의 좌절로 연결되기 십상이었다. 이는 서구 근대에 대한 뿌리 깊은 콤플렉스의 산물이기도 할 것이다. 혁명은 여기서 사실관계의 차원이 아니라 욕망과 의지의 문제가 된다. 쓰레기통과 장미는 이 욕망의 비유에 다름 아니다.

이것이 과잉 혁명담론의 배경이다. 혁명의 과잉은 일종의 시간과의 투쟁이다. 세계사적 시간대와 크게 벌어진 낙차를 일거에 만회하기 위해서는 시간의 압축과 응축, 비약이 필요했고 혁명은 근대 서구가 만들어낸 축시법의 대명사였다. 과잉 대표된 혁명은 곧 민족사적 비약인 셈이다.

20세기의 시민혁명은 드문 사례인데, 4·19가 거기에 속한다고 재현된다. 혁명을 통해서 비로소 한국은 보편적 민족/국가로 재구성될 수 있는 계기를 확보하게 된다. 그 과정은 매우 복잡할 수밖에 없다. 민주주의는 이 모든 복잡계를 정리하는 마술적 기표로 등장했다. 서구 근대 전체가 민주주의로 수렴되고 제도와 이념, 가치와 관습의 문제가 4·19 봉기 군중의 실천으로 한 번에 체화되는 서사구조를 이루게 된다. 즉 외삽적 민주주의가 주체화된다. 이것이 민주주의의 토착화가 줄기차게 반복된 배경일 것이다.

민주주의는 주어진 것이 아니라 주체적 실천과 희생을 통해 만들어진 것임이 증명되어야 했으며 이것이 세계사적 보편의 주체로 민족/국가의 시민권을 획득하는 알리바이가 되었다. 그렇기에 민주주의는 여러 가치와 기의를 내장한 복합적 기표가 된다. 예컨대 자유주의는 홀로 작동한 것이 아니라 민주주의를 통해서 관철된다. 보편 기호로 등극한 민주주의는 근대성을 압축한 대표 기표가 된다.

물론 이상의 혁명은 부르주아혁명 또는 시민혁명으로 불린다. 20세기 세계사는 사회주의혁명의 경험을 보여주었지만, 4·19혁명은 시민혁명에 유비되는 경향이 제일 강했다. 특히 민주당을 중심으로 한 보수 엘리트 지식인들은 4·19가 사회주의혁명이 아님을 강력하게 주장했다. 이는 반공이데올로기를 통해 4월혁명의 급진화를 차단하고 보수적으로 전유하기 위한 담론 전략에 따른 것으로 보인다.

이 전략의 기본 줄기는 자유주의에 의한 민주주의 전유였다. 민주당을 위시해 『동아일보』와 『사상계』 등 당대 유력 보수 엘리트 지식인들은 개인의 자유 확대가 민주주의의 본령이 되어야 한다고 강조했다. 특히 혁신계의 중요 기업 국유화 문제가 불거지면서 사적 소유권이 다시 한번 강조되는 상황이 연출되기도 했다. 이들은 영국 보수당의 정책을 차용한 이른바 '소유권 있는 민주주의'를 통해 혁명의 급진화와 혁신계의 정치적 진출을 차단하고자한 것이다.

여기서 사적 소유권은 단지 경제적 문제로 국한되는 것이 아니었으며 정치적 자유를 비롯한 제반 인간의 자유를 기본적으로 보장해주는 것으로 여겨지기도 했다. 즉 시장에서의 자유가 여타 자유를 규정하는 구도였다. 이러한 논리는 하이에크로 대표되는 신자유주의의 주장과도 연결될 수 있다. 하이에크의 『노예에의 길』이 이미 1950년대에 번역되었다는 사정을 감안한다면 그 영향이 없었다고 보기 힘들다.

자유주의를 통한 민주주의의 전유라는 전략은 혁명의 주체 문제에 있어서도 유사하게 반복된 것으로 보인다. 4월혁명의 주체로는 학생, 도시빈민 등이 거론되었다. 그러나 또한 이들을 지속적으로 혁명으로부터 분리시키고자 하는 시도가 나타났다. 학생은 미래의 인간이기에 현재의 정치 과정에 개입해서는 안 되고 혁명과업의 수행은 기존 세대에 맡겨야 한다는 논리가 나타났는가 하면 도시빈민은 거의 언급조차 되지 않았다.

학생과 도시 하층민 등 실질적 혁명주체를 전유하는 또 다른 전략은 민중과 민족이라는 집단주체 개념을 통해 혁명주체를 호명하는 것이었다. 이는 다수결의 정치를 기본으로 하는 근대정치적 전망을 천명하고 있는 상황에서 불가피한 선택이기도 하다. 4월혁명을 다수자 혁명으로 만들지 못한다면 근대적 시민혁명의 전망도 불가능해진다. 문제는 민중과 민족이라는 추상적 집단주체를 누가 어떻게 재현하는가이다.

엘리트 지식인들은 민중을 혁명의 주체로 인정하면서도 다른 한편으로 무지몽매하고 수준이 떨어지는 우중으로 격하하는 입장을 선택적으로 구사했다. 다수자 혁명의 주체로 민중을 인정하지 않을 수는 없지만, 동시에 민중에 대한 헤게모니적 권력의지를 표현한 것으로 읽힌다. 즉 시민혁명이라는 규정상 혁명의 주체는 근대성을 체현하고 그것을 구현할 수 있는 주체여야 했지만 민중은 그럴 수 있는 주체가 아니라는 입장이었다. 결국 근대성을 선도적으로 체화한 학생과 지식인들이 민중에 대한 계몽의 사도로 나서야 된다는 논리였다.

민족은 세계사적 보편의 구현이라는 맥락에서 중요한 혁명의 주체로 등장했다. 선진과 후진에 대한 감각은 개인이나 특정 계층을 통해 유비될 수도 있지만 민족과 국가 수준에서 총체적 비교 대상으로 배치되었다. 혁명이 곧 역사적 비약이라면 그것은 민족의 발전에 다름 아니게 된다. 시위 당시 뿌려진 각종 전단이나 성명서에는 민족적 정기의 이름으로 부정선거와 부정부패를 단죄해 정의를 되살려야 한다는 인식이 팽배해 있었다. 민족 문제가 전면에 등장하면서 4월혁명은 내부 문제를 극복하는 문제 설정으로부터 대외적 발전 경쟁으로 넘어가는 양상을 보여주기도 했다.

4월혁명의 또 다른 주체는 미국과 군대였다. 미국은 4월혁명을 가능케 한 조율사처럼 나타나기도 했고 지식인, 학생, 시위 군중을 막론하고 경외와 존경의 대상처럼 여겨졌다. 이승만 하야, 군의 정치적 중립과 발포 금지 등 역시 미국과의 관계 속에서 이해하는 경향이 강했다. 미국의 압도적 영향력이 온존된 상태에서 진행된 4월혁명은 미국이 허용할 수 없는 범위 밖으로 벗어나는 것은 거의 불가능했다고 보인다.

군은 계엄을 통해 4월혁명의 시공간을 실질적으로 장악하고 있는 실체였다. 또한 '군인=침묵의 데모대'라는 표현에서 알 수 있듯이 군의 역할이 4월혁명 전개에 결정적 영향을 미친 것도 사실이다. 군은 아직 정치 전면에 나서지 않고 있었음에도 거대한 영향력을 행사했던 셈이다. 4·19 직전인 1960년 1월호 『사상계』는 「콘론 보고서」을 번역 게재했다. 콘론 보고서가 군대의 역할을 주목했던 것처럼 4월혁명 와중에 군으로부터 강력한 지도자가 나올 수도 있다는 인식이 등장했다. 이미 5·16쿠데타가 예감되고 있었던 셈이다.

**06**
**4월혁명의 자유주의적 전유**
- 『동아일보』와 『사상계』 비교를 중심으로

윤상현 (경남대학교)

## 1. 머리말

4월혁명은 2·28 대구사건부터 3·15 마산사태를 거쳐 4·19 시위와 4·25 교수단 시위 및 4·26 시위까지 약 3개월 이상 고등학생, 일용노동자, 대학생, 교수 등 도시 지역 다양한 계층이 참가한 운동이었다. 기층 빈민을 포함하여 남녀노소에 이르기까지 참가자들에 관한 실증 연구가 진행되기도 했는데, 여전히 4월혁명은 '대학생이 주도한 학생운동'이라는 이미지가 강하다. 이에 관해서는 1980년대부터 최근까지 꾸준한 문제제기가 있었다. 오제연은 도시빈민 등 다양한 4월혁명의 주도 세력을 실증적으로 드러냈다.[01] 시모카와는 『동아일보』와 『사상계』 등 언론매체 및 기성세대를 모두 같은 세력으로 혼용하여 다룬 한계가 있으나 『사상계』 지식인들이 4월혁명을 자신들의 의도대로 해석했다는 점에 주목했다.[02] 이상록도 일찍이 '민주주의 대 독재'의 틀을 넘어서서 대학생 및 언론매체들에 의해 기층 민중의 데모가 전유되었음에 주목했으나 4월혁명 이후 지식인들의 흐름이 '경제제일주의'로 수렴되었음을 강조하여 언론매체들이나 사회 세력들의 계층적 계급적인 구체적인 차이를 간과한 측면이 있다.[03] 기존 연구들에서는 시위에 참가한 대학생들과 이 시위

---

**01** 오제연, 「4월혁명의 기억에서 사라진 사람들」, 『역사비평』 106호, 역사문제연구소, 2014.

**02** Shimokawa, Ayana, 『4·19 해석의 재해석—『사상계』 지식인이 만들어낸 4·19 민주혁명』, 서울대학교 석사학위논문, 2014.

**03** 이상록, 「경제제일주의의 사회적 구성과 '생산적 주체' 만들기—4·19~5·16 시기 혁명의 전유를 둘러싼 경합과 전략들」, 『역사문제연구』 15, 역사문제연구소, 2011.

**3·15 부정선거에 항의하기 위해 자발적으로 모여든 시민과 학생들** 출처: 민주화운동기념
사업회 오픈아카이브즈 00700070, 원출처: 3·15의거기념사업회.

를 전달하는 언론매체들의 지식인들·언론매체'들'을 모두 '자유민주주의'를
지향하는 계급적으로 동질적인 지식인들로 전제하거나, 대학생들과 지식인
들을 구분하지만 각기 다른 그들의 행동 배경에 대한 구체적인 분석과 설명
틀을 결여하고 있다. 결국 이는 지식인 주도의 경제담론으로 흡수되어 4월혁
명이라는 새로운 네러티브로 수렴되었고, 4월혁명이 대학생·지식인 주도의
학생운동이었다는 서사구조를 넘어서지 못한 측면이 있다.

　이 글에서는 4월혁명에 관해 몇 가지 논점을 제기함으로써 4월혁명 자체
와 그 해석을 둘러싼 논의를 진전시켜보고자 한다. 우선 혁명에는 사회계층
적인 측면뿐만 아니라 역할이라는 측면에서도 다기한 사회 세력들이 연관된
다. 그 역할에 따라서 최소한 당시 혁명에 참가한 사회 세력들, 이 혁명을 지
켜보며 해석하여 전달한 세력들, 이때 구성된 혁명의 네러티브를 재생산했

던 사회 세력들, 그 과정에서 정치적 권력을 획득한 세력들 등이 있다. 이 글에서는 특히 두 번째 사회 세력, '당시 이 혁명을 지켜보며 이를 해석하여 최초의 네러티브를 구성하여 전달한 세력들'에 초점을 맞추어 4월혁명이 어떻게, 왜 대학생 중심의 혁명이라는 이미지로 만들어졌는지를 사회계층들의 심층심리적 논리를 통해 분석해보고자 한다. 또한 1950년대 사회 세력들, 특히 자유주의적 지식인들 및 언론매체 내부의 다양한 세력들의 연원과 이들의 지성사적 배경에 관한 연구에 기초하여, 3개월간의 혁명 당시 언론매체들이 4월혁명을 어떻게 전달했는지, 매체들 간의 어떤 편차는 없었는지, 그러한 네러티브가 왜 생겨났는지에 대해서 분석하고자 한다.

두 번째 '자유민주주의'라는 기표 자체가 갖고 있는 이데올로기적 측면에 관한 것이다. 기존 연구에서는 『동아일보』, 『사상계』 등의 언론매체—때로는 4월혁명에 참가한 대학생—들을 자유민주주의'세력'으로 전제하는 측면이 있었다. 헌법학에서는 자유민주주의를 정의할 때, 헌법적 제한적 정부, 법의 지배, 개인의 권리의 지지라는 점에서 '자유주의'를 정의하고 보통선거에 의한 정부 선출을 '민주주의'로 정의하여, 이 둘의 결합을 '자유민주주의'로 정의해왔다.[04] 이러한 정의는 자유민주주의를 법치, 개인의 권리, 제한적 정부, 보통선거 등 '정치문제'로 치환하고, '민주주의'도 가장 협소한 정치문제로 치환하는 효과를 낳는다. 4월혁명을 둘러싼 사회 세력들을 모두 자유민주주의'세력'으로 정의하는 순간, 그 언어적 효과는 이들이 '정치 문제'를 둘러싸고 싸웠으며 빈곤 및 후진성 등 경제적 문제가 제기되었을 때 모두 이 '경제 문제'로 수렴되었다는 당대 논의 지형의 재현이라는 한계를 마주한다. 현

---

04    조한상, 「자유주의, 민주주의 그리고 자유민주주의」, 『원광법학』 31, 원광대학교 법학연구소, 2015.

실에서 복잡하게 얽혀 있는 정치와 경제를 분리해서 사고하는 방식은, 국가와 시장을 끊임없이 분리하고자 했던 자유주의적 틀 내의 접근방식이다. 또한 그들의 '지향'이 자유민주주의였다고 할 수는 있으나 그들을 모두 자유민주주의 '세력'으로 분류할 수는 없을 것이다. 자유민주주의를 주장했던 자유당-민주당-4월혁명 학생들이 모두 진정한/왜곡된 정도의 차이만 지닌 자유민주주의 '세력'이 될 경우 사회운동의 문제는 도덕의 문제로 치환된다. 이데올로기적 사회 세력의 구분은 그들의 주장 및 지향뿐만 아니라 당시의 사회적 상호관계 속에서 자리매김되어야 한다. 각 사회 세력들은 자신들의 사회경제적 포지션에 따라서 정치문제에 접근하며 격렬한 정치적 변동기일수록 그들의 정치경제적 입장이 드러날 수밖에 없다는 점에서 이러한 사회경제적 위치를 보다 잘 드러낼 수 있는 범주화가 필요하다. 자유주의 밖에서 서구 자유주의의 역사를 서술한 연구가 사회 세력을 지칭할 때 냉전자유주의를 사용하고 자유민주주의를 사용하지 않는 것도 유사한 관점을 표현한 것일 터이다.[05]

세 번째 1950년대 한국에서 자유주의는 일제 시기와 연속선상에서 파악할 필요가 있다는 점이다. 1950년대 영국 자유당이 유명무실해지면서 '보수당-노동당' 체제에서 보수당이 자유민주주의의 기치를 들고 있었다는 점에서도 드러나듯이, 이들은 상대적으로 세대 단위의 차이점을 노정할 정도의 변화가 있었지만, 한국에서는 일제 시기 자유주의 세력이 1950년대~60년대 초까지 같은 세대 및 동일한 인물들이 정치경제적 상황이나 시기적 상황에 따라 다른 표현을 할 뿐 상당한 사상적 연속성을 지니고 있었다. 한국의 자유주의 세력들은 한말부터 일제 시기와 국가건설운동기에서 근대 민족국가 수

---

05  앤서니 아블라스터, 『서구 자유주의의 융성과 쇠퇴』, 나남, 2007.

립이라는 역사적 정황 속에서 지연되었다고 할 수 있는 자유주의 초기 단계적인 인권 혁명을 1960년에 맞이하게 된다는 점에서도 이러한 연속성을 함축하는 자유주의라는 표현이 적합할 것이다. 그런데 여기에서 개인의 권리문제와 관련해서 서구 정치학에서는 '비서구 세계의 자유민주주의를 자유주의 없는 자유민주주의로 보아야 한다'거나 한국의 자유민주주의에 관해서도 일부는 '자유주의적 민족주의는 자유주의가 아니'라는 점을 들어 비판하기도 하였다.[06] 그러나 이 주장은 식민지 사회를 겪지 않은 독일 등의 자유주의적 민족주의가 결국 국가주의로 변화할 수밖에 없었던 서구 중심주의적 논증이라고 할 수 있다. 서구에서 nation은 곧 민족, 국민, 국가라는 기의를 동시에 가질 만큼 민족주의-국가주의의 거리가 가깝다.[07] 그러나 역사적으로 식민지하에서 자유주의적 지식인들에게는 민족=국가가 근접하기는 하나 일치하지는 않았던 식민지적 상황이라는 기간이 있으며, 당시 식민지 조선의 사회관계 속에서 이들은 다른 세력들보다 자유주의적 제 가치를 지향했고 서구사회에서 자유주의가 실천했던 바 전통적 사회 세력 및 가치에 저항하며 새로운 중간계층의 형성을 위해 분투했다.[08]

이런 한국 자유주의의 전통 속에서 탈식민 후 1950년대(와 60년대) 보수주의적 권위주의 정권 아래 중간층 및 지식인들 일부가 반정부 투쟁 과정에서

---

06 박찬표, 「한국 자유민주주의의 초상—'민주주의 과잉'인가 '자유주의 결핍'인가」, 『아세아연구』 51, 고려대학교 아세아문제연구소, 2008.

07 윤상현, 「1950년대 지식인들의 민족담론 연구」, 서울대학교 박사학위논문, 2013.

08 1910년대 조선 지식인들의 '개인' 인식 문제에 관해서는 「관념사로 본 '개인' 개념의 수용 양상—유명론적 전환과 개체로서 '개인' 인식」, 『인문논총』 vol. 76, no. 2, 서울대 인문학연구원, 2019a 참조. 1920년대 『동아일보』의 자유주의적 민족주의의 철학적 기반과 농촌 세력 및 개인주의적 『학지광』 등과의 차이에 관해서는 윤상현, 「1920년대 초반 식민지 조선의 자유주의와 문화주의 담론의 인간관·민족관」, 『역사문제연구』 vol. 18, no. 1, 역사문제연구소, 2014 참조.

식민지의 자유주의적 민족주의를 저항과 동원의 한 계기로 계승하여 전유하거나 혹은 안정적인 상층 부르주아적 계층이 되어감에 따라 재산권의 자유를 강조하고 그에 기반한 개인의 권리를 강조하는 '자유(민주)주의' 세력으로 전화하기도 하였다. 전자는 한말부터 식민지 시기에 걸쳐 형성된 서북 지역 기독교 계통, 홍사단계 소부르주아 계층에 해당한다. 안창호를 구심점으로 했던 이들은 식민지 시기 준비론적 실력양성론에 기초한 한국의 기독교계 '자유주의적 민족주의' 세력들이었다. 한편 식민지 시기 섬유 계열 대자본가 세력이자 호남 지역의 대지주로서 식민지 상층 부르주아 계층의 핵심이었던 『동아일보』 계열은 1920년대부터 1, 2차 자치운동을 이끈 바 있으며, 식민지의 상층 부르주아 계열을 대표하고 있었다.[09] 대한민국의 탄생 과정에서 정치경제적 지배층의 일원이었으나, 한국전쟁 이후 1952년 국회해산 과정에서 김성수의 총리 사퇴와 1954년 개헌 과정을 거치면서 『동아일보』 계열은 안정적인 지배계급으로 재생산을 거듭하는 이승만 계열과 대립하는 상층 부르주아 내 반정부 세력이 되었다. 전자인 서북계 기독교 세력은 해방 이후 월남으로 인해 토지 및 생산 기반을 잃고 더욱 경제적 기반이 열악해졌으며, 한국전쟁 이후 대체로 학계 및 『사상계』, 『새벽』 등 언론문화계에 자리 잡으며 1950년대 및 1960년대 전반까지 언론매체를 배경으로 이러한 '자유주의적 민족주의'의 소부르주아적 지적 세계를 대변했다.

1950년대 홍사단계 및 『사상계』 계열, 일간지로서는 『경향신문』 등이 정치적으로는 이 시기 민주당 신파에 해당되었던 중간계층의 자유주의 세력이라고 할 수 있다. 이들은 한국사회에서 기독교 및 천주교 등 종교적 관념적 색채를 특징으로 하며, 그런 측면에서 반유물론적인 반공적 측면이 상대적

---

**09**   윤상현, 앞의 글, 2014.

으로 강했던 장면 계열과, 『경향신문』 계열, 서북 출신의 개신교 홍사단 출신들을 다수 집필진 및 편집위원으로 했던 『사상계』 등을 포괄할 수 있다. 이들은 1950년대 초 학원 및 종교단체에 대한 정부의 통제에 민감하게 대응하면서[10] 동시에 해방 직후 반공반탁 학생시위를 높이 평가하며 정신혁명 등을 강조하는 경향을 보였다. 이러한 중간계급의 중하층으로서 신분상승과 하락이 일어날 수 있는 정치적 경제적 입장으로 인한 불안함을 정서적 특징으로 한다.[11]

『동아일보』 계열로 분류할 수 있는 세력은, 자유주의 내 부르주아 상층에 해당하며 정치적으로는 '민주당' 구파가 정치경제적으로 유사한 입지점에 있다고 할 수 있다. 이들은 반유물론적 강경 반공이 아니라 정치적 이해에 따라 반공 문제에서 명망가적 유연성을 지니고 있었다. 정치 세력으로는 일제 식민지 시기 대지주 출신 세력들인 김성수, 조병옥, 윤보선 등이 대표적인데 1955년 '민주당'이라고 하는, 보수 세력에 반대하는 본격적인 연합자유주의 정당이 결성될 당시 전향 공산주의자들과 연합 문제에서 이에 격렬히 반대했던 장면과 달리 오히려 긍정적인 태도를 보였다. 학계 내에서도 고려대 교수이며 김성수 일가였던 김상협, 황태연 등이 이런 부르주아 상층을 대변하는 경향성이 있었고 학계 지식인들은 특히 정부로부터 개인의 철저한 자유, 철저한 재산 소유권을 주장하는 경향이 강했다.[12] 이러한 계층적 이데올로기

---

10  「기부금지법개정안, 학원과 종교단체로 기부금품 통제권내로. 학원의 자유 침해 논란」, 『경향신문』 1954. 8. 25; 『경향신문』, 1954. 11. 17.

11  부르주아의 심리적 특성에 관해서는 피터 게이, 『부르주아전, 문학의 프로이트, 슈니츨러의 삶을 통해본 부르주아계급의 전기』, 서해문집, 2005 참조.

12  이들 자유주의 세력들 사상의 경향적 차이에 관해서는 윤상현, 「1950년대 지식인들의 민족담론 연구」, 서울대학교 박사학위논문, 2013; 윤상현, 「윤보선과 사상계의 경제담론 비교」, 윤보선민주주의연구원, 2021(근간) 참조.

적 구분은 일제 식민지 시대 이래 대지주 세력들과 그 지지자들이 잔존해 있는 시대, 농지개혁에도 불구하고 그들의 부와 영향력이 남아 있던 1950년대라는 시대적 정황과 관련된다. 이들은 1950년대 정부로부터 언론의 자유, 정부로부터 학원의 자유, 재산권 및 소유권 문제를 상대적으로 더 강조했던 세력들이다.

정치 세력은 고정적이라기보다는 정치경제적 결절점이 되는 시기에 이합집산하면서 유사한 사회문화적 경험을 통해서 그 경향성이 두드러지고 강화된다. 1950년대 자유주의 세력들은 4월혁명의 전개 과정 및 그 성격의 해석에서 적극적으로 정치적 이데올로기적 참여를 했으며, 4월혁명 이후 정치권력을 잡게 되는 제2공화국기에 정치적 차이가 극대화되면서 그 양 세력의 갈등이 극적으로 표면화되었다고 할 수 있다.

이 글에서는 이러한 자유주의 세력들이 4월혁명을 어떻게 전유하였는지 그 과정을 재구성함으로써 보다 역사적인 4월혁명에 다가가며, 4월혁명의 이러한 전유가 어떠한 역사적 결과와 의미를 낳았는지에 접근해보고자 한다. 일간지와 월간지의 매체적 특성을 가능한 한 고려해서 정량적 접근보다는 정치적 입장과 표현이라는 차원에서 담론 분석적 방법을 시도하고 개념사적 방법으로 보완하고자 한다. 또한 『동아일보』, 『경향신문』 같은 일간지는 당시 매일 조석간으로 간행되었고, 매 사건들에 대해 빠르게 전해야 하는 상황이었으므로 사설, 칼럼 등은 기자, 논설위원들의 생각, 감정 등이 뒤섞여 전달되었다는 매체적 특성을 고려하여 분석하고자 했다.[13]

---

13 『사상계』의 편집 방향, 편집위원들의 성향, 그들의 출신지 등 매체적 특성에 관해서는 윤상현, 「『사상계』의 시기적 변화와 '개인' 개념의 양상」, 『인문논총』 vol. 49, 경남대 인문과학연구소, 2019b, 1~2장 참조.

## 2. 혁명의 과정과 주체—『동아일보』의 4월혁명 서사구조

### 1) 2·28 대구사건—신익희·조병옥의 죽음과 연관 짓기

4월혁명의 과정은 사건이 일어난 공간과 주도 세력을 고려할 때 크게 네 단계의 결절점이 있다. 첫 번째는 3·15선거 전 대구에서 있었던 2·28대구사건, 그리고 3·15선거 당일 마산사건, 세 번째가 서울 지역 4·19와 직후 전국적으로 확산된 시위운동, 네 번째가 4·26교수단 시위 및 이승만 대통령 하야이다.

『동아일보』에는 1960년 2월 15일 서거한 민주당 대통령후보 조병옥의 영결식 및 그와 관련된 기사와 대구에서 열린 자유당의 동원 선거 기사가 나란히 게재되었다. 2월 28일과 29일 양일간 『동아일보』는 1면 지면에 27일 대구에서 있었던 자유당의 강제 동원에 대해서 "사 년 전 고(故) 해공 선생이 사자후를 한" 곳에서 약 이십만 명의 시민이 강제 동원되었고 두 개의 큰 시장이 폐쇄되었다고 보도했다.[14] 29일자에 1,200여 명의 대구고교 학생들의 시위는 3면에 2단짜리 기사로 실렸지만[15] 다음 날인 3월 1일자 1면 전면 6단 기사에는 '대구 학생 데모 사건'과 관련해서 민주당이 장면 박사 연설 날의 "강제등교 명령"에 대해 책임을 추궁하겠다는 기사가 실렸고, 1면이 거의 민주당 관련 기사로 도배되다시피 했다.[16] 당일 석간에도 1면 기사에 다시 대구사건을 다루었는데 민주당과 자유당의 입장을 실을 때도 순서를 민주당-자유당 순으

---

14  『동아일보』 1960. 2. 28; 『동아일보』 1960. 2. 29.

15  「1200명 학생들이 시위, 학원을 정치도구화 말라고」, 『동아일보』 1960. 2. 29.

16  「민주 발전에 헌신, 장면 박사, 부산서도 선거유세」, 「광주학생사건 상기, 민주당, 경찰 폭행 규탄 담화」, 「선거 후에 다시 회합, 민주당, 구파 11인위 고문 6씨 선출」, 또한 대구 시위 사건도 민주당 조재천 의원의 전언으로 「(정계스냅) 용감한 대구 학생에 경탄, 탄압도 극에 달하면 반발 자초」라는 기사를 썼다.

로 게재했다.[17] 칼럼에서 민주당 구파와 신파 간의 내분과 갈등을 비판하면서
도, 민주당 관련 논설 및 기획기사가 계속 실리고 있었다.[18] 3월 4일 1면에는 8
단 기사로 민주당의 정부 선거 지령에 대한 폭로기사를 전면에 실었다.[19]

『동아일보』는 4년 전 신익희의 죽음과 같은 장소에서 자유당 유세에 시민
들이 강제 동원되었다는 점을 강조하고, 이 기사 옆에 조병옥의 서거 기사를
같이 실음으로써 독자로 하여금 신익희의 죽음에 대한 모독감을 불러일으키
거나 이들 신익회·조병옥 두 사람의 죽음이 연속된다는 점에 의구심을 불러
일으키는 편집을 사용했고, 대구학생시위 자체를 다룬 기사보다도 그 사건
과 관련된 민주당의 태도와 대응에 대해 더 많은 기사를 실음으로써, 보도 지
면을 통해 『동아일보』 및 민주당이 자유당과 정치적인 전면전을 치르고 있다
는 '인상'을 전한다. 학생시위운동 자체보다 그에 대한 정치권, 특히 민주당의
기사가 전면으로 다루어진다.[20] 여기에 민주당 구·신파 간 갈등을 연일 보도

---

**17** 「서거 '뿜'에 휩쓸린 경남북」, 『동아일보』 1960. 3. 1, 석간.

**18** 「조 박사 수행 20일, 햇빛 못 본 정책을 간명 정치적 최후 유언된 셈」, 『동아일보』 1960. 3. 1, 석
간; 「(논단) 새로운 정국과 민주당의 금후」, 『동아일보』 1960. 3. 3. 두 번째 논단은 논설위원 신
상초가 작성한 것으로, 구파인 조병옥의 서거 이후 민주당의 신파인 부통령후보 장면이 대
승적 견지로 민주당을 이끌어야 한다는 내용이다. 사설에 실을 수 있는 내용인데도 굳이 기
명 논단으로 실었다. 사설로 싣기에는 정치적 부담이 있다는 점을 방증하는 편집으로 보인
다. 또한 조간 1면의 유일한 칼럼란인 「정계스냅」에는 연일 민주당 기사와 장 박사 기사가 실
렸다. 「불법단체 제재책은: 장박 자신 모르는 사진이라고」, 『동아일보』 1960. 3. 3; 「도살장에
몰린 민주주의」, 『동아일보』 1960. 3. 4; 「건전한 야당으로 발전, 신구파 감정초월에 감격」, 『동
아일보』 1960. 3. 6.

**19** 「민주당, 정부의 '선거방침지령' 전모 폭로, 투표 개시 직전에 4할을 무더기 투입, 3인조, 9인
조를 활용, 6할은 공개투표토록 발각되면 투표함 운반 중에 환표」, 『동아일보』 1960. 3. 4.

**20** 『동아일보』 3월 7일자 사설 「권력에 눌리고 생활고에 지친 시민들」에서는 아예 장면 민주당
부통령후보의 연설문을 요약하고 이승만에 대한 비판을 실었다. 뿐만 아니라 「여야선거전
의 새 양상, 서울 대구 등의 학생 데모 사건을 계기로, 민주당 '붐조성에 주력', 자유당 '관련
자 엄벌 방침 수립'」같이 조간 1면 큰 기사 제목만 분석해보아도 『동아일보』의 편집이 의도
적이었음을 알 수 있다. 이는 3월 8일자 1면 첫 기사 「부정투표 방지에 전력, 민주당 중앙선
거위에 공한전달, 투명투표지 금지, 군대내 투표소 일반인 참관 등을 요구」, 두 번째 기사 「이
대통령 종신제론까지 군인 공무원 등 2천 명 동원, 자유당 춘천 강연회」, 3월 9일자 첫 기사

함으로써 『동아일보』가 민주당에 비판적이며 정치적으로 객관적이고 정치적 입장이 없으며 중립적인 포지선에 있는 듯한 태도를 보인다.

『동아일보』가 3·15 직전까지 학생시위를 전달하는 방식은, 학생의 '학원의 자유' 시위를 민주당의 부정선거 반대 투쟁이나 장면 유세와 관련지어 전달하는 방식이었다. 여타의 대중매체가 드물었던 1950년대에 일간신문이 사진과 함께 반전면 기사를 뽑는 식의 강력한 표현 수단을 구사했다.[21]

## 2) 3·15, 4·11 마산사건—축소하기와 거리두기

『동아일보』는 3·15선거 당일 「호외」를 발행하는데 기사는 단 하나였다. 「선거의 불법 무효 선언, 민주당 법정투쟁 결의」라는 기사였고, 3월 16일에는 「민주당 선거의 무효 선언」이 헤드라인 기사였다. 이날, 선거 당일 전국 각지에서 있었던 테러 사태를 보도하면서, 민주당 마산시당 간부들이 3월 15일 부정선거 규탄을 주장하다가 "마산서 데모 군중이 지서를 습격"하는 사건이 발생했다고 보도했다.

마산 중심지에서 수천 군중들이 '부정선거를 즉시 정지하라'고 외치면서 시작된 데모는 마침내 경찰과 충돌 일 개 경찰지서를 파괴하고 또 한 곳의 지서를 소실시키고 칠 명의 사망자와 칠십여 명의 부상자를 내는 일대 불상사를 빚어내었다. 이들 군중은 경남경찰국을 비롯한 마산 주변 경찰서에 급파한 응원대에

---

「민주당, 3인조 투표방식 폭로, 조장이 3매 기표, 조원에 나누어주도록」, 3월 11일자 첫 기사 「모의투표지 폐지토록, 선거법 위반 지적 민주당, 중앙선위에 공한」, 3월 14일자 첫 기사 「부정선거 시정을 요구, 민주당 이 대통령에 공개장」에서도 확인할 수 있다.

21 「전국에 번지는 학생 데모 '학원의 자유' 외치며 수원 충주에서도 각지의 테러방해사건 보고 接踵, 전율 속의 선거 분위기, 野, '민주구국' 위해 끝까지 투쟁방침 천명」, 『동아일보』 1960. 3. 11.

의하여 이날 밤 11시경 거우 진압되었다. 즉 이날 하오 7시 30분경부터 무질서하게 움직이기 시작한 수천 명의 군중들은 마산 시가를 휩쓸기 시작, 남성동 지서를 포위하고 돌을 던져서 지서 창문과 기물을 파괴 (…).[22] (이하 밑줄—인용자)

사건을 전하는 태도에서 사건을 시간 순으로 전달하지 않았다. 경찰지서를 습격한 사건을 먼저 전하고, 기사의 맨 말미에 가서 하오 3시에 있었던 부정선거 배격 시위를 경찰들이 소방차를 몰고와 해산시킨 일을 전했다. 경찰지서를 습격한 폭력 행위가 훨씬 주목되었고, 이 "무질서"한 군중들이 "거우" 진압되었다고 함으로써 마땅히 빠르게 진압되었어야 한다는 점을 전달한 다음에 이 데모가 폭력화된 배경을 언급했다. 이러한 태도는 다음 날 사설에서 더욱 명확히 드러난다. 마산사건 관련 사설이었지만 반 이상을 민주당 본부의 선거무효 발언과 반미를 우려하는 미국 워싱턴 주민의 말이 차지했고, 마산 시위에 관해서는 "불행한 일"로서 상대적으로 짧게 부정적으로 언급되었다.

경남 마산에서는 뜻밖에도 수천 군중이 데모를 하다가 칠 명 사망, 근 오십 명이 중경상했으며, 또 데모대의 투석, 방화로 경찰서 지서 삼 개소를 파괴 혹은 소실한 불상사를 일으킨 뒤에, 심야에 이르러서야 흥분된 군중을 거우 진압했다 한다. (…) 물론, 이번 마산사건은 극히 불행한 일이었고, 또 없었던 것만 못하게 크나크게 유감스러운 일이었다. 그리고 그러한 일이 다시 발생하지 않기를 바라는 우리이긴 하지마는 (…) 당국자와 여당은, 이번 마산사건을 의법처단하는 것

---

22 「마산서 데모 군중이 지서를 습격, 한 곳 파괴, 한 곳 소실, 경찰응원대 출동 밤 11시경 진압, 7명 사망, 70여 명 부상, 대부분 총탄 맞은 듯, 개표장인 시청은 무사히 경비, 민주당원 3명과 학생 20여 명 연행」, 『동아일보』 1960. 3. 16, 석간 3면.

까지는 좋으나, 사상자에 대한 적절한 처리와 사후 수습책에 있어, 그들이 연소
학생들이니만치 정상을 참작, 온건한 조치가 취해지기를 각별히 바란다.[23]

이들은 민주당 본부에서 말하듯이 이승만이 4대 대통령으로 당선된 이
번 부정선거는 무효가 되기를 바라지만, 그것이 폭력시위로 번지는 것은 빠
르게 '진압'되어야 한다고 주장한다. 부정선거에 항의해야 한다고, 학생시위
를 대서특필하며 선동에 가까운 기사를 헤드라인으로 전면에 싣기는 했지
만, 그 분노가 수천 군중이 되어 경찰서를 향해 가는 것은 "의법처단"을 해도
좋은 행위이고, "연소학생들"만의 치기어린 것으로 축소되어야만 하는 것이
다. 16일자 기사를 통해 『동아일보』 논설자는 이 시위의 참가자들이 "사망자
나 부상자는 유아로부터 성장년에 이르는 각계각층"이라는 점을 잘 알고 있
었는데도 주도자를 학생으로 축소하고 폭력 사태의 의미도 축소해서 의법
처리하라는 태도를 보인다. 부정선거에 항의하고 반대는 하면서도, 공권력에
의해 수 명이 목숨을 잃었는데도 그것에 대한 문제제기보다는 타살 당한 군
중들의 폭력성과 무질서를 더 부각하고 의제로 삼았다. 마산 사태가 정치문
제로 비화되자 『동아일보』는 칼럼을 통해 3월 17일에 나타난 폭력성을 문제
삼으면서 마산사건을 '어린' 사람들의 '실수'로 폄하한다. "민주주의란 질서
를 유지한다는 데 생명을 두고 있을진대, 방화 파괴 등은 도를 지나쳤다", "마
산에서의 데모가 데모 이상의 열도를 올렸던 것은 유감천만의 일이며 물불
을 헤아리지 않는 20 전(前)의 소년들의 실수"[24] 등으로 전달했다. 이 칼럼에서
『동아일보』는 민주주의의 핵심이 "질서유지"라 주장하고 폭력성이 개입된

---

23 『동아일보』 사설, 1960. 3. 17, 석간.
24 「횡설수설」, 『동아일보』 1960. 3. 17.

**경찰의 제지에 강력히 항의하는 여고생**  출처: 민주화운동기념사업회 오픈아카이브즈
00700108, 원출처: 3·15의거기념사업회.


시위의 주체들을 20세 전의 학생들로 축소시켰다. 이렇게 주체를 축소함으로
써 시민들의 정당한 시위조차도 '시민 전체', 또는 인간과 생명의 문제가 아
닌 일부 어린 '학생'들의 폭력 문제가 되어버리는 것이다.

경찰의 총탄에 의해 민간인 7명이 사망하는 일이 발생했는데도 그 다음
날인 18일 『동아일보』의 사설은 『런던타임스』와 『르몽드』지의 한국 선거에
관한 비판적 사설을 전했을 뿐이다. 이날 정치 칼럼란인 「정계스냎」에도 선
거 관련 자유당과 민주당 의원 간의 언쟁만 실렸고, 3면에야 마산사건에 대해
각 기관이 "발포 합법 여부 검토" 중이라는 기사를 실었다.[25] 이후에도 사설

---

25  『동아일보』 1960. 3. 18.

들은 부정선거 무효에 관한 것들뿐이고 마산사건에 대한 사설이나 칼럼 등은 없었다. 사회면에만 기사가 실리다가 3월 20일에야 국회 내무위원회를 보도하면서 헤드라인 기사가 되었다.[26] 인명에 대한 이러한 무감각, 인간의 생명, 개인의 생명이라고 하는 가장 큰 기본권에 대한 이러한 무감각은, 장면 유세 현장에 강제 동원된 학생들의 "듣는 자유"라는 기본권에 대한 긴 반박 기사를 쓰던 태도와 대조적일 수밖에 없다. 여기에는 마산 지역이 한국전쟁 때부터 좌익 성향이 강했다는 묵시적인 요인 외에도[27] 이들 『동아일보』 논진들이 일제 시기 이래 자유주의 지식인들임을 감안하면 그 성향도 연관성이 있을 것이다. 1910년대 재일유학생이던 송진우, 장덕수 등은 시기상조라며 '천부인권' 자체를 부인하기도 했으며, 인간의 기본권리를 유보할 수 있는 것으로 다루기도 했다.[28]

3월 20일에야 데모대에 실탄을 쏘았다는 사실을 문제삼는 사설이 겨우 실렸다. 그런데 이 사설이 내놓은 해결책과 민심 수습책은 다음과 같았다.

경향을 통해서 일어나고 있는 선거보복을 그만두게 하고, 야당계라고 해서 파면되었던 공무원들을 복직시키고, 마산사건의 관계자들을 관대히 대접하여 주고, 경향신문 정간 처분을 해제하여준다고 하면 민심은 대번에 풀어질 것을 환히 내다볼 수 있는 것이다. 앞으로는 다시 불법 선거를 하지 않겠다고 하는 것과 공약 구장 실현에 매진하겠다고 하는 것을 행동으로써 성의를 보여준다면

---

26 「정부와 야당 보고 현격, 국회 내무위 마산사건에 질의, 이 차관 담, 사망자는 4명 발포는 현지 경찰 판단에 의거, 민주당, 부정선거에 원인, 사망자 16명의 명단 발표」, 『동아일보』 1960. 3. 20, 조간.
27 이은진, 『근대 마산』, 경남대학교 출판부, 2004. 마산 지역의 좌익적 성향에 대한 당대의 증언들이 있다.
28 윤상현, 앞의 글, 2019a.

백성들은 곧 모든 것을 잊어버리고 말 것이기 때문이다.[29]

수습책에서 『동아일보』는 "백성"들에게 시혜를 베풀고 범법자들인 사건 관계자들을 대접해주면 백성들이 이 사건을 곧 잊어버릴 것이라고 하는 극심한 엘리트주의적 태도를 보였다. 마산사건에 대해 이승만 정부와 자유당이 "민주당 또는 어른들이 뒤에서 어린 학생들을 선동해서 앞장을 세워 죽인 것"이라고 한 데 대해 반박하면서 "어린 학생들이 어른들을 선동하고 격려했다는"[30] 입장을 강조했다.[31] 마산사건의 진상 그 자체보다도 자유당-민주당의 대립에서 자유당의 민주당 공격을 반박하고 뒤집기 위해 "아이들"이 주도했음을 재삼 강조한 것이다.

한편 「정계스냎」이라는 칼럼은 정식 기사가 아닌 민주당 국회의원의 말을 전하는 방식으로 마산사건의 원인과 당시 상황을 다루었다.

"이번 사건으로 총살된 사람이나 부상을 입은 사람들은 거의 전부가 극빈층의 자제들뿐인데 그들이 어째서 '데모'대 선두에서 희생을 당했는가 하면 극빈층 가정에는 전혀 투표를 할 기회가 부여되어 있지 않았던 까닭에 부녀자들이 내 표를 달라고 지서 앞에서 외쳤을 순간 그들이 느낀 가정적인 울분이 마침내 폭발을 하였던 것이라"고 설파 (⋯) 어떤 16세 되는 여학생은 총에 맞아 비틀거리자 경찰관들은 이 여학생을 방망이로 구타하여 거의 절명케 하여 시궁창에 밀어넣어버렸는데 뒤에 근처의 시민들이 끌어내어 치료하여 겨우 생명은 건질 수 있을 듯하고 성남동파출소에서는 어떤 30세 식모를 벗겨놓고 ○부를 방망이로

---

**29** 「(사설) 또 민심 수습책을 말함」, 『동아일보』 1960. 3. 20, 석간.

**30** 「마산사건과 학생」, 『동아일보』 1960. 3. 22.

**31** 「국회조사단의 落穗 마산사건」, 『동아일보』 1960. 3. 25.

구타한 만행을 자행하였다는 이야기 (…).[32]

　마산 시위의 원인이 극빈층에게 투표권을 주지 않았기 때문이고 그 주도 세력과 희생자들이 대부분 극빈층 자녀라는 중요한 전언이 있었음에도, 『동아일보』에는 그에 대한 취재나 분석기사가 실리지 않았다. 더구나 시위에 참가한 "부녀자"들이 표를 달라고 외친 원인은 "가정적인 울분"이 폭발한 것이라는 전언이 실렸다. 말미에 "이야기"라는, 마치 '전해 들었으니 그냥 싣는다'는 뉘앙스의 보도 태도로, 후속 보도도 없이 가십성 칼럼으로 실었다. 특히 두 여성 희생자에 관한 폭력 장면의 묘사는 현장에 있는 것처럼 지나치게 자세하고 생생하며 여수순천사건을 연상시키면서 자극적이다. 이러한 기사의 효과는, ① 일차적으로 현장에 있는 듯한 구체성과 자극성으로 독자들의 관음증적인 강렬한 소비를 부추기며, ② 엄숙하기 그지없는 1면 정치란 기사와 달리 정식 기사가 아니라 원내 소식이나 국회의원 동향 등을 가볍게 다루는 칼럼란에 실음으로써 어떤 책임 소재 없이 가볍게 소비하도록 하며, ③ 결국에는 독자로 하여금 어둡고 '순수하지 않은' 뉘앙스를 풍기는 사건에 대해 심리적 거리를 두게 한다. 또한 이러한 보도 태도는 사건에 대한 보도자 및 편집자의 심리적 거리도 보여준다.

　4월 11일에는 3·15 당시 시체가 발견됨으로써 마산에서 삼천여 시민이 데모를 개시하고 제2차 마산 사태가 발발했다. 다시 총 백여 발이 경찰에 의해 발사되었고 1명이 사망하였으며, 마산에서는 수만 명의 시위로 확대되었다.[33] 이날 시위대는 경찰 응원대가 통과하지 못하도록 일천여 명이 경찰서 주변

---

32　「정계스냎」, 『동아일보』 1960. 3. 26.
33　『동아일보』 1960. 4. 12, 석간.

**마산경찰서 항의 집회** 출처: 민주화운동기념사업회 오픈아카이브즈 00700116, 원출처: 3·15의거기념사업회.

에서 도로를 막고 밤 11시까지 시위를 계속했다. 삼천 명의 군중이 경찰서와 파출소뿐만 아니라 동양주정회사, 도자기공장 등을 파괴하기까지 했다.[34] 그 러나 『동아일보』 4월 12일자 석간에 기사만 실렸을 뿐, 사설이나 칼럼은 이를 언급하지 않았다. 12일에는 마산에서 만여 명의 군중 데모가 있었는데, 그제 야 4월 13일 석간 사설이 "이런 불상사의 재발을 막기 위해서는 자유당 정부 가 삼일오선거의 불법 무효를 솔직히 자인하고 자유선거를 다시 실시하는 것이 가장 현책이라 할 것"이라고 언급했다.

데모에 참가했던 군중들이 냉정과 이성을 잃어 건물을 파손하였다는 것은 분노가 극에 달했기 때문일 것이지만 평화적 시위가 폭력성을 띠우게 되었다는

---

34 『동아일보』 1960. 4. 12, 석간.

것은 유감스러운 일. (…) 경찰의 자제와 민중의 냉정을 거듭 강조하면서 앞으로
는 다시 이런 불행한 일이 생겨나지 않기를 (…).[35]

이미 상황은 4월 11~13일의 마산항쟁이라고 부를 만한 시점이었는데, 『동
아일보』는 시위가 폭력성을 띠는 순간 이를 경계하고 냉각시키려 애쓰며,
"민중 항쟁의 전위 조직이요 관권에 대한 항거의 거점인 민주당"이 기본 방
침을 세울 것을 촉구하였다.[36] 수만 명 마산 시민의 참가에도 불구하고 이 제2
마산사건은 3면 사회면의 지역란 몇 단 정도에서 보도되는 수준이었다.

### 3) 4·19—'모범적인 대학생 시위', 영웅 신화의 서사구조

18일 오후 1시부터 고대생 3천 명이 참가하여 '마산사건 책임지라' 등의
구호를 외치며 시위를 나섰다. 이들은 '마산 학생 석방하라', '기성세대는 각
성하라' 등의 구호를 외쳤는데, 이철승은 국회의사당 앞에서 '고(故) 인촌 선
생도 인생의 역사는 구원하다는 말씀으로써 학생들이 도에 넘는 행동을 삼
가도록 교훈하신 것을 고대 학생들은 상기해야 된다'고 충고하였고, 농성 데
모를 하던 학생들은 농성을 중지하고 해산했다.[37]

마산에서 발단한 학생 데모는 각지에 파급되어 18일에는 부산 동래고교와
서울 고려대 학생들이 데모를 감행했으나 과격한 충돌은 없었고 특히 고대 학
생시위는 이를 제지하려는 데서 경찰과의 충돌이 약간 있었을 뿐 처음부터 이

---

**35** 「(사설) 경찰의 자제와 민중의 냉정이 필요」, 『동아일보』 1960. 4. 13, 석간.

**36** 신상초, 「(논단) 민주공화국은 어디로」, 『동아일보』 1960. 4. 15, 조간.

**37** 『동아일보』 1960. 4. 19.

성과 질서를 잃지 않은 것이 다행.[38]

마산의 폭력 사태에 계속된 유감을 표명했던 『동아일보』는 '이성과 질서를 잃지 않'은 고대 학생시위를 1면 전면 기사로 실었다. 18일부터 대학생 시위로 된 점을 새로운 방향으로 주목하면서 '자유민권운동'으로 명명하였다. 19일자 사설은 비상계엄령의 선포로 "사태가 진압될 것"이라고 예상하면서 데모 군중도 "냉정을 회복하이 파괴 행위는 없도록 하여주기를 바"란다는 점을 강조한다.[39]

중요한 사태가 발생한 4월 19일에 대해 4월 20일자 석간 사설은 『동아일보』의 입장을 잘 보여준다. 사태가 실력 발동으로 진정될 때 데모 학생들에게 '관대'해야 한다는 것, 다른 하나는 자유민권운동이나 민주 투쟁을 곧장 재선거 실시로 연결한다는 점이다. 계엄령 선포 이전의 19일자 논설, 마산사건에 대한 뉘앙스와 동일하다는 점에서 사건의 해결책과 관련해서 『동아일보』가 지속적으로 견지한 입장으로 보인다. 이미 시위대를 향한 실탄 사격의 정황이 자세히 알려진 상황임에도 시위가 조속히 냉정을 찾고 재선거 실시라는 선에서 빠르게 봉합되기를 바라는 입장이다.

3·15선거를 전후로 한 시기 민주당과 『동아일보』의 반정부 투쟁은 상당한 영향력을, 특히 별도의 정치적 혁신 조직 등을 갖지 못한 지역에서는 대단한 대중적 영향을 끼쳤을 것이고 역할을 했을 것이다. 이 시기의 사설 및 기사들은 열정적이었다. 그러나 마산 시위에서 자발적이고 폭발적인 걷잡을 수 없는 시민의 힘을 목격한 후에는, 반여당 투쟁과 분열적인 민주당 비판은 계속

---

38 「우주선」, 『동아일보』 1960. 4. 19.
39 「(사설) 시국 수습의 방법은 무엇인가」, 『동아일보』 1960. 4. 20, 석간.

되지만, 이들 시민운동을 가능한 한 '학생들'의 것으로 가두어서 당대에 짜인 구조 밖으로 어떤 식으로든 확대되는 것을 제어하려는 태도를 보였다. 『동아일보』 4월 21일자 기사는 4·19가 일어났을 때 이들이 얼마나 당황했는지를 보여준다.

> 4·19 사태는 하도 어마어마해서, 장차 행정부나 국회가 이 중대한 문제를 어찌 처리할 것인지 아득한 것 같다.[40]

마산사건의 배경은 부정선거뿐만 아니라 투표지를 전체 배분하지 않은 것, 공장들에 대한 습격에서 알 수 있듯이 빈부격차와 정경유착 등 복합적 이유들이 혼재되어 있었다.[41] 그러나 『동아일보』는 두 시위의 주체를 '학생들'로 한정하면서 시위의 원인도 부정불법선거'만'으로 축소하고, 결국 그 운동의 해결책을 '재선거'로 제한하고자 했다. 『동아일보』의 이런 태도는 20일, 21일에도 견지되었다. 4·19는 "모처럼 모범적이며 순수한 학생시위였던 고려대학 '데모대'로 표현되었다.[42] "온갖 더러움에 물들지 않은 순진한 학도들이 불의에 항거하다 흉탄에 쓰러진 이날 그들이 흘린 피의 대가는 반드시 갚아져야 될 것"[43]으로 보도되었다.

『동아일보』가 4월혁명에 관한 기자의 의도와 관점이 보다 확연히 드러나는 기획기사를 내보낸 것은 4월 25일자였다. 이 기사는 『동아일보』가 4월혁명을 바라보는 관점, 이 사건이 어떻게 기억되기를 원하는지, 어떤 사건을 길거

---

40  「국가초난국의 타개와 긴박한 민심의 진정을 위하여」, 『동아일보』 1960. 4. 21, 석간.
41  『동아일보』 1960. 3. 26; 『동아일보』 1960. 4. 12.
42  최태웅, 「국민 의사대로」, 『동아일보』 1960. 4. 25.
43  오화섭, 「피의 대가는 온다」, 『동아일보』 1960. 4. 25.

나 짧게 서술하는지, 그리고 어떤 방식으로 서술하는지, 그 사건을 바라보는 관점이 드러난다. 사건의 역사적 기술에서 구성 방식이 드러나는 것이다. 먼저 이 기획기사의 제목은 「4·19의 횃불, 대구 학생 '데모'로 발화 마침내 운명한 자유당식 민주주의, 고대생은 역사적 선봉」이었다. 중요한 내용을 한번에 보여주는 기사 제목에서 마산 시민의 시위는 제외되었다. 대구의 '학생' 시위에서 고'대생'의 시위로 자유당에 저항한 시위의 핵심 줄거리가 구성된다.

자유당식 민주주의는 드디어 운명하고 만 것이다. 그것은 지금은 옛날의 추억으로 살아진 저 대구의 학생'데모'에서부터 불꽃이 붙었던 것이다. 대통령 입후보를 잃은 민주당이 허전한 발걸음으로 유세 행각에 올라 침통한 얼굴로 야당 도시 대구에 도착하여 "야 동포야 들어보라"고 외치는 날이었다. 역사적인 2월 28일―이날이 바로 일요일임에도 불구하고 자유당은 학교에 압력을 넣어 야당 연설을 학생들이 듣지 못하게 하기 위하여 일요등교를 시킨 것이다. (…) 이후 3월 5일 서울에서 약 1천 명이 대구 학생의 뒤를 따랐다. 3월 8일 대전에서 1천 명의 대전고교생이, 3월 10일 대전에서 3백 명의 대전상고생이, 3월 10일 충주에서 3백 명의 충주고교생이, 역시 3월 10일 수원에서 3백 명의 수원농고생이, 3월 12일 부산에서 130명의 해동고교생이, 3월 12일 청주에서 150명의 학생이, 3월 13일 서울에서 산발적인 학생의 데모 (…) 이렇게 약 반 달 동안 언뜻 따져도 무려 6,7백여 명의 학생이 매일같이 아우성친 것이다. 그러다가 드디어 3월 15일이 왔다. 한국의 남단인 조고만한 항도 마산에서 필경은 피의 항쟁이 전개되고 만 것이다. "부정선거를 물리치라!", "학원의 자유를 달라"라고 외치고 일어난 마산의 학생 및 시민들에게 경찰은 실탄으로 제지하기에 이르러 이 고장에서 처음으로 칠 명 이상의 피살자가 생긴 것이다. (…) 다음 경찰은 이들에게 무지무지한 고문으로 보복하였고 또 이들에 공산 누명까지 씌우려고 하였던 것이다. 이에 떨

은 마산 시민은 위축되어 꼼짝 못하고 있었으나 그 외의 고장에서는 마산 사태
를 책임지라고 외치고 나온 것이다. (…) 마산 시민은 또다시 봉기하고 만 것이다.
이 여파는 결국 서울을 울려 4월 18일 고려대학 전교 학생을 분격시키고 만 것이
다. 실로 대학 '데모'의 횃불을 들고 일어난 것이다. 이것이야말로 우리의 역사를
새로운 방향으로 인도한 것이며 한국의 민주 역사는 사실상 일세기를 전진시킨
거룩한 애국운동의 분화구이기도 했다.[44]

기사는 학생시위에 대해서는 시위의 날짜, 참가 학생 수까지 적시하였다.
그러나 마산 시위는 사망자 숫자만 나오며, 시위 참가자의 구호는 언급하면
서도 시위 참가 시민들의 숫자는 드러내지 않았다. 그러다 보니 마산 시위는
수동적이며 희생자적인 뉘앙스를 주게 된다. 반면 고대 학생은 "전교 학생"
이 분격했다고 하여 주체 세력의 인원수를 정확히 표기하고, 주체를 능동적
이고 명확히 표현해주었다. 이 기사의 내러티브는 삼단계의 극적 계기들로
구성된다. 선구적인 대구 등 '학생' 시위와, 누명과 고문에 "위축되어 꼼짝 못
하고 있었"던 희생자 마산 시민, 이를 구원하고 "인도"한 서울 '고대' 학생시
위라고 하는, '선구자-희생자-구원자' 구성이다. "거룩한 애국운동"의 주체는
"학생"이며 지역의 시민은 구원의 대상이 된다.[45]

　거의 무의식적이라고 할 만한 이러한 내러티브 구성의 배경으로, 우선 공
산 누명으로부터 자유롭기 위해서는 이 운동이 순수한 학생들에 의해 이루
어진, 정치적 권력 의도로부터 순수한 운동임을 강조해야 했던 냉전적 상황

---

**44**　「4·19의 횃불」, 『동아일보』, 1960. 4. 25, 석간.
**45**　이러한 선구자-희생자-구원자의 내러티브는 고대 신화와 각종 설화들에 보편적으로 쓰였
　　던 일종의 영웅 신화의 서사구조다. 영웅 탄생 신화의 구조에 관해서는 조철수, 『수메르신
　　화』, 서해문집, 2003 참조; 언어 구성을 통해 하나의 신화를 만들어내는 이론적 논의에 관해
　　서는 롤랑 바르트, 『현대의 신화』, 동문선, 1997 참조.

을 들 수 있을 것이다. 그러나 더 들어가면, 정치적 권력 의도로부터 순수하다는 것은 다른 한편으로 4월혁명 이후 이 혁명의 주체 세력들이 권력 문제와 정치적 행동에 나서지 않도록 설득할 수 있다는 뜻이다. 다시 말해 혁명의 주체들보다 기성 정치 세력들이, '다음 정권을 담당할 준비가 되어 있는' 민주당 등이 권력을 가져올 세력이 되는 것이다.

이러한 서사구조는 AP 기자가 쓴 4·19 기사, 「AP 기자가 본 그동안의 정경, 김주열군과 4·19, 전국시위의 폭발점, 잔인한 경찰행동을 규탄」이라는 기사와 강조점 등에서 차이가 있다. AP 기자는 제목에서부터 전국 시위의 시발점을 마산사건과 연결 짓고 있다.[46]

## 4) 4·26―'비상입법회의'는 혁명정부인가 무정부상태인가?

4·19 이후 마산에서는 일반 시민들의 시위가 이어졌다. 4월 24일에 흰 두루마기로 단장한 50세 이상 200여 명 마산애국노인회 회원들이 "책임지고 물러가라 가라치울 때는 왔다"는 구호를 외쳤고, 오만 군중이 이에 합류하였다. 교통은 완전히 마비되고 마산은 한때 삼만 명의 시민이 합세, 마산 거리를 뒤덮었다.[47] 이에 대해 『동아일보』에는 "그들 사복경찰관 중에는 현금 만 환을 내놓고 이걸로 약주나 사잡수시고 데모는 그만두십시오 하며 사정사정하는 장면도 있었다"고 보도했다.[48] 4월 25일에는 50세 이상 할머니 약 300명이 '죽은 학생 책임지고 리대통령 물러가라', '총맞아 죽은 학생 원한이나 풀어주소' 등의 현수막을 들고 행진하였고, 이 마산 시위는 5만 군중으로 보도되었

---

46 「AP 기자가 본 그동안의 정경, 김주열군과 4·19, 전국 시위의 폭발점, 잔인한 경찰행동을 규탄」, 『동아일보』 1960. 4. 26.

47 「마산서 노인 데모」, 『동아일보』 1960. 4. 25.

48 「순경들이 술값 주며 호소 마산 노인들 '데모' 말라고」, 『동아일보』 1960. 4. 25, 석간.

**이승만 정권 타도를 외치며 거리로 나선 다양한 시민들**  출처: 민주화운동기념사업회 오
픈아카이브즈 00700159, 원출처: 3·15의거기념사업회.

다.[49] 노인과 할머니들의 주도로 시작된 3차 마산 시위는 최소 주민의 5분의 1
이 참가한 것이다.[50] 지역에서 일어난 자발적인 시민들의 대통령 하야 시위는
"경찰에게 술값을 받"는 시위로 묘사되며 사회면 3면에 2단 기사로 실렸지만,
같은 날 서울 지역 교수 시위는 1면의 전면 헤드라인 기사가 되었다.

서울에서는 25일 3시부터 26일 새벽까지 서울 시내 각 대학교수 258명이
서울대학교 교수회관에서 시국선언을 하고, 5시 45분 대학을 출발하여 종로-
을지로입구-미국대사관-국회의사당까지 행진하였다. 그리고 4월 26일 데모

---

49  『동아일보』 1960. 4. 26.
50  당시 마산의 인구에 관해서는 이은진, 앞의 책, 2004.

**이승만 대통령 사퇴 소식 이후 질서유지에 앞장선 학생들** "모든 것은 해결됐다", "수습" 등의 현수막을 들고 대학생들이 행진하고 있다. 출처: 민주화운동기념사업회 오픈아카이브즈 00733353, 원출처: 경향신문사.

대가 국회 앞으로 몰려들었다. 2시 개의를 앞둔 국회의사당 방청석에까지 데모대가 밀려들어갔다. 그러나 "우리의 목적이 달성되었으니 다 먹은 밥에 코 빠치지 말고 선을 넘지 말고 질서를 유지해야 한다"는 이철승의 무마 연설을 듣고 데모대는 해산하기 시작하였다. 고려대학교, 중앙대학교 학생들의 자치 호소에 따라 국회 방청석에 몰려든 시민들도 모두 밖으로 나가게 되었다.[51] 의사당 앞 정문 및 복도 등을 학생자치대가 경비하는 가운데 개의가 되었고, 대학생 수습반이 의사당 입구와 복도 경비를 서고 협조하였으며, 국회의사당 앞에서 체신부, 조선일보사 앞까지 교통정리를 담당하기도 했다. 대학생 수습대가 없었다면 국회는 개원조차 하기 어려웠을 것이다.

한편 각 대학생 및 대학 출신으로 구성된 '4·19청년학생동맹'은 26일 2시 반, 대표 12명이 경무대를 방문하여 3개 항목 조치를 국민에 공약할 것을 요청했다.[52] 그러나 다음 날인 27일 '4·19청년학생동맹' 4명, 김일주(건국대 직원)

---

51 「정계스냅」, 『동아일보』 1960. 4. 27.
52 ① 정치적 공백 기간을 막기 위하여 국민으로부터의 수임기간 중 8월 15일 전 재선거 실시의 의무를 수행, ② 국회의원 총사퇴론이 대두하고 세론이 내각책임제 개헌의 방향으로 움직

외 3명은 대학생수습대의 신고로 육군특무대로 연행되었다.[53]

그런데 시민들이 국회의사당까지 점령했으나 기존 국회의원들이 '개헌 후 국회해산'이라는 현상유지책을 의결하면서 4월혁명을 봉합한 다음 날인 27일, 이를 번복해야 한다는 주목할 만한 발언이 있었다. 27일 민주당 정책위 의장이었던 주요한은 "현행 헌법의 기능을 정지시키고 이번의 '데모'에 참가했던 학생 대표, 교수단 대표, 변호사 대표, 신문편집인협회 대표, 공명선거추진위 대표, 비자유당계 정당 대표 등 약 백 명으로 비상입법회의를 구성하고 거기서 과도내각을 구성, 정부통령선거를 실시해야 된다", "지금은 혁명 상태니까 헌법 기능을 정지해서 국회를 즉각 해산한 다음 '비상입법회의'를 만들어야 된다"고 주장했다.[54] 혁명 세력으로 구성된 '비상입법회의'를 만들고 단시일 내에 내각책임제 개헌안을 기초하여 통과시키고 신헌법에 따라 정부를 조직해야 한다는 의견이었다.

이에 대해 『경향신문』은 복간된 후 최초의 사설인 1960년 4월 28일자 사설에서 4월혁명을 "4·26반독재혁명"으로도 표현하면서 주요한 의원의 발언과 관련해서 주목할 만한 복간 첫 사설을 실었다.

이 구상은 곧 헌법을 정지하고 혁명정부를 수립하자는 결론이라고 볼 수도

---

이니 자유스러운 민의원 의원선거가 필연적 과제이므로 선거를 시행하기 위하여 중립적인 선거관리 내각을 조직한다, ③ 1945년 11월 환국 당시 이승만 박사로 돌아갈 것. 『동아일보』 1960. 4. 27, 석간.

53  "한국에는 여당을 물리칠 수 있는 건전한 야당이 없습니다. 야당은 분열과 대립을 본업으로 삼고 있으며 민중을 속이고 야당의 부패를 더욱 조장할 뿐이요 정권을 인수할 자격이 없습니다. 악질 친일파 탐관오리 모리배가 완전히 제거되어 민주주의 토대가 확립된 후에 학생혁명은 끝나는 것입니다"라는 삐라가 자유당 중앙당부에 접수되었다. 동국대학생 수습반에서 이 단체가 조련계의 조종을 받는 것 같다고 조사를 의뢰했다. 『동아일보』 1960. 4. 28.

54  『조선일보』 1960. 4. 28.

있는데 그러나 이번 사일구 반독재혁명이 어디까지나 합법적인 평화시위로 출발했고 또한 지금도 어디까지나 질서 있는 사후 수습을 지향하고 있다는 사실을 잊어서는 안 된다. 의거 학생들이 '이승만 정부 물러나고 정부통령 선거 다시 하자'고 외쳤지만 그러나 이 대통령이 정권을 포기하는 형식이 역시 법의 질서에 따랐고 그래서 또한 법의 질서에 따라 정부통령 선거를 다시 하는 것이 당연한 순시요 지혜로운 방법이다. 이토록 사일구혁명이 합법적으로 진행하고 있는데 이때 새삼스러이 구질서와 법체계로 해결할 수 없다고 단정하는 것은 심히 유감 (…) 불란서 제오공화국도 혁명에는 틀림이 없지만 역시 지혜로운 국민이기에 합헌적 해결에 성공하지 않았던가. 그런데 우리라고 해서 그런 합헌적 해결이 불가능할 까닭도 없거니와 그토록 이 겨레가 어리석지도 않을 것이다. (…) 비상입법회의라는 새로운 권력기관이 생겨가지고 국민의 수임도 없이 개헌을 하고 정부를 세운다는 것은 대한민국이 산실에서 진통한 연혁을 저버리는 처사 (…) 혁명정부가 유엔의 승인을 받아야 하고 그 회원국의 승인을 얻어야 하며 이는 극히 위험 (…).[55]

『경향신문』이 주요한의 비상입법회의안을 '혁명정부'안이라고 비판하면서 모델로 끌어들인 예는 1958년 드골의 제5공화국으로, 알제리전쟁으로 불안해진 프랑스 국민이 제2차 세계대전 직후 강력한 프랑스를 주장했던 '드골 장군'을 다시 불러들여 국민투표를 통해 입법부를 약화시키고 강력한 대통령중심제를 실현했던 사건이다. 『경향신문』 사설은, 불안을 잠재울 강력한 지도자로 군인 출신 드골을 끌어들였던 프랑스의 예까지 들며 4월혁명 이후의

---

[55] 「(사설) 비상입법회의는 존립의 근거가 없다. 사일구혁명은 어디까지나 합헌적 해결로써 종결을 지어야한다」, 『경향신문』 1960. 4. 28.

사태가 비합법적인 상황으로 확대될까 두려워하고 불안해하고 있었다.

『동아일보』는 민주당 정책위의장 주요한의 기존 국회 해산 및 '비상입법회의'안을 "무정부상태"를 초래하는 제안으로 맹비난하면서 칼럼에서 스케치하듯 다룰 뿐이었다. "학생들이 민주 제단에 거룩한 '피'를 흘린 것이 이 나라의 헌법을 정지시키고 국가를 무정부상태로 몰아넣어 암흑화시키는 데 목적이 있었던 것으로 착각을 하신다면 위험천만"이라는 전언을 실었다.[56] '비상입법회의'안처럼 혁명 세력을 직접 정치에 참여시키는 것은 '무정부상태'를 야기할 뿐이므로 일고도 고려할 가치가 없다는 듯 기사화 자체를 하지 않았다.

반면 『조선일보』는 이들 매체 중 유일하게 정식 기사로 비교적 비중 있게 그 내용을 자세히 기사화하면서 이 발언이 "민주당 신·구파 의원 간의 새로운 분규를 재연시키게 되었다"고 논평했다.[57] 이들 세 언론 매체의 혁명 후 권력 재편에 관한 논평은 4월혁명에 대한 이들의 정치적 입장을 보여준다. 『동아일보』가 학생 및 일부 시민 등 혁명 참가 세력들이 정치에 참가하는 것을 무정부상태라 하여 적극적으로 제어하고자 했다면, 『경향신문』은 기존 법의 테두리가 허물어질 것에 대한 두려움을 적극적으로 표현했고, 『조선일보』는 한 발 뒤에서 민주당 내 신·구파의 분란이 생길 것이라면서 관망하는 자세를 취하며 혁명의 문제가 아닌 민주당 내 싸움으로 한계 짓고 있었다.

또한 『동아일보』는 비상입법회의를 정식 기사로 다루지 않은 반면, 다수의 기사를 "대학생수습대책반"의 바람직한 활동에 초점을 맞추었다. 이 '대학생수습대책반'은 자유당 의원을 포함한 기존 국회의 본회의 경비를 서고 군

---

56 「(정계스냅) 무정부상태는 피의 보답 아니다」, 『동아일보』 1960. 4. 28.
57 『조선일보』 1960. 4. 28.

부에 의해서 각 경찰서에 배치되기까지 하며 자유-민주당 체제를 비난하는 운동단체를 경찰에 고발하여 체포되도록 하는데, 이 정황을 자세히 보도한다. 이 과정에서 '대학생'들이 주된 혁명의 주체이며 희생자들이었기 때문에 국회 본회의 동안 의사당에 진입했던 시민들은 이들 경비 대학생들이 스스로를 대학생이라고 밝히며 저지했을 때 모두 의사당 밖으로 나갔고, 본회의가 기존 국회의원들에 의해서'만' 진행되었다고 전한다. 『동아일보』는 사설을 통해 대학생들이 질서유지와 '치안'을 담당해줄 것, 그리고 언론사도 보호해줄 것을 호소하고 격려했다. 혁명의 주체를 시민과 민중이 아닌, 학생들 그중에서도 순수하고 계몽된 '대학생들'로 한정함으로써 재선거를 통한 정권교체-민주당 등 자유주의 세력의 집권이라고 하는 기획으로 혁명을 제한할 수 있었다. 그리고 그 과정에서 반독재 자유주의 언론으로서의 위상으로 대학생 및 중간층 시민들에 대한 헤게모니적 영향력도 확장할 수 있었을 것이다.

4월혁명 이후 뒤늦게 복간된 『경향신문』은 『동아일보』와 달리 주요한 의원의 이 '비상입법회의'를 복간 후 첫 사설로 비중 있게 다루었지만, 이를 '혁명정부'를 세우는 안이라고 비판하였다. 비상입법회의는 얼마든지 그 역할의 한계를 정할 수 있었으며 혁명 주도 세력이 참가하여 목소리를 내고 기존 국회를 어느 정도 인정할지 등에 관해 논의할 수 있었을 것이다. 적어도 비상입법회의든 다른 어떤 자리에서든, 이 두 신문 역시 사설에서 논의했던 것들을 혁명 주도 세력의 요구사항으로서 전할 기회가 있었어야 했다. 그러나 『경향신문』도 이러한 안을 혁명정부안이라 비판하면서 기존 질서를 용인하는 틀을 벗어나지 못했다.

혁명을 통해 대통령이 하야한 상태였지만 자유당계가 그대로 있는 국회에서 의결에 따라 개헌을 한다는 것 자체가 문제를 야기할 수밖에 없었다. 실제로 허정 과도정부 수반은 27일 개헌-대통령선거-국무총리 임명안을 선언했다. 자세한 것은 국회와 상의한다는 단서를 덧붙이기는 하였지만, 허정에게 이 역할을 맡기는 것까지 이승만의 지시사항에 포함되어 있었고, 이 방안대로 혁명 이후의 과정은 전개되었다. 이 안에 따라 7·29 총선이 진행되는 과정에서 국회에도 자유당 의원들이 존속하고, 지방에서는 더욱이 자유당계 인사들이 지방의 경제적 이권 세력들 및 경찰, 지방 관료들과 결탁되어 있는 상황에서 그대로 출마하게 된다. 특히 마산 지역에서는 자유당계 인사들의 출마를 저지하려고 하는 시위와 학생들의 단식투쟁이 이어졌다.[58] 출마를 저지하지 못했던 삼천포 지역에서는 자유당계 인사 투표용지를 불태우는 사건까지 일어났다. 민주당계는 총선 전후 과정에서 1공의 부정축재자들, 재벌들로부터 정치자금을 수수했음이 드러나기도 했다. 이러한 일련의 사건들은 4월혁명 이후 '비상입법회의'와 같은 논의가 전격적으로 진행되지 못하고, 구 정치구조 및 자유-민주당의 정치 세력들이 같은 구조 속에서 온존한 상태에서 4월혁명에서 제기된 문제들이—부정선거를 막는 차원에서부터 대의제도 자체의 계급적 차별이 완화되는 차원의 문제까지 포함해서—결실을 맺기 어려웠다는 점을 알려준다. 혁명의 시작까지는 자유주의 세력의 운동과 노력이 따르지만, 혁명이 시작된 이후에는 자유주의적 틀 내에서—기존의 법적 틀 안으로 운동을 고사시키려는 자유주의자들의 배가된 노력이 진행되었다.

---

58 「대거출마에 반발심 격화일로 반혁명세력규탄 마산서 대학생 연좌데모」, 『경향신문』 1960. 7. 13; 「시민투위를 구성」, 『경향신문』 1960. 7. 20; 「마산투위 실력행사키로」, 『경향신문』 1960. 7. 24; 「잡아넣라고 아우성, 이용범씨 규탄데모 창원군 도처에 파급 합세하는 군민격증, 단식환자도」, 『동아일보』 1960. 7. 20.

## 3. 혁명의 성격 짓기—『사상계』 지식인혁명/정신혁명

### 1) 자유민권운동

4월까지 『사상계』는 3·15마산사건을 '학생데모사건'으로 명명하다가 이후 '4월혁명'으로 부르는데, 여기에서 운동의 주체 세력과 관련된 장준하의 생각이 편집장으로서 쓴 「권두언」에 자세히 나온다.

'일당독재의 실을 확연히 노출시켰고 일부 악질 지도층은 악랄한 공산당의 수법으로 백성의 수족을 꽁꽁 묶어버리려 들고 있었다.' 한편 '민권운동을 자부하는 야당은 집권당과 행정부의 비(非)를 들어 인기전술로 일시 국민의 마음을 모으려는 데는 힘쓰나, 민족의 장래를 위한 애국정성의 결여에서인지 민권운동이라기보다는 나만이 정권을 잡아야 한다는 듯한 혹한 싸움으로 자당 내의 통일조차 유지치 못하는 경향을 보여주어 국민의 가슴을 아프게 하고 있다.
'나라의 정기(正氣)를 외치고 부정과 불의에 항쟁하려는 순정무구(純情無垢)한 어린 학도들의 뒤통수를 방망이로 후려갈기거나 어린 가슴에 총부리를 대어 피를 흘리게 하는 따위 야만적 행동은 부정에 항거하는 군중의 시위를 막겠다고 7, 80명의 인명을 살상케 한다는 것은 언어도단이요 더욱 가슴을 아프게 한 것은 부정과 불의에 항쟁은 못할망정 오히려 야합하여 춤춘 일부 종교가, 작가, 예술가, 교육가, 학자들의 추태다. 선거통에 한몫 보자고 교우(敎友)의 수를 팔아가면서 쪽지를 들고 돌아다니는 목사 장로 따위의 축복을 바라고 그가 높이 든 팔 아래 머리를 숙이고 '아—멘'으로 화창하는 신도들에게 신의 저주가 임할 것이다.[59]

---

**59** 장준하, 「(권두언) 창간 7주년 기념호를 내면서」, 『사상계』 1960년 4월호.

이 권두언에는 지도층, 야당, 공무원, 학도들 및 종교가, 작가, 예술가, 교육가, 학자 등 지식인층, 그리고 신도들이라는 사회집단이 등장한다. 여기에서 일부 악질 지도층은 '악랄한' 공산당의 수법으로 백성의 수족을 묶어버리는 정신적인 적이라고 할 수 있다. 이들은 광적으로 날뛰는 민주공화국을 망치는 이들이다. 그 다음 비판의 대상은 불법선거를 수행한 공무원들인데, 이들은 "불법을 감행하라는 명령에까지 그렇게 성실하게 임하는 관원들의 행위에 개탄을 마지않는다"라고 하며 이들의 행동을 "개탄"하였다.[60] 그러나 민주당과 성직자, 교육자, 예술가, 학자들의 추태는 "가슴 아픈 행위"이다. 장준하에게는 그 심리적 거리 및 그에 따른 책임감이 가장 가까운 직업군이라고 할 수 있다. 그는 일차적으로는 민주당 지지자이며 더 깊게는 성직자, 교육가, 예술가, 학자군에 가장 가까운 책임감과 거리를 느끼는 군으로 스스로 사회심리적 위치를 잡고 있다. 역설적으로 이러한 화이트 지식계급군에게 미혹된 일반 민중 신도들은 "신의 저주"를 받을 대상이다. 기본적인 합리성이 부족한 민중에 대한 화이트칼라의 자유주의 지식인다운 엘리트주의적 시각이 있었다고 보인다.[61] 물론 장준하는 그 다음 글에서 예술가, 작가, 교육가 등을 비판하기는 했지만 직업을 그만두라는 등 상대적으로 약한 수준에 머물렀고, 학자들에게는 "반역자"라는 표현을 쓰며 엄격한 분노를 표현했다.

지조없는 예술가들이여 너의 연기(演技)를 불사르라. 너의 연기는 독부의 미소 띠운 독약 섞인 술잔이다. 부정에 반항할 줄 모르는 작가들이여 너의 붓을 꺾으라. 너희들에게 더 바랄 것이 없노라. 양의 가죽을 쓴 이리떼 같은 교육가들이

---

60   위의 글, 18~19쪽.
61   위의 글, 19쪽.

여 토필을 던지고 관헌의 제복으로 갈아입거나 정당인의 탈을 쓰고 나서라. 너희들에게는 일제시의 노예근성이 뿌리깊이 서리어 있느니라. 지식을 팔아 영달을 꿈꾸는 학자들이여 진리의 곡성은 너희들에게 반역자란 낙인을 찍으리라."[62]

장준하가 이들과 가장 거리가 있다고 판단하며 기대하는 계층은 "순정무구한 학도들"이다. 3·15 시위에서 앞장선 것은 학생들이었지만, 1,000명에 가까운 시민들, 다양한 계층이 함께했고 농부 등이 총탄을 맞기도 했다는 사실이 이미 같은 호 『사상계』 기사란에 자세히 게재되었다는 점을 감안할 때, 이러한 담론에는 장준하의 정치심리적인 선호도가 개입되어 있다는 점을 간과하기 어렵다. 그의 종교적이며 도덕주의적이고 중간계급 지식인의 엘리트주의적인 측면이 이러한 3·15 시위의 주체들에 대한 전유의 심리적 배경으로 일조했다고 할 것이다. 부정선거에 항거한 시민들은 아직 "민도"가 낮은 "백성"들로서 주체라기보다는 여전히 "계몽"의 대상이며, "학도"들은 교양 있는 중간계급의 맨 하위 후보군으로서 도덕적으로 "무구(더러움이 없는)"하며 순수한 계층으로 항거의 주체가 될 만한 존재인 것이다.[63]

시위의 주체로서 '학도'들에 대한 인식은 장준하뿐만 아니라 고병익에게서도 보인다. 그는 1950년대 내내 무기력했던 존재였던 대학생들이 어떻게 혁명의 주체가 되었는가라는 점에 대해서 그들이 순수했기 때문에 부정의한 현실에 무기력했다가 기회가 왔을 때 그 순수성을 잃지 않고 저항한 것으로 설명하면서 '학생'들을 혁명의 주도 세력으로 칭했다. 고병익도 사건의 전개 과정은 객관적으로 서술하다가, 주체라는 측면에서는 '학생'으로 한정했다

---

62  위의 글.

63  '무구'는 불교용어로 여래와 같이 더러움이 없는 존재라는 상당히 종교적인 뉘앙스를 갖고 있는 단어다.

는 점에서 장준하와 유사한 관점을 지니고 있었다. 특히 그가 4·19혁명 이후의 혁명으로 도덕적인 '정신혁명'을 주문했다는 것은 당시 『사상계』 자유주의 지식인들의 경향성을 보여준다.

장준하의 논설은 종교적이고 도덕적인 정의와 부정의의 언술로 넘쳐난다.[64] 동시에 '백성'이라든가 '민권'이라는 표현이 『동아일보』 기사 및 칼럼에서보다 더 많이 사용된다.

오직 백성의 힘으로 정권을 교체시킬 수 있다는 사실을 이 나라 이 백성이 체득케 하기 위하여서였고 이대통령의 총명이 이에 미처 국민의 의사에는 누구나 복종한다는 전례를 만들어 국부로서의 만대의 숭앙을 받아주기를 바라는 간곡한 마음에서였다. 이제 우리는 또다시 오직 후진에게 희망을 걸고 이 나라의 민도 향상을 위하여 끊임없이 노력하겠노라. 온 국민이 올바른 견해를 가질 수 있도록 계몽의 역군이 되겠노라. 이 나라에 민권이 확립될 때까지 꿋꿋이 싸우겠노라.[65]

한국의 민권운동도 이제 피를 흘리기 시작하였으니 만방의 자유민들 앞에 머리를 들 수 있게 된 것입니다. 천인이 공노할 관권의 야만적 횡포 아래서도 그저 울고만 있는 유약한 백성이란 낙인은 우리에게 다시는 찍혀지지 않을 것입

---

64  "십여 년의 부패와 독재의 魔殿은 무너진 듯하다. 그러나 이 魔宮에서 흩어진 群魔들은 우리 사회의 구석구석을 파고들고 있음이 확실하다. '情誼'라는 탈을 쓰고 '돈'이라는 善惡果를 내어 놓으며, '정치'라는 무기를 들고 다시 이 사회를 부패시키려 들고 있어 前非를 되풀이하게 되지나 않을까 하는 생각이 들어 모골이 송연함을 느끼게 된다. 야욕은 우리의 경계할 초점이오, 이념에서 뒤지고 그 생활에서조차 革新을 찾을 길 없는 하잘 것 없는 不平政客들이 때를 만난 듯이 너도 나도 혁신을 운하며 국민을 현혹시켜 갈피를 잡을 수 없게 하는 따위는 더욱 배격을 받아야 할 것이다." 장준하, 「(권두언) 또다시 우리의 향방을 闡明하면서」, 『사상계』, 1960년 6월호.

65  장준하, 앞의 글, 『사상계』, 1960년 4월호.

니다. '한국에서 민주주의를 바란다는 것은 쓰레기통 속에서 장미가 피기를 기다림 같다'던 망언도 이제 취소가 될 것입니다. 지금 우리는 입으로 '자유'를 논할 자격을 얻었으며 행동으로 민권을 과시한 실적을 남겼습니다. 여기에서 우리는 삼일오 총선거를 중심으로 전국 각지에서, 특히 마산지구에서 무참히도 순사한 민권의 사도, 정의와 자유의 용사들의 젊은 영혼 앞에 두 손을 모아 그 명복을 비는 바입니다.[66]

장준하뿐만 아니라 『사상계』 편집위원인 역사학자 김성식도 4월혁명을 '민권운동'으로 보고 있다.

이번의 데모운동은 독선자, 부패정치가 그리고 부정정치에 항거하는 대내적 운동의 첫 번째로 일어난 운동이요, 그것은 자유와 민권(民權)을 위한 학생들의 투쟁운동 사상에 첫 번째 세워지는 마일스톤이 될 것이다.[67]

이들은 왜 '인권'이나 '인간의 권리' 및 '자유' 등의 표현 대신 '민권', '민권운동'이라는 표현을 더 많이 사용했을까. 민권은 개개인 인간의 권리가 아니라 집단주체인 '민'의 권리운동이다. 이 표현은 동아시아에서 19세기 말~20세기에 사용된 용어이고 특히 대한제국기 독립협회 등의 운동에서 사용되었다. '개인'이라는 고유한 존재로서의 인간의 권리와 자유보다는, 집단적 '민'의 자유와 기본권리운동이며 주로 중간계급인 신지식인층들이 이 운동을 담당했다. 중국에서는 향신층 출신의 변법 세력들이 1898년경 주도했고, 일본

---

66  장준하, 「민권전선의 용사들이여 편히 쉬시라」, 『사상계』 1960년 5월호(1960년 4월 10일 발행).

67  金成植, 「學生과 自由民權運動」, 『사상계』 1960년 6월호, 66~67쪽.

에서는 1890년대 자유민권운동도 지식층의 운동이었다. 1898년 독립협회의 민권운동도 중인층 및 일부 양반 출신들이 주도한 운동이었다. 중국의 경우는 민주주의라는 표현조차 이들 향신층의 정치적 진출 및 권력 신장을 주장한 것이었고, 자신들이 진출한 의회 등의 기구를 통해 민의 자유 및 권리를 신장하고자 한 운동이었다.[68] 서구의 근대 초기 프랑스혁명이나 미국의 필라델피아선언 등의 인권운동의 경우 계몽 지식인들의 영향을 받았지만 민중이 이를 주도했다는 점 등이 부인되지는 않았다. 4월혁명의 경우 3·15 시위부터 이미 시민, 일반 민중들이 참여 세력의 다수를 차지했다는 점에서 학생들이 주도층으로서 과대표되었다고 할 수 있다. 여기에는 이들의 운동을 여전히 '민권운동'이라는 틀로 바라보고자 했던, 동아시아 지식인층 자유주의 세력의 특징이 녹아 있다고 할 수 있을 것이다. 4월호에 여러 차례 굳이 "백성"이라는 표현을 반복적으로 사용한 것 또한 같은 시각에서 나왔다고 할 수 있다. 이러한 관점에서 민중은 여전히 계몽이 필요한 존재들이다. 18세기 로크나 20세기 초 우드로 윌슨이 필리핀 등의 식민지민에게 취했던 시각이나 루스벨트의 신탁통치안에 스며 있는 탈식민지민에게 취했던 관점이기도 하다.[69]

장준하가 4·19를 굳이 민권전선, 민권운동으로 표현했던 데는 19세기 말 대한제국기의 민권운동이 식민지 시대를 거쳐 단절되었다가 다시 정부 권력으로부터 인권의 자유라는 문제가 제기될 수밖에 없었던 한국의 역사적 정황이 작용하고 있었다. 계몽기의 자유주의 지식인, 또는 식민지민에 대해 백인 자유주의자들이 취했던 계몽주의적 엘리트주의적 시각이 작동하기 쉬

---

68  진관타오, 『관념사란 무엇인가 1. 이론과 방법』, 푸른역사, 2010; 양일모, 「근대 중국의 민주 개념」, 『중국지식네트워크』 vol. 9, no. 9, 국민대학교 중국인문사회연구소, 2017, 53~83쪽.

69  윤상현, 「주권, 세계 구상, 자유주의적 국제주의의 계보」, 『개념과 소통』 17집, 한림과학원, 2016; 윤상현, 「『사상계』의 근대 국민 주체 형성 기획—자유주의적 민족주의 담론을 중심으로」, 『개념과 소통』 11집, 한림과학원, 2013.

운 역사적 상황이었던 것이다. 다른 한편으로 동아시아 자유주의가 보여주는 바, 개인의 천부인권과 같은 인간 개인으로서 권리와 자유보다는 집단적인 민, 민족의 자유 및 권리를 강조하는 집단주의적 특성도 간과할 수 없다. natural right를 천부인권이라고 번역했던 일본에서는 19세기 말 자유민권운동이 처절히 진압된 뒤 다이쇼 데모크라시의 시기를 제외하고는 아직까지 자유주의 정치 세력이 미미하며, 중국도 1920년대 신문화운동기 개인주의 시대를 제외하고 자유주의 세력이 대만에서 살아남았을 뿐이다.[70]

이러한 민권운동이라는 표현은 다른 한편으로 자유주의 지식인이 자신들을 '교육자' 및 계몽자로서 역할했으며, 혁명 이후로도 여전히 교육자이자 계몽자로서 일정 정도 역할할 공간이 남아 있을 수 있게 한다. 민중의 지성 등에 대한 불신이 정권을 교체시킨 이 '영예로운' 혁명을 당시 계급층위에서 중간층 이상 그 상층으로 언제든 갈 수 있는 교육받은 대학생의 역할을 강조하게 했다고 할 수 있다. 당시의 고등학생은 대학생들보다 일반 민중에 가까울 수 있는 계층이라 할 수 있을 것이다.

### 2) 지식인혁명

1960년 6월호 『사상계』 권두언에서 드디어 '4월혁명'이라는 표현이 처음 사용되기 시작했다. 그리고 이 4월혁명은 "지식인들의 손에 의한 혁명"이라고 정의되었다. 『사상계』는 『동아일보』와 달리 4월혁명에서 지식인들의 역할을 유난히 강조했다. 이 혁명의 기반은 교수, 교사들이며 이를 촉진해준 것은 언론인, 그리고 여기에 희생되었으며 주도한 세력은 학생들이다. 혁명 세력

---

70 진관타오, 『관념사란 무엇인가 2. 관념의 변천과 용어』, 푸른역사, 2010: 윤상현, 앞의 글, 2019a.

은 혁신 세력이나 여타 정당을 지지한 바 없다는 주장은 정치 정당과 연결되지 않은 지식인의 혁명이라는 정의로 이어진다.

> 4월혁명은 자유와 민권의 선각자인 이 땅의 지식인들의 손에 의한 혁명이다. 그 기반을 닦아온 것은 정객들보다는 양심 있는 이 나라의 교수들과 교사들을 포함한 지식인들이오 이에 박차를 가해준 것은 신문이나 잡지들을 포함한 매스컴의 힘이오, 그 불길이 되어 탄 것은 가장 감수성이 강하고 정의감이 가장 두터운 학도들이었음이 분명하다. 혁명군중의 입에서 어떤 정당의 만세를 외치는 구호를 찾아볼 수 없었던 것은 말할 것도 없고 지금 혁신을 부르짖는 어떠한 정치인에게도 깃발을 들어달라고 하지 않았다. 경무대 어구에서, 광화문 네거리에서, 마산의 부둣가에서 또한 전국 각지에서 독재자의 흉탄에 피를 뿌리며 쓰러지던 젊은이들의 최후까지 외치던 구호는 '자유'요 '민권'이요 '대한민국만세'였었다. 이 땅에 혁명을 가져온 모든 젊은이들의 가슴속에는 오직 독재를 물리치고 '자유'와 '민권'을 완전히 누릴 수 있는 복된 나라 대한민국을 이룩하겠다는 정성뿐이었음을 역연히 볼 수 있다.[71]

이 권두언은 6월호로 1960년 5월 20일에 발행되었으니, 4·26 이후 이미 대략 한 달 정도 경과된 뒤였다. 『동아일보』가 4월혁명에서 민주당의 역할을 부각시키고 연관성을 강조했다면 『사상계』는 4월혁명을 교육계, 언론계가 이끌고 학생들이 그에 따라 일어난 것으로 서술하고 있다. 그러나 혁명의 주도 세력과 관련된 엘리트주의는 『동아일보』와 『사상계』가 비슷한데, 이는 대중

---

71  장준하, 「(권두언) 또다시 우리의 향방을 闡明하면서」, 『사상계』 1960년 6월호(1960년 5월 20일 발행).

에 대한 불신 등과 관련이 있다.

> 이와 반대로 일반 대중은 문맹 상태를 벗어나지 못하고 있고 과거의 인습과
> 도덕에 얽매이어 윗사람을 향하여 투쟁한다는 자체가 정당하지 못한 것으로 알
> 고 있다. 국민의 대다수가 그들에 의하여 구성되었다는 의식도 없고, 다만 남에
> 의하여 다스림을 받는 것으로 만족하고 있다. 그러니까 자유와 민권이 무엇인지
> 자각조차 할 수 없는 형편이요, 그 때문에 어떠한 혁신운동에도 그 반응은 지극
> 히 미약한 것이었다. 그들이 어떠한 혁명운동에 가담한다 하여도 그것은 그들을
> 압박하는 현 제도를 뒤집어엎는 데 있는 것이요, 자유와 민주주의가 무엇이 좋
> 고 나쁜지 아지 못하고 있는 때가 많다. 그러니까 그들도 자유민권의 담당자는
> 되지 못한다.[72]

유럽의 자유주의운동도 시작은 민중의 기본권 요구 운동들로부터 시작
되었다는 점을 고려해볼 때 이들의 남다른 대중에 대한 불신과 지식인 엘리
트주의 등은 대체로 그들이 한국사회를 후진적으로 인식하고, 서구에 대해
환상이라고 할 만큼 이상화된 이미지를 가지고 있다는 점과 관련된다.[73]
다음으로 혁명 이후 방향을 논하는 문제에서 그 우선순위가 특징적이다.
① 지식층이 납득할 수 있는 정책, ② 자유우방들이 믿을 만한 정책, ③ 국민
생활향상에 전력하는 정책이다. 우선순위에서 국민 생활향상이 최우선이 아
니라 지식층이 납득할 만한 정책이 우선된다는 점이나, 자유우방이 불신하

---

72　金成植,「學生과 自由民權運動」,『사상계』 1960년 6월호, 66~67쪽.
73　"물론 선진 각국에서와 같이 정치가 공의에 벗어나지 않고 사회적 불의가 없을 경우에 학생
　　들의 정치적 또는 사회적 운동은 일어나지 않는다." "후진성을 많이 지닌 국가는 (…) 근대정
　　신에 따라 먼저 각성한 학생들에 의하여 민주적 학생운동이 일어나게 되는 것." 위의 글, 66
　　쪽.

지 않을 만한 정책이 우선순위를 점한다는 것은, 민생을 추구하기는 하나 방법에 있어서 기존 지식인층이 바라고 자유우방이 바라는 한계를 넘지 말라고 하는 방향성을 드러내고 있다. 냉전체제에서 자유우방이란 자유 진영이 주도하고 냉전자유주의를 구현하고 있는 미국을 의미한다. 또한 '교수 교사 언론'이 여론 주도층이며 이들의 생각의 틀을 벗어나지 말아야 한다고 주장하고 있다. 인간의 권리와 자유를 위한 자발적인 민중혁명 다음에 권력을 잡은 자유주의 세력들이 급진적 민중들과 격렬한 투쟁을 했던 프랑스혁명의 예를 상기한다면, 근대민족국가 초기이며 노동 세력보다 농민이 70%로 대다수를 점하고 있던 계급적으로 불안정한 시기에 지식인 중심의 자유주의 세력이 4월혁명을 '지식인들의 혁명'으로 '지식인들의 영향력을 확대할 방향으로' 전화시키기를 의도했다고 할 수 있다.

　　첫째로 이 나라에서 이루어지는 모든 정책은 이 나라 지식층에게 완전히 납득이 될 수 있는 투명한 정책이어야 하며 그러한 정책만이 수행의 묘를 얻게 될 것이다. 일부 정당이나 정객들의 야욕이 숨어 있는 정책은 앞으로 그 생명을 가지지 못할 것이며 종래의 집권자들에게 멸시를 당하였던 이 나라 지식층의 준엄한 지탄을 받게 될 것이다. 둘째로 자유우방들에게 오인과 불신을 받을 만한 요소는 모든 정책면에서 완전히 제거되어야 한다. 우리는 자유민주국가군의 일원임이 뚜렷하다. 이 대오에서 뒤질 수도 없고 탈선도 허용되지 않는다. 오직 우리에게는 이 대열 속에 정렬하고 이 대열 속에서 전진함이 있을 뿐이다. 4월혁명은 국민의 강렬한 투지와 자유우방의 견결한 지지에서만 이루어진 것이지 어떤 한쪽의 위축이라도 있었던들 부정에 계속 항거하는 단결된 국민의 역량이 없다면 수포화했을 것을 우리는 분명히 보는 까닭. 셋째로 국민의 생활향상에 전력이 기울어지는 정책이 수행되어야 한다. 민생의 향상 없이 민도의 향상을 바랄

수 없고 민도의 향상이 없이 민주국가의 실을 거둘 수 없는 까닭이다.[74]

여기서 "집권자들에게 멸시를 당하였던 이 나라 지식층"이란 언술은 장준하 자신이 속한 서북계에 대한 표현이기도 하면서 또한 자신이 속한 지식인 계층의 불안한 위상에 대한 심리적 자의식적 묘사로도 읽힌다. 두 번째 이승만 하야 과정에서 미국의 영향력을 지켜본 자유 진영에 대한 의식은 『동아일보』와 『사상계』가 동일한 지점이다. 다만 『동아일보』가 4월혁명이 반미적 요소가 없다는 점을 끊임없이 미국에 알림으로써 대한민국의 탄생으로 자기 세력이 사회 상층의 지배그룹 지위를 유지할 수 있게 해주었던 유엔 가입과 가입국들의 승인이라는 이해관계를 좀 더 중시하는 형식을 띠었다면, 『사상계』는 자유 진영이라는 군대의 "대오"에서 "탈선"조차 허용되지 않는다고 표현함으로써 우방이 알든 모르든 바라보고 있든 그렇지 않든, 그들에 대한 의존에 강박적일 만큼 자각적이며 자발적으로 매달리고 있다. 1960년대 국회의원으로 정계에 입문한 장준하는 4월혁명 전인 1950년대 종교적이고 도덕적인 자유주의 지식인의 면모가 소거되자 철저한 반공주의적 모습을 보인다.[75] 소부르주아 지식인으로서 계층적 사회심리적 불안함이 약해졌을 때 후자의 반공주의적 측면이 강화되어 좌익 전향자들의 인권 문제 등에 대해서도 철저히 반대하는 모습을 드러내기도 한다. 또한 1960년대 『사상계』는 경제담론에 있어서도 1950년대와 달리 독점자본에 대해 뚜렷이 다른 두 갈래의 편집 방향을 보여준다.[76] 이러한 면모도 1950년대 『사상계』가 기반을 두고 대변했

---

74  장준하, 「(권두언) 또다시 우리의 향방을 闡明하면서」, 『사상계』 1960년 6월호.

75  윤상현, 「야곱의 꿈을 베고 쓰러진 장준하」, 『보수주의자의 삶과 죽음』, 동녘, 2010.

76  윤상현, 「1960년대 『사상계』의 경제담론과 주체형성기획」, 『동국문화』 57집, 동국역사문화연구소, 2014.

던 사회계층이 1960년대에 계층적 분화를 겪었음을 보여준다.

### 3) 정신혁명

운동의 향후 방향 및 과제와 관련해서 흥사단 계열로 정치인이 된 소설가 주요한은 '비상입법회의'를 통해 정치 주도 세력으로의 일신을 꾀했다. 『경향신문』은 이를 진지하게 받아들여 혁명정부화는 위험하다며 합법의 틀을 강조했고, 『동아일보』는 기존 정당인 민주당의 틀을 깨는 것만으로도 '무정부상태'를 야기하는 터무니없는 일이라며 비난하면서 언론의 의제가 되는 것 자체를 미리 차단했다. 그러면서 혁명에 참여했던 대학생들이 군대 및 경찰의 질서유지 작업에 참여하는 것을 독려함으로써 정권 담당 정당만을 바꾼 상태로 기성 질서를 유지하려고 고군분투했다. 『사상계』는 여기에서 4월혁명의 향후 과제로 정신혁명을 강조하는 경향을 보였다.

> 이번 혁명의 직접 계기는 부정선거와 마산학살이었지마는 그 목표는 반민주, 부패, 독재에 대한 항거였었고 이 목표는 현재에서도 변함이 없는 것. 반민주 요소의 배격을 위한, 부패세력의 소탕을 위한, 도제세력의 재등장을 막는, 일대 정신운동이 필요한 것이다. (…) 정신의 쇄신운동이다. (…) 광범위하고 지속적인 정신운동만이─개개인의 머리와 가슴속에 부식되는 민주혁신에 대한 신념만이 ─가져오게 될 것이다. 이 점 이미 혁명을 수행한 바 있는 학생은 절호의 주체가 될 수 있고 또 되어야 하는 것이다. (…) 정치정당에서 한 걸음 떨어져서 민주, 쇄신을 위한 정신운동을 견지해 나갈 경우 그 힘은 저번 혁명 때보다도 더 큰 위력을 가져올 수 있는 것 (…).[77]

---

77  고병익, 「「혁명」에서 운동으로」, 『사상계』 1960년 6월호, 119쪽.

정당 정치와 떨어진 정신운동을 강조하는 이러한 경향은 일제 시기 안창호 계열의 실력양성운동과 관련이 있다. 정신수양을 강조하는 것이 흥사단의 전신인 수양동우회계열의 전통이기도 하며, 이들이 따랐던 기독교가 가지고 있는 정신 및 영혼을 물질보다 강조하고 관념적 성향을 반영하기도 한다. 정치적으로는 제국주의로부터 직접적인 저항보다 정신수양과 교육 및 실업 양성을 통한 준비론을 주장하였다. 이러한 준비론적 경향은 사회계층적인 측면에서는 아직 안정적인 부르주아계급이나 중산층으로서 재생산 기제를 마련하지 못한 소부르주아적 입지점에서 시간적 재정적 성장의 기간이 필요하다는 심리가 반영되어 있다고 할 수 있을 것이다. 이 기독교적 경향과 사회계층적 입장이 『사상계』의 4월혁명 이후 운동의 과제에서 정치권력의 문제를 소거한 '정신혁명' 주장에 영향을 미쳤을 것이다.

『사상계』 편집위원 김성식도 후진국에서는 중산계급이 아닌 학생들과 지식인들에 의해서 민주적 학생운동이 일어나게 된다고 하면서 4월혁명 이후 정신혁명의 필요성을 강조한다.

일반 언론기관이나 공론은 학생혁명으로 규정짓고 있는 것 같은데 현 정치인들 간에는 단지 정변으로 생각하는 사람이 많은 것 같다. 그것은 정권이 다만 교체되었을 뿐이라고 하는 데서 나온 말이다. 그러나 다시 한번 생각해보면 정권이 바뀌었다는 것만으로 이번 사건을 넘겨버리려는 부패정치인의 행동을 주시할 필요가 있다. 앞으로 이 나라의 정치는 정치하는데 따라서 정치, 경제, 종교, 교육, 도덕, 그밖에 우리의 사고방식까지 철저하게 변화를 받아야 하게 되었는데 어찌 정변에만 그치게 될 것인가? 우리는 민주혁명의 첫 단계에 들어선 것이다. 공정한 정치와 정의의 사회를 건설하기 시작한 것이다. 이로써 과거의 정치체제는 근본적으로 무너지고 새로운 체제가 성립되게 되었다. 우리는 지금까지 이조 오백 년의 연장된 정치체제를 가졌던 것이나 이제부터 비로소 새로운 민주와 도덕과 양심의 정치체제를 가지게 된 것이다. 그러므로 이번 혁명으로 우리는 정신적 혁명이 절실히 요청되는 것이다.[78]

기성 정치인에 대한 불신, 그리고 4월혁명을 민주혁명의 첫 단계라고 주장하지만 이 민주혁명을 무엇으로 보장할 것인가라는 문제에는 대책이 없다. 또한 김성식은 4월혁명을 오스트리아의 빈혁명과 비교하지만, 빈혁명 당시 학생정부가 수립되어 무려 7개월간 빈을 점령하고 학생정부를 운영한 것에 관련해서는 언급이 없다. 누가 권력을 잡는지의 문제, 정치적 행동에 관해서도 논구가 없고 도의적 혁명, 정신혁명을 해야 한다는 주장이 대안으로 등장한다는 면에서 이는 『사상계』의 한 경향성이라고 할 수 있을 것이다.

4월혁명의 성격에 대한 『사상계』 내 하나의 경향성, 자유민권운동-지식인혁명-정신혁명을 강조하는 흐름이 『사상계』의 주된 경향으로서 서북 지역 기독교계 사립학교 출신 및 흥사단계의 자유주의적 민족주의 전통을 보여준다고 한다면 이와 다소 다른 경향도 존재했다. 잡지라는 언론매체의 특성상 편집위원 및 주요 필진들도 다양성을 띨 수밖에 없지만, 4월혁명의 성격과 관련해서 중간계급의 입장을 대변하는 또 다른 흐름이 있었다.

고대 총장이었던 유진오는 4월혁명을 '민주혁명'으로 칭하면서 학생 주도였음을 인정하는 동시에, "학생에 의한 정치활동엔 한계가 있음을 알아야 한다"며 "제군의 자중을 요망"하면서 점진적인 민주화를 주장하였다. 4월혁명을 봉건적 구세대와 봉건적 이데올로기에 대항하는 신세대의 민주혁명으로 자리매김하고자 하지만, 학생층의 정치활동 자제를 요구하면서 누가 이

---

78  金成植, 「學生과 自由民權運動」, 『사상계』 1960년 6월호, 71쪽.

민주화를 이끌어갈 것인가에 대해서는 뚜렷한 대안을 제시하지 않았다.

우리나라의 정치주도세력이 기성인으로부터 청소년층으로 이미 넘어갔고 봉건잔재세력이 괴멸에 직면하였으며, 이로서 우리 민족이 민주개혁을 향하여 출발할 태세를 갖추었음을 의미하는 것 (…).[79]

그는 민주개혁이 시작되었다는 점을 강조하는데, 그 민주개혁의 주도층이 학생층이 되어서는 안 된다고 하면서도 특별히 대안이 될 정치 세력이 누구인지는 말하지 않고 막연히 '우리 민족'이라고 함으로써 민주당으로 이양될 기성 정치구조를 묵인하는 듯한 입장을 취하고 있다.[80]

한편 4월혁명을 영국의 명예혁명이나 프랑스의 1789년 혁명과 같은 '시민혁명', '국민혁명', '자유민주주의혁명' 등으로 명명하는 경향이 있었다. 당시 『동아일보』 논설위원으로서 급진적인 논설에 대해서는 실명으로 정치 사설을 싣곤 했던 신상초는, 4월혁명의 주체에 관해서 학생층이 주도하고 시민이 호응한 혁명이라면서 영국이나 프랑스의 예와 유사한 양태를 보인다고 했다. 그리고 4월혁명을 '시민혁명' 등으로 그 성격을 규정할 경우 혁명의 과제 및 향후 과제와 관련해서 자유경제의 확립과 경제발전을 강조했다. 신상초는 4월혁명이 학생혁명이 아니라 '시민민주혁명'이라고 명명한다.

학생혁명이라는 칭호를 받고 있지만 본질적으로 보아 그것이 정치학상의

---

79  유진오, 「暴風을 뚫은 學生 諸君에게」, 『사상계』 1960년 6월호.

80  유진오의 정치적 입장과 관련해서 깊은 논의를 하기는 어려우나, 그가 내각제 개헌을 내내 주장해왔다는 점은 분명하다. 그리고 1950년대에 유진오의 구체적 실행방안이 없는 제헌헌법에 대한 비판이 법학계 내부에서 제기되었다. 윤상현, 앞의 글, 2013 참조.

'시민민주혁명'이다. 학생이 타도 이승만 폭정의 행동부대로서 눈부신 활동을 했지만 이는 폭정을 뒤집어엎고 민주정치의 확립을 요구하는 시민의 전위대로서 활동한 것. 이 혁명이 제대로 완성되면 국민일반이 정치적 경제적 사회적인 공동생활의 제 분야에 걸쳐 혜택을 입게끔 되어 있기 때문이다.[81]

또한 민석홍은 4월혁명이 혁명인 이유에 관해서 독재권력 타도 외에 "독재정권과 결합되어 있던 특권적인 재벌이나 기업가층의 몰락의 바탕을 마련하였기 때문"으로 보았다. 따라서 4월혁명의 의미도 "첫째는 진정한 의미의 자유민주주의를 발전시키는 것이요, 둘째로는 국민의 총체적인 부를 증진시키고 중산계급의 건전한 성장을 가능케 하는 합리적인 근대적 경제 체제를 확립하는 것"이라고 주장한다.[82]

앞으로의 과제에 있어 필자는 특히 건전한 경제적 발전을 강조하고 싶다. 자유민주주의의 확립에 있어 구체적으로 어떠한 형태를 취하든 간에 그것은 건전한 정당의 발전을 필수조건으로 한다. 정당의 건전한 발전은 또한 균형 있는 사회계급의 건전한 발전을 그 밑받침으로 삼고 있다. 특히 중산계급의 건전한 성장은 자유민주주의 확립의 관건인 것이다. 뿐만 아니라 빈곤과 실업은 독재정치를 다시 불러들이는 온상이 될 것이다. 그러므로 필자는 경제발전을 위한 합리적이고 근대적인 실효성 있는 정책이 하루빨리 강력하게 추구되기를 바라마지 않는 것이다.[83]

---

81  申相楚, 「李承晩暴政의 終焉―4·26은 革命의 終末이 아니라 始發點이다」, 『사상계』 1960년 6월호.
82  閔錫泓, 「現代史와 自由民主主義―4月革命의 理解를 위하여」, 『사상계』 1960년 6월호, 9쪽.
83  위의 글, 9쪽.

장준하, 김성식 등이 일제 시기 이래 '자유주의적 민족주의'의 계승적 요소가 강하며 흥사단 계열의 기독교적 관념적 정신혁명을 강조하면서 성장의 계기로 전유하고자 했다면, 유진오, 신상초, 민석홍 등은 4월혁명을 시민혁명으로 규정하면서 민주당 등 기성 정치 세력들에 의한 자유경제의 발전과 특히 중산계급의 성장의 계기로 4월혁명을 전유하고자 했다.


## 4. 맺음말

　　4월혁명의 주체에 대한 전유는 1950년대 한국 자유주의 세력의 성격과 긴밀하게 연결되어 있다. 『동아일보』는 보수적인 사회질서 유지라는 측면에서 부정선거에 반대하는 시위가 친북한이나 친공산주의 등으로 확산되거나 오독되는 것을 적극 반대하고 두려워하면서 '오열'이 개재되지 않은 '순수한' 학생들만의 시위이기를 기대했다고 할 수 있다. 선거가 아닌 시위에 의한 정권교체라는 사실에 놀라면서도 4월혁명을 이들 학생들만의 시위로서 한정하고, '친미'라는 자유 진영 체제가 흔들린 것이 아니라는 점을 강조했다. 이는 『동아일보』 계열이 그만큼 상층 부르주아적 위치를 점하고 있었다는 사실을 방증한다. 이들은 대구학생시위-마산사건-4·19에서 '선구자-희생자-구원자'라는 영웅 서사구조를 통해 결국에는 3개월여 동안의 운동에서 '대학생'을 이 운동의 영웅으로 만들었다. 참가 인원과 기간으로 보면 중고등학생 및 남녀노소 시민들에 의해 몇 달간 진행된 사건이었지만, 마산 사태와 비교되는 "모범적이고 순수한" 대학생이 주도 세력이 되어야 하는 것이다. 1950년대 대학생은 중간층 중에서도 상층에 속하는 계층이었으나, 1950년대 내내 무기력한 모습과 사치로 비난의 대상이었다. 그러다가 4·19를 통해 영웅적 주체가 되었고, 4·26 때는 치안과 질서의 담당자로 호명되어 일부는 시민들이 국회의사당으로 진입하지 못하도록 막는 경비대 역할을 했으며 군부 및 경찰과 합력하여 급진적 세력을 색출하는 역할까지 했다.

『동아일보』는 정권이 교체된다면 언제든 기득 권력이 될 수 있는 물적 토대가 풍부한 상층 부르주아로서 이들이 말하는 자유주의는 영국 보수당의 자유민주주의나 자신들이 보수 야당이라고 비판했던 민주당 못지않은 체제 수호라는 보수성을 띠고 있었다. 또한 이들이 주조한 친미적 자유주의, 사적 소유재산권에 대한 철저성 등의 특성들은, 서구의 자유민주주의가 결국 보수 세력의 이데올로기가 되었던 것처럼 현대 한국자유주의가 기득 권력이 되어 보수화되었을 때 그 구성 요소의 기원으로 자리하게 된다. 이질적인 군대에 의한 정부에 대해서는 반정부 투쟁 세력이었으나 민주화로 군인 세력이 물러난 이후에는 이들 구성 요소의 전통을 유지한 보수 기득권 세력이 되었다.

한편 1950년대 자유주의를 이끈 또 다른 축이었던 『사상계』, 『경향신문』, 흥사단 계열은 개신교, 천주교 등 일제 시기 이래 종교적이고 도덕주의적 성향을 띠고 있었다. 이들은 막벌이꾼, 농부, 잡역부들보다는 중간계급 후보군, 그들 중에서도 어려서 아직 도덕적 흠결이 덜한 청년 학생들을 위대한 민권운동, 자유와 권리를 위한 저항운동의 '주체'로 자리매김하고자 했다. 그 과정에서 특히 이 청년 학생들을 교육할 교육자의 역할로서 지식인의 위상을 부각시켰으며, 4월혁명의 향후 과제로서 정신혁명을 강조함으로써 청년 학생들을 정신적으로 이끌고 계몽하며 지도할 지식인의 역할이 더욱 커질 수밖에 없는 '지식인혁명'이라는 틀을 구성하고자 했다. 사회에서 소부르주아적인 불안정한 위치에 있었던 지식인들은 일제 식민지 시기에도 안창호의 '실력양성론'과 같은 준비론을 통해서 불안정한 지식계급이 성장하고 안정화할 만한 물적 토대와 시간적 경제적 준비기간의 확대를 구했으며, 관념적이고 종교적인 지적 체계들로 다른 계급들과 구별 지으며 사회 내에서 그들의 위상을 안정화하려는 노력을 기울였다. 이렇게 홍사단 계열의 지식인들은 1950년대 이러한 지적 전통을 한 축으로 하고, 생산관계에서 탈거된 월남지식인이라는, 여전히 더욱 불안정한 소부르주아적인 위상 속에서 4월혁명의 폭발성을 객관적으로 바라볼 수는 있었지만 '정신혁명'이라고 하는 또 다른 준비론을 펼치면서 물러섬을 주장했다.

이 계열 가운데 상대적으로 급진적이었던 주요한이 '비상입법회의'를 통해 4월혁명을 주도했던 학생, 지식인 등이 새롭게 비상입법기관을 구성하자고 발의했으나 당시의 계급구성 자체가 뒤흔들릴 것을 원치 않았던 그들 내부에서 묵살되었다. 향후 정치적 구도를 바꿀 수도 있었던 이 안은 혁명 직후의 권력 문제를 둘러싸고 대립하고 있던 각 정치 세력들 사이에 논란을 불러일으키며 그들의 정치경제적 입지점을 정확히 보여주었다.

롤랑 바르트에 의하면, 현대의 신화는 어떤 동기에 의해서 사람들에 의해 만들어지지만 그 신화를 듣고 이용하는 사람은 '신화가 이성화되어 매우 자연스러운 이야기'로 받아들이는데, 이것이 신화의 '숨은 힘'이다. 현대의 신화는 '지배적인 가치나 태도를 자연스럽고 정상적이고 당연하고 영원하며 자명한 상식처럼' 만들어 '세계를 고정'시키는 것이 목적이다. 사월혁명 기간 수개월에 걸친 저항과 죽음에는 가난한 자들에게는 투표용지조차 주지 않았던, 시위 참가만으로 끌려가 고문을 당했던 권력이 없는 사람들의 질긴 저항이 뒤엉켜 있었다. '계몽되고 순수한 대학생 주도의 자유민주주의 의거'라는 단면적 신화는, 기성 계급구조의 세계를 고정시키고 '반공'을 그 시대의 더욱더 자명한 신화와 종교로 만들었다.